我
思

敢于运用你的理智

伟大的字母

从A到Z，字母表的辉煌历史

长江出版传媒｜崇文书局　　[美]大卫·萨克斯——著　康慨——译

图书在版编目（CIP）数据

伟大的字母：从A到Z，字母表的辉煌历史／（美）大卫·萨克斯著；康慨译. -- 武汉：崇文书局，2025.3. --（崇文学术译丛）. -- ISBN 978-7-5403-7819-6

Ⅰ．H312

中国国家版本馆CIP数据核字第2025L6D707号

LETTER PERFECT

The Marvelous History of Our Alphabet from A to Z

Copyright ©2003 by David Sacks

伟大的字母
WEIDA DE ZIMU

出 版 人　韩　敏
出　　品　崇文书局人文学术编辑部
策 划 人　梅文辉(mwh902@163.com)
责任编辑　黄显深
封面设计　书与设计工作室
责任印制　李佳超
出版发行　长江出版传媒｜崇文书局
地　　址　武汉市雄楚大街268号C座11层
电　　话　(027)87679712　　邮政编码　430070
印　　刷　武汉中科兴业印务有限公司
开　　本　880 mm×1230 mm　1/32
印　　张　14.25
字　　数　295千
版　　次　2025年3月第1版
印　　次　2025年3月第1次印刷
定　　价　98.00元

（读者服务电话：027—87679738）

献给我的父母，是他们让我蒙恩受教

目　录

前　言

　　本书意欲进入字母表，在诸字母间展开一次发现之旅。这二十六个字母仿佛群岛中的岛屿，我将逐个踏足和考查。每座岛屿的地理与风情，及其与同一水道中其他岛屿的关系，均将作一番简要探究。某些岛屿所呈现出的勃勃生机或壮丽气势，或将在其他岛屿之上。但任何一个岛都会让到访者得享丰餐美食，并展现出过去四千年间语言、文学和历史的辉煌景观。

　　我们的字母从何而来？它们怎样得到自己的形貌、特定的发音，以及前后顺序，并在我们的《字母歌》中名垂千古？我们为何要在英语——以及西班牙语、捷克语、土耳其语、斯瓦希里语（Swahili）、越南语等许多语言——中使用"罗马"字母，而其他语言（俄语、希腊语、阿拉伯语、印地语等）却使用不同类型的字母？字母到底是什么？字母表又是什么？凡此种种，有许多这样的问题要引经据典并热情满怀地加以回答。

　　还有些小问题，或许更让人心生好奇。为什么 X 代表未知？《O 的故事》（*The Story of O*）有何寓意？爱尔兰摇滚乐队 U2 的名字来自何处？"Mother"（母亲）一词为何以 M 打头？Q 有什么可骄傲的？最后进入字母表的是哪两个字母？（答案：J 和 V。）为什么 Z 在美国叫作"zee"，而在英国和其他英联邦国家却叫"zed"？最早代表 A 的符号是哪种动物？（答案：牛；大约三千年前，A 的两条腿就是牛角，朝天而立。）

　　本书中，每个字母都自成一章。特别是，每章都会简要介绍一下所述字母在近东字母表中的起源，包括公元前一〇〇〇年的腓尼基（Phoenician）字母表。（在这方面，一九九九年公之于世的一项重大考古发现，让本书受益匪浅，它将字母表的发明前推至公元前二〇〇〇年左右的埃及。）每一章都经由古代希腊和罗马、中世纪的英格兰及此后诸时代，追寻所述字母的历史，并探讨该字母在文学、传统绘画、现代市场营销和流行文化，以及其他领域内所起的重要作用。如 V 之于 Victory（胜利）。"Dubya"（W）之于美国总统。还有 Xbox、《X 档案》（*X-Files*）和《X 战警》（*X-Men*）。

　　只要有可能，每一章都力图为现代读者找出所述字母的特立之处——即其通过言谈和视觉媒介所表现出的"个性"。例如，字母 A 意味着优质，而 B 永远只能屈居老二。C 的发音反复无常：问题出自它居无定所的童年。O 的形体让人浮想联翩。N 在发音时非得鼻子出手相助。还有 H，从语音学上讲，它实在很难够得上字母的资格。

除字母本身之外，本书还涉猎多种语言：英语虽当仁不让，却也兼及拉丁语、希腊语、古代闪米特诸语言（其中以希伯来语与其现代版本最为接近）、中世纪法语和现代法语，以及其他罗曼语言，还有德语，它们均与我们二十六个字母的故事密切相关。对上述语言，本人虽不能一一出口成章，却具备几种语言的背景，并一直刻苦钻研，以求真确。

本书从语言问题入手，来对字母表进行探讨。字母是语言的图形：它们发明于公元前二〇〇〇年左右，以呈现语音的细枝末节。经由正确的组合，字母便可重现词语的发音（英语如此，古希腊语、阿拉伯语、俄语等等亦然）。如果你把口语作为出发点——任何实验室之外的语言，都是先有口语，很久之后才会形诸笔端——再描画出与这种语言相适合的整套字母，就像量体裁衣一样，那么，字母的历史和意义便豁然开朗了。

有些论述字母表的书，首先把字母当作视觉符号。它们有模有样，确实非常漂亮。但这种方法很难说明字母怎样与其发音结合，更难以解释其无规律性。为什么当 C 置身于 E、I 或 Y 之前时要发软音？为什么 J 在英语中表示"j"音，却在西班牙语中成了"h"，在德语中又发"y"呢？如果你从语音，而非书面符号入手，回答上述问题便很容易了。

不过，本书并非课本。它不会就此课题面面俱到，我也希望它不会令人味同嚼蜡。在探究的同时，亦不忘通俗、新颖和有趣，力图做到集知识性和娱乐性于一身。我希望可以反映出这二十六个小东西是何等的迷人，它们又是如何蕴含着数千年来的文化与历史。

本书的基础是我为《渥太华公民报》（*Ottawa Citizen*，位于加拿大安大略省的渥太华）所写的每周一次、关于字母表的二十六篇系列文章。本系列自二〇〇〇年七月始，每周述及一个字母。

但其构想最早出现于一九九三年，当时我正在写自己的前一本书：《古代希腊世界百科全书》（*Encyclopedia of the Ancient Greek World*，Facts On File 出版社，一九九五年出版）。我面对的是一个超出自己学识基础的巨大任务，因而急切地投入到对古希腊人的研究中去。

课题之一便是希腊字母表，包括其起源，时间大约在公元前八〇〇年。我读大学时已经了解到，当时的希腊人没有自己的文字，他们通过向腓尼基人（闪米特人的一支，以航海术闻名，主要分布于今日的黎巴嫩）袭用，而得到了自己的字母表。我或曾在某次考试时写过这样的句子——"希腊人的字母表是从腓尼基人那儿弄来的"——却并不了解其来龙去脉。我那会儿总是以为那就是照猫画虎而已：希腊人对腓尼基字母印象深刻，回来以后，便发明了二十多个自己的字母，是为希腊字母。

但是，一九九三年的研究教给了我不同的东西。希腊人完全是有一学一、有样学样（原谅我的双关语）。他们不仅袭用了腓尼基字母表的理念，而且从头到尾地照搬了腓尼基人的字母，开始将它们用于希腊语的书写。

这些东西听起来是否太微不足道了呢？可当时，了解到这些让我为之一惊。古代的希腊语和腓尼基语，就像英语和阿拉伯语一样大相径庭。希腊语曾经是（现在也是）印欧语系中的一员；其现代亲缘包括英语、德语、西班牙语和俄语。现已消失的腓尼基语则属于一个单独的语群——闪米特语，现以阿拉伯语为其主要代表，不过，腓尼基语与希伯来语的关系可能更近一些。闪米特诸语言和印欧语言的发音截然不同，其词汇亦无关联。可是……

腓尼基字母表有二十二个字母；最早通行于世的希腊字母表，大概有二十六个字母。希腊字母表的前二十二个字母在排序、形状、名称，往往还有发音（希腊人发明的五个元音字母除外，他们将某几个腓尼基字母重新定义为元音符号）上，与腓尼基字母几乎毫无二致。此后几百年间，希腊人对其字母表作了改进，使之与腓尼基范本渐行渐远。但在公元前八〇〇年左右，那就像是希腊人拣起了腓尼基字母，略作改动和增添，便开始写起字来了。

要是在公元六〇〇年，一群不识字的盎格鲁-撒克逊人把手伸向了阿拉伯字母表，并且用它来书写古英语，又会发生些什么呢？他们有可能这么做吗？我弄不清楚。说到底，希腊人不就是这么做的吗？

一九九三年那会儿，我想，关于这些个字母，一定还有更多的东西我还不了解。腓尼基字母怎能如此灵活？照理说，由于这两种语言如此不同，它们大多数不是对希腊人都没用吗？

我终于做完了那本古希腊的书，此后找到一份正式工作，并转向新的心智兴趣点：字母表的历史。之前我从未作过此类研究，但这时已是欲罢不能。在我所受的教育当中，好像错过了某些非常重要的东西。

纵观历史，我发现，字母表往往在语言之间跳转，跨越所有的语言鸿沟，总的来说，这要归功于字母的灵活性。我们英语中的罗马字母表是如下四次跳跃的成果：希腊字母袭用自腓尼基字母，接下来又被一个不同的族群所袭用，即意大利的埃特鲁斯坎人（Etruscans，约公元前七〇〇年）。埃特鲁斯坎语不同于希腊语，就像希腊语不同于腓尼基语一样，但这些字母适应得轻而易举：此时它们变成了埃特鲁斯坎字母，表示的是埃特鲁斯坎人的语言。埃特鲁斯坎字母随即又被其他意大利族群袭用，罗马人亦在其中，其语言，即拉丁语，与埃特鲁斯坎语截然不同。这些字母再度跳槽。随着罗马征服意大利并向外扩张，罗马字母也变成了罗马化欧洲的书写工具。帝国瓦解（约公元五〇〇年）之后，罗马字母得以留存，用于新的语言，包括古英语（约公元六〇〇年）。今天，它们已经演变成了我们自己的字母。

英语绝非孤例。罗马字母如今承载着西塞罗从未听说过的其他一些语言：波兰语、祖鲁语、阿塞拜疆语、印度尼西亚语、纳瓦霍语[1]——大约超过百种，均为日常所用的语言。基里尔字母[2]用于保加利亚语和蒙古语[3]，一如用于俄语时那样运转良好。原本为了表示阿拉伯语而发明的阿拉伯字母，也用于伊朗、巴基斯坦、马来西亚，以及其他不讲阿拉伯语地域的书写。上述事实表明了字母在语言之间跳跃的能力。

我对此挖掘愈深，它便愈显重要。我终于明白，字母有一种天赋异能——一种表示语音的能力。因为它们代表的是语音的最小单位（如 "t" "p" "m" "u"），就其数量而言，字母极具弹性又十分精准。若有必要，它们可以无限组合、排列，以捕捉词语的发音。这便使字母从一种语言到另一种语言皆可适用。你可以轻易使用希伯来字母或基里尔字母，按照发音拼写英语。（百无聊赖的办公室文员坐在电脑前，没事儿的时候蛮可以这么干。）

"人们不懂这个概念。"我记得我这样想，"学校里是不讲这个的。"

我已经了解了字母表新的一面，由此出发——因为它只是一个开始——继而涉猎故事的其他方面：印刷术、语音学、

1　祖鲁人（Zulu）为南非班图族（Bantu）的一支；纳瓦霍人（Navajo）乃主要居住于美国新墨西哥州、亚利桑那州和犹他州东南部的印第安人，与阿帕契语（Apache）一样，纳瓦霍语也属于阿萨巴斯卡语（Athabaskan）。——本书脚注均为译者注。

2　基里尔字母（Cyrillic），多译"西里尔"。本书依俄语（Кириллица）发音译"基里尔"。

3　指蒙古人民共和国采用的以俄文字母书写的"新蒙文"。

字母个体在商标名称和设计中的用法、字母以某些特定形式出现时的全部心理学信息。我打开的是一处宝藏，饱含智慧和学识，值得赞颂，亦值得分享。

现代世界主要书写系统

字符名称	世界范围内的使用者数量（首选语言）	地理范围
罗马字母	十九亿	南北美洲；西欧；东欧和前苏联部分地区；土耳其；非洲中部和南部；大洋洲；东南亚部分地区
汉语字符	九亿	中国（含中国台湾地区）
阿拉伯字母	二亿九千一百万	近东；非洲北部；伊朗；中亚和东南亚部分地区
天城文字符	二亿六千万	印度大部分地区
基里尔字母	二亿五千二百万	俄罗斯；东欧其他部分；中亚部分地区
孟加拉字符	一亿二千五百万	印度东北部；孟加拉国
日文字符	一亿一千八百万	日本

　　世界人口中，大约有四分之三所生活的国家，以字母或基于字母的字符为国民书写方式。表中所列使用者最多的七种字符，描述了世界文字的不同层面，及其使用者的大致人数，其中每种字符皆为其本国语文，其字符亦为当地固有。在七种字符中，只有中文和日文是非字母系统。

世界字母谱系图

几乎每种字母表，包括我们的字母表在内，均由前辈字母繁衍而来。字母总是从一种语言被复制入另一种语言

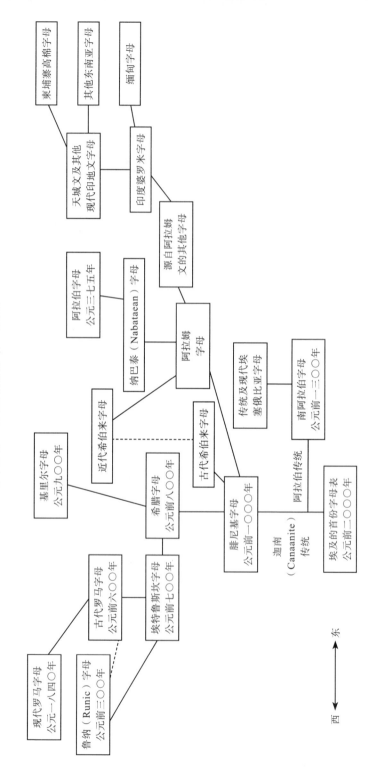

　　如果不算中国和日本的非字母书写系统，那么今天所使用的、遍及世界各地的几乎所有主要字符，均属于一个单一的"字母家族"，其主要成员可见上图。其家族主干完全出自公元前二〇〇〇年的首份闪米特字母表。这个老祖宗养育出的首要后代，便是腓尼基字母（公元前一〇〇〇年），它由位于现今黎巴嫩的大本营出发，燎原于全世界。到公元前八〇〇年，方便实用的腓尼基字母至少已四度为其他语言袭用。所产生的其中两种字母，阿拉姆（Aramaic）字母和希腊字母，又各自繁衍出新的字母表，这些新丁又孕育出更新的字母，连绵不绝，广及东西，遍布古代世界。

　　如图所示，我们的罗马字母便出自这样一条遗传路线。腓尼基字母生出希腊字母，后者生出埃特鲁斯坎字母，由此再生出罗马字母。罗马字母原本是为古代拉丁语的书写而生，在罗马帝国崩溃（公元五〇〇年）之后得以存留，并为新的欧洲语言沿用，其中便包括古英语。这些形成阶段的特点今天依然在我们的现代字母中有所反映。我们的 ABC 是最后的产物，腓尼基、希腊、埃特鲁斯坎和古罗马字母表中有它们的"前生"。

　　一种字母表如何生出另一种？答案是：经由字母神奇的适应力。一而再，再而三地，从公元前一〇〇〇年到公元一〇〇〇年间的时代，某一字母表中的字母被复制并适用于新的语言。从事复制工作的人通常都以受体语言为母语。（有时，如俄语基里尔字母的诞生过程所示，传教士在其中起到穿针引线的作用[1]。）接受者大都没有现成的书写系统。但他们能够借用这些所见为其他语言使用的字母，大约二十二个或二十四个，并加以调整，以使那些外语符号适用于本族语言的发音；个别字母的发音或会加以修改，而有些字母也会依照需要，或完全弃用，或另作发明。在几代人的时间里，由于书写材料和视觉偏好的影响，袭用来的字母在外形上或会有所改变，逐渐有别于原来的范本。

　　逐渐地，新字母有了固定形貌，看上去与其源字符或有不同，却仍保有历史关联，乃至相似的字母发音顺序。而新字母表如果再被外人看到，这些人操着自己的语言，又需要一种书写方式，那么这种"繁殖过程"或许会再次出现。

　　只有一种主要的现代字母符号独立于这一家族历史之外：公元十五世纪中期借笔画而发明的，由二十八个符号组成的朝鲜谚文（Hangul）[2] 系统。

1　基里尔字母相传是希腊人传教士两兄弟圣基里尔和圣美多迪乌斯创制并以圣基里尔的名字命名的。

2　周有光："朝鲜李朝（一三九二～一九一〇）发展民族文化。在世宗李裪的领导下，创制了朝鲜语的表音字母。一四四六年（中国明朝正统十年）刊印于《训民正音》一书中，公布施行，称为'正音字'。在宫中设置'谚文厅'，教授新字，因此又称'谚文'。谚文是通俗文字的意思。"（《世界文字发展史》，上海教育出版社，二〇〇三年）

小字母，大观念

  若要问起世界历史上最重要的发明，你会听到一长串的答案，其中或许包括车轮、电话、原子弹、第一台计算机。（喜剧演员梅尔·布鲁克斯〔Mel Brooks〕在二十世纪六十年代的广播滑稽小品《两千岁之人》〔*The Two-Thousand-Year-Old Man*〕中，声称最伟大的发明乃保鲜膜〔Saran Wrap〕是也。）还有个答案，也许会被遗漏，那便是此时此刻，你的双眼正在来回扫视的这套小玩意儿：字母。因为字母亦属发明，且成就辉煌。以其使用时间之长，在现代日常生活中应用之广，堪与车轮媲美。

  作为表述语音的书写方法，字母发明于公元前二〇〇〇年前后的埃及。毋庸置疑，它最早的读者都是出声朗读，以口唇让语词得以展现。（出声朗读的基本习惯，从古代一直延续到中世纪。）字母并非最早的书写形式：埃及、美索不达米亚，或许还有中国，此前均已拥有了非字母的文字系统。然而，字母堪称有史以来最为有效的书写系统。像车轮一样，它改变了古代世界，亦像车轮一样，与我们相伴至今，始终未被淘汰。

今天，超过人类总数的四分之三，约四十八亿人生活的国度，使用着字母表，或由字母表进化而来的书写方法。世界上现有约二十六种主要的字母表形式。罗马字母表、阿拉伯字母表和基里尔字母表，是世界三大字母系统，每一种都为多个民族和多种语言所使用。

我们熟悉的罗马字母表，乃由罗马帝国传诸后世之西欧，是今日世界最通行的字符——大约有一百种主要的语言，一百二十个国家，以及将近二十亿人的使用者，遍布于全球。罗马字母在统计学上的优势地位，部分应归功于它在下述语言中的应用：西班牙语（全世界约三亿三千万西语人口）、葡萄牙语（一亿六千万人）、非洲中部和南部的多种语言（二亿七千万人），以及英语（三亿五千万人）。罗马字母表有多种变异：例如，英语使用了二十六个字母；芬兰语：二十一个；克罗地亚语：三十个。但其核心，仍然是古罗马的二十三个字母。（罗马人没有 J、V 和 W。）

令人惊奇的是，除了朝鲜的谚文这唯一的例外（它独立发明于十五世纪中期），今天所有主要的字母符号都有一个共同的起源。它们均可以回溯至同一个历史源头：公元前二〇〇〇年的首份近东字母表。其血缘纽带直接而且明确。我们的罗马字母是阿拉伯字母的第三代表亲，是基里尔字母的第二代表亲，是希腊字母的孙子辈。的确，不同的字母表，往往外形也不相同（尽管我们有近一半的大写字母与其希腊的"爷爷辈"颇为相似）。但是，它们的基本机理和字母发音的顺序，却使其血亲关系暴露无遗。关于"字母表"的涵义，尤其依本章所述，涵盖了古往今来任何一种有效的字母体系，例如腓尼基字母表、阿拉姆字母表，以及我们自己的字母表。

世界上其余的四分之一人口，约十四亿人，使用的是非字母文字。这主要指中国，包括中国台湾地区，以及日本。日语的文字系统是在公元七世纪时，借用汉字改造而来。

迥异之处何在？为什么不能把汉字认作字母文字呢？汉字中的每个符号，都表示着汉语普通话中一个完整的字（词）。

汉字符号基本上是一字一词。这些字从左起，可译为"tea""hear"和"middle"。表示"middle"的字，就像其他最古老的汉字一样，与表示其含意的图形非常相像。

我们把这种符号称为"词符"（logogram，由两个希腊语的字根而来，意指"词字符"〔word letter〕）。汉字主要并非表音；其作用不是为了传达声音。相反，它传达的是字词的意义。少数字符确实能像一幅独具风格的画作那样，如图中第三个字符，明确呈现其概念。此种字符既是"词符"，同时也是"形符"（pictograph，意指"图形文字"）。

如果我们这些讲英语的人，总是把"狗"这个字写成 🐕，那么，它便是一个形符。如果我们用一个约定俗成的符号，比如 ⏀，来表示"狗"，那么它便是词符。但这两种方法，我们都没有用。我们把"狗"写成"dog"，用了三个，而非一个符号，把它们放到一起，便重新造就了这个词的发音。其中的每一个符号（字母）都表示着很少的一点点语音，成为这个词发音的一部分。这种从符号到声音的规则，我们是明白的，因为在幼儿园这类地方，读写入门已使我们牢记于心："A，'apple'的 A；B，'ball'的 B……"

字母的发音是可以独立存在的最小语音单位，语言学家称之为"音素"（phoneme）。一个音素就是一个语言"原子"，它几乎总是小于一个音节。（一个音素最多可成为一个音节，比如"icy"里的长元音 I，或是英文单词"a"，还有其他元音字母的特定用法。）英语里"pencil"这个词有两个音节[1]，却有六个音素，每个音素都由一个不同的字母来单独表示。

字母仅仅是符号化的音素，字母表则是一种基于众多字母的书写系统。字母加以组合，便可用来表示某一特定语言中的词汇，在书写者和阅读者之间共享。字母表必须要有足够多表示正确发音的字母，才足以表现这种语言——也就是说，其大部分发音，对于这种语言的口语形式都不可或缺。然而，

---

1 icy ['aisi]，冰冷的；pencil ['pensəl]，铅笔。

所需字母的数量却少得令人吃惊：大多数语言都不超过三十个字母。俄语的基里尔字母表有三十三个字母；伊朗的现代波斯语（Farsi）所使用的阿拉伯字母表有三十二个字母。尽管印度的天城文（Devanagari）字母多达四十八个，但天城文及其相关的印地文并非严格意义上的字母文字，而是亦属音节文字（syllabary）的范畴（详见下文）。

字母表利用了这样一个特性，即人类语言往往会避免使用太多音素——大体来讲，每种语言的音素仅有大约二十个到四十个。在某一特定语言中，词汇固然多达数以万计，可一旦加以分析，这些词的基本发音其实不过区区几十个而已。当然，这四十个发音不会在每种语言里都相同：阿拉伯语和英语有很多相同的发音，但阿拉伯语需要某些喉吸气音（throat click），而这种发音，如果不是从摇篮里习得，操英语的人是无法发出的。（同样可资为证的是，你可以抱着可鄙的消遣目的，请一个巴黎人说一说英语里的"law"这个词。他一准会费劲巴力地发出某种类似"loe"的声音。）英语里的音素数量略多一些，依各地口音不同，大概在四十四个到四十八个之间。这么多的音素，部分源于英语继承下来的丰富遗产，将日耳曼语和法语-拉丁语这两大不同语族的影响结合于一身。在我们的音素队伍里，有将近半数来自元音的细微变化，比如"law"这个词中，给巴黎人带来如此困扰的 A，便是这样。

我们不需要四十四个字母来表示四十四个音素，因为字母能做双份工作。英语拼写法给所有的元音字母都分派了多个发音（例如：go、got、ton[1] 等等），并且通过字母配对获得了更多的发音，如 oi、ch 和 th。

较之其他所有的文字系统，字母表独享一种巨大的优势：它需要的符号更少。除此之外，没有任何一种系统，能以如此之少的符号获得成功。这使得字母表更易于学习。学生只需记住二十来个字母，便可以开始为能读能写做好准备，而要做到读写自如，通常还需要再接受五年的教育。

对五六岁的孩子来说，这个记忆阶段非常简单，因此，有了字母表，整个进度便可在学生达到工作年龄前完成，无需因为谋生而中断学业。这一至关重要的事实，已使字母表成为具有历史意义的读写普及工具。有了字母表的发明，无论农夫、店主还是苦力，均已跨入了能读会写的行列——这与字母表发明前的社会状况颇为不同。今天，学者们相信，最早的字母表便是为贱民而发明的，因为神秘的埃及象形文字把他们拒之门外。

拿我们的二十六个字母与汉语文字体系作一番比较吧。接受过汉语教育者为了应对日常读写所需，至少需要两千个汉字，而其字符总数约在六万开外。共产党在一九四九年掌控国家之后，中国普及读写才成为可能。今天的中国学童，一般要比西方儿童多花三年来学习读写，而多花的大部分时间，都完全用于掌握汉字了。

1　go [gəu]，去；got [gɔt]，get 的过去式；ton [tʌn]，吨。

符号化方面的问题暂且不论，中国的文字系统实为国情所需。中国有八大方言；其词符系统尽管以普通话词汇为基础，但无论如何也能让非普通话的汉语使用者理解一部分——比字母系统更易于理解。其中也有音调的因素。汉语口语，比如普通话和广东话，包含很多同音异义字，只有靠说话时音调的不同才能加以辨别。例如，普通话的 ma，可能指的是"妈""马""骂""麻"，或是别的什么意思，这要靠音调变化来区分。在汉字中，各种 ma 只需用不同的字符来表示，字母文字却不便于区分这些字义。为将汉语字词音译为罗马字母而使用的拼音系统，时而混淆难解，显出字母在表达汉语时的不足。

增加字符的需要，一直妨碍着大多数非字母文字系统传诸后世。在古代近东，有两种主要的书写形式先于字母表而存在。它们均复杂精致，长于表达，但局限于专业人员。埃及的象形文字由形符、词符和表音符号组成:有大约七百个图形符号，通常以组合形式书写。美索不达米亚的楔形文字，以巴比伦人的为代表，主要是一种由大约六百个符号组成的表音文字，其中半数为常用。

作为表音文字，楔形文字就像字母表那样，使语言的声音得以再现。然而，楔形文字是一种音节文字系统——这种系统值得稍加留意，以此可对我们字母的灵活性更加欣赏。

在音节文字中，每个符号都代表一个完整的音节。比如"pencil"（铅笔）这个词，可由两个符号组成，如 ▲⌐，其

简单到孩子也能掌握。此乃公元前四七〇年到公元前四五〇年间的陶杯残片，画中场景显示，希腊字母书写在莎草纸卷轴上，古代雅典少年借此学习识字。其字句清晰可辨，hoi hamera kleei 属于某一习语，意指"英雄乃由时世造就……"，大概是诗中的一句吧。

中，▲发"pen"的音，⅃则表示"sil"这个发音。这虽然既简单又合理，可是，如果▲和⅃取决于特定语言的发音，那它们又能有多大的通用性呢？在英语中，用处不是很大。▲可以帮你拼出"pig pen"（猪圈），⅃也可用来拼成"window sill"（窗台），但在大多数情况下，▲和⅃便没什么更多的用处了。这时，就需要别的符号。你要不断发明新的符号，其数量会随之增长到数以百计。

　　有些现代语言很好地利用了字母和音节混搭的符号：例如印地语和韩语。但是对英语而言，使用音节文字可能会引起混乱。我们该需要多少个▲和⅃这样的跛脚符号呢——两百个够吗？而我们的字母，比如 A 和 B 这两个符号，便代表了我们将近百分之八的字母。我们的 A 和 B，比任何两个音节符号都更为有用。

因为字母是在音素层面上发挥功用，不受制于任何多余的发音，故而可以发挥最大的效用。我们"pencil"里的这六个字母，可轻易拆分，再重组进其他无数的词中——"lien"（留置权）、"Nile"（尼罗河）、"stipend"（薪俸）、"clip"（回形针）——它们的发音与"pencil"完全不同。字母如同基本的组织工具，必要时可相互搭配，所以你在工具箱里略备少许，便足堪大用。有二十六个，我们就能轻松对付大约五十万个英文单词。其实在理论上，我们还可以扔掉一两个字母——例如 Q——可以把"queen"（女王）拼成"cween"或"kween"嘛。

字母的一大特色，是其简单精确的组合方式。尽管它们为数甚少，可一旦结合起来，灵活性和通用性便十分惊人。它们以变化无穷的排列，捕捉声音的细节。字母精确地附着于词语的发音之上，昭示出其构造："fill"不同于"film"，"ascetic"不同于"esthetic"，再比如"serendipity""pterodactyl""Mooselookmeguntic"[1]。至少对大多数语言来说，在展现

---

1 fill [fil]，充满；film [film]，胶片；ascetic [ə'setik]，苦行者；esthetic [i:s'θetik]，美学的；serendipity [serən'dipəti]，天上掉馅饼的运气；pterodactyl [ˌpterəu'dæktil]，翼龙；Mooselookmeguntic [ˌmusəˌlukmə'gʌntik]，穆瑟卢克梅甘蒂克，美国缅因州一湖名，源出印第安人的阿布纳基语（Abnaki），意为"喂驼鹿的地方"。

语音的结构时，几乎不可能有比字母更准确、更精细的了。

说字母精准，并非全为得意狂喜之辞。它提示出有关字母表的一个最为重要的事实，也是理解我们这二十六个字母，以及世界文化史众多背景的关键——这便是，字母可以在语言之间迅速转换。在表现语言时，字母是如此巧妙，以至于它们无需局限于任何特定的语言，往往能够做到从这一种到另一种的完全相配。

即便是全然不同的两种语言，字母也常常可以完成这一转换。因为它们对发音的核心选择（由字母表的初创阶段承继而来），已近于四海通用，通常只需稍作变化，字母便可适用于不同的语言：将三四个字母重新调整为新的发音，发明一两个新字母，弃用不需要的字母。这便是众多现代语言虽有大体相同的字母表，字母数量却不同的原因所在。

在历史上，字母已实现了语言之间的大跨越。字母表最初传播于古代世界，在本来目不识丁的人群中开花结果，其进程如下：犹太人，阿拉姆人，希腊人，埃特鲁斯坎人，罗马人，以及其他族群。每一族群所操语言都不一样。每一族群都通过仿效其他族群的字母表，再使字母适用于新语言，而拥有了自己的字母表。当尤利乌斯·凯撒以罗马将军之身，于公元前五十九年进入高卢时，他发现，当地居民用希腊字母来书写自己的凯尔特语，这是此前一个世纪，他们从今称马赛港的希腊商人那里学来的。

从文字最初的传播开始，世界上的字母表便一直在征服、传教或文化政治的推动下跳来跳去。二十世纪九十年代初期，前苏联的三个加盟共和国宣布，将弃用（斯大林一九四〇年强加给他们的）基里尔字母，而换用罗马字母。新独立的国家阿塞拜疆、土库曼斯坦和乌兹别克斯坦虽未改变其与土耳其语相关的突厥语言，但政府已开始着手，将基里尔文字的路标、课本和纳税申报表格等，替换为新版，用修改过的、二十九个字母的罗马字母表印行。小学现在教授的是罗马字母。阿塞拜疆官方最早于二〇〇一年便宣布，大规模的、彻底的变革——缘于要同西方开展贸易的雄心和对苏联记忆的厌恨——已经完成。新字母表效仿了现代土耳其字母。土耳其是于一九二八年，在凯末尔·阿塔图尔克（Kemal Atatürk）的西化政府治下，由阿拉伯字母转用罗马字母的。

一九四〇年之前，阿塞拜疆、土库曼斯坦和乌兹别克斯坦曾使用过阿拉伯字母，后来，早期的苏联在二十世纪二十年代强制推行了罗马字母表。因此在过去的八十年里，阿拉伯、基里尔和罗马（两次）这三大字母表，上述三国均有经历。虽说三国的语言与阿拉伯语、俄语或拉丁语并无关连，却把每种字母表都轮流用了一遍。

类似的例子不胜枚举。一八六〇年前后，罗马尼亚在从沙俄的势力范围转向西方时，也由基里尔字母改用了罗马字母。法国殖民者则于一九一〇年强行在越南推行了罗马字母，由此取代了源自汉语的传统文字。在今天的胡志明市，店标和报纸所用，已均为罗马字母和越南语了。然而，邻国柬埔寨所使用的一种同源语言，在书写时却使用了全然不同的方式，其基础是印度的一种古代字符。

我们推想，阿拉伯字母就是阿拉伯语的书写形式。但阿拉伯字母也属于其他语言。公元七世纪中叶以后，军人和水手把阿拉伯字母由阿拉伯半岛带往外面的世界，现在，至少有九种在语言学上与阿拉伯语无关的主要语言使用阿拉伯字母：摩洛哥的柏柏尔语（Berber）、苏丹的努比亚语（Nubian）、伊朗的波斯语和库尔德语（Kurdish）、巴基斯坦的乌尔都语（Urdu）和信德语（Sindhi）、阿富汗的普什图语（Pashto）、中国的维吾尔语（Uighur），以及马来西亚的马来语（Malay）。马来语在传统上一直用阿拉伯和罗马两种字母书写。罗马字母在今天居于优势地位，但是在其首都吉隆坡，你仍然能买到一份用阿拉伯字母印行、数份用罗马字母印行的马来语报纸。

马来语并非唯一的脚踩两船者。非洲普遍使用的斯瓦希里语在书写时，也可以兼用阿拉伯字母，或更为通用的罗马字母。还有通称的塞尔维亚－克罗地亚语（Serbo-Croatian）——通用于塞尔维亚和克罗地亚，仅有方言特征上的差别。在书写时，塞尔维亚人用基里尔字母，克罗地亚人则用罗马字母。（这种分裂局面是中世纪教会之争留下的遗产，无疑造成了该地区人民之间灾难性的互不信任。）同样，印度的印地语和巴基斯坦的乌尔都语也本属同一种语言，唯印度使用天城文，巴基斯坦则用阿拉伯字母。还有意第绪语（Yiddish），它虽非十足的德语，二者却极其相近。但意第绪语以希伯来字母书写，而德语所用，乃罗马字母。

字母表所具有的"覆盖力"（spreadability），意味着我们的罗马字母看来确有大为光明的未来。在俄罗斯位于莫斯科以东七百公里的伏尔加河谷，讲突厥语的、半自治的鞑靼斯坦共和国已经宣布，将循阿塞拜疆之例，采行罗马字母[1]。其他地区正在奋斗求生的国家，尤其是在中亚和东南亚地区，也许有望在未来数十年内，做出同样选择，让本国语言换用罗马字母，力求以此更紧密地融入全球贸易和交流，并使本国人民更好地为学习英语作准备。不幸的是，很多古老而珍贵的精神传统将会消失。然而，在我们正在建设的二十一世纪，这种情况似乎不可避免。我们的二十六个字母掌握着如此之大的权力，更应该清醒地加以反思。

要想解开我们字母的种种神秘之处，可先从古代的腓尼基文字入手。公元前一○○○年的腓尼基字母表，就是我们自己字母的先祖。我们的字母当中，大约有十九个，可以直接追溯到当年——通过它们的外形、在字母表中的排序，尤其是发音，找到相对应的腓尼基字母。我们的字母并非它唯一的后裔。如"世界字母谱系图"（第 10 页）所示，腓尼基字母表几乎是后世古往今来所有字母表的源头。

1　根据鞑靼斯坦共和国一九九九年通过、二○○一年生效的一项法律，官方的鞑靼语拉丁字母表得以推出。但二○○二年后俄罗斯联邦国家杜马就此立法后，基里尔字母重新成为鞑靼斯坦唯一的官方文字。

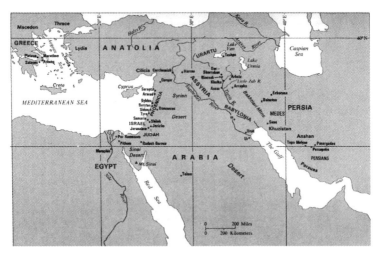

公元前一〇〇〇年时的腓尼基、近东地区和地中海东岸

　　腓尼基人活跃于铁器时代，以现在的黎巴嫩为基地。他们
是古代世界最出色的水手，因而为今人所铭记。公元前八世
纪，他们的海运贸易网跨越整个地中海，用西方的原材料交
换东方的奢侈品：以巴比伦的织物、埃及的金属制品，还有
腓尼基的象牙雕刻，从北非换取象牙，从西班牙换来银和锡。
支撑这一网络的，是向西而建的十四个主要的殖民地，另外
一些规模要小些——腓尼基人设在外国领土上的海港，用作
船只的停靠站和当地的贸易仓库。这些地点中，仍有少许存
留至今，人烟未断。例如西班牙南部大西洋沿岸港口加的斯
（Cadiz），初建之时，便是腓尼基人的殖民地加的尔（Gaddir，
意为"城墙环绕之地"）。而最重要的腓尼基殖民地当属迦太
基（Carthage，原称 Kart Hadasht，意为"新城"），公元前

八〇〇年之后不久建立于突尼斯海岸。迦太基日后成为地中海上的强权，在财富和实力上，终令老腓尼基相形见绌，后来却受到意大利城邦罗马的挑战，并为之所灭（公元前一四六年）。

腓尼基人的母国并非统一的国家，而是由众多独立的港口城市合组而成，诸城市间以共同的语言、宗教和自身利益相连。有三大城市最为显要：比布鲁斯（Byblos）、西顿（Sidon），以及岛屿要塞提尔（Tyre）。这三个城市均存留到了今天，现属黎巴嫩。黎巴嫩的首都贝鲁特，同样也曾是腓尼基人的港口。

腓尼基人属闪米特族，无论人种还是语言，均与古代犹太人同源。腓尼基人所操的语言，在发音上可能更近于古代希伯来语。在公元前十世纪，以色列——大卫和所罗门的犹太王国——是腓尼基的南邻和贸易伙伴。但是，与信仰一神教的犹太人不同，腓尼基人敬奉多神，居首者乃保护神麦勒卡特（Melkart，意为"城市之王"，有时也冠之以巴力〔Baal〕[1]，意指"主"），以及他的配偶，享有王后之尊、象征爱欲的阿斯塔特（Astarte）。

公元前一〇〇〇年之前的某个阶段，腓尼基人开始使用一份包括二十二个字母的字母表，来书写其语言。字母表不是他们发明的，而是承继自此前的闪米特传统。公元前二〇〇〇

1　巴力的希伯来文原意为"主"或"物主"。古代散居各地的闪族人大多称呼他们祀拜的大神为"巴力"，甚至以色列人也曾以"巴力"称呼过耶和华。但耶和华禁止他们这样的称谓……而《圣经》中提到的巴力则常指迦南人祀拜的最大的假神，是耶和华所憎恶的。（据《圣经语汇词典》，白云晓编著，中央编译出版社，二〇〇四年）

年左右，讲闪语者创造出使用字母表书写的技能，其后逐渐流布于近东地区，为闪米特各部族相传习。或许，有些闪米特人即便未曾使用，也已对它有所知晓；非闪米特人肯定还对它一无所知。

有了腓尼基人的帮助，闪米特字母表便获得了一个国际化的平台。作为繁忙的城市社会生活的一部分，字母表教授给腓尼基儿童，用于行政和贸易，并由商船队带往海外。看到腓尼基人的文字，那些没有自己文字的外国贸易伙伴或会感到羡妒。也许终于有人将腓尼基字母抄录下来，以为己用。

字母表仅仅是腓尼基人发扬光大的数种技艺之一。他们还是改进造船和航海技术的大师（对北极星的发现和使用应归功于他们），亦长于木工、金属加工和最早的玻璃工艺。他们的字母表确曾令其工艺技巧如虎添翼，而不管有心还是无意，腓尼基人的兴旺和远游，让其字母表的声名远播海外。

尽管腓尼基人的出现比字母表的发明晚了近一千年，他们的字母表却是让现代研究充分获益的最早版本。由于丰富的考古遗迹，学者们得以分析并理解腓尼基字母表，而此前一千年留给我们的素材便不那么令人满意了。

公元前一〇〇〇年之后的腓尼基铭文，大约有五百份得以留存，另有六千份来自公元前四〇〇年以后的迦太基及其贸易网。其中大部分很短：祈祷文、石刻的墓志铭、工艺品上的所有权声明，以及诸如此类的东西。通常，文字是在坚固耐久的材料上凿挖或刻写而成的，如石料或陶器——有了此类材料，文字才得以存留。由于腓尼基语同希伯来语相仿，专家们可以轻而易举地读懂作为腓尼基语载体的腓尼基字母。这些铭文中，有些是课堂上的习题，包括以字母表顺序排列的字母，颇有价值。

这种遗存只是当年腓尼基文字极小的一部分残留。经由埃及、希腊和罗马的作家，我们对腓尼基人或迦太基人的历史记录、商业档案，以及大量的宗教经卷也有所闻。那些文字已经消失了，因为它们通常是用墨水写在易损材料上的，如兽皮或莎草纸（古代一种用芦苇制成的纸张），很快便会朽烂。此外，腓尼基文献未经最终统治了地中海的希腊－罗马文化抄录并保存，反而遭到了破坏。例如，罗马人洗劫迦太基时，将整整一图书馆的腓尼基语卷轴文献付之一炬。

腓尼基字母符合字母表的准则，将语言的细小发音，如"d""h""m""p"等加以符号化。所有字母都是辅音，没有元音字母。尽管腓尼基语中存在着元音，腓尼基人却认为它们无需形诸文字。元音字母的缺失，是从传统的闪米特字母表继承下来的一大特色。词汇以缩略形式拼写，只有辅音字母。（说到底，希伯来语《圣经》也使用了同样的拼写方式。）

对现代英语使用者而言，这种没有元音字母的体系或许颇显荒唐[1]。若要识别书面英语词汇，元音字母是必不可少的，尤

1　原文为 ths sstm wth n vwl lttrs prbbly snds crzy，为作者删去句中所有元音字母而得的戏仿之句。不过，句中仍有两处"遗漏"："prbbly"和"crzy"。

外贸行家

船队刚刚抵达埃及港口，船上的腓尼基商人穿着长袍，向（画外的）埃及官员躬身行礼，围白色腰布的埃及引水员则在引船靠岸。腓尼基人的船货中有些罐子，位于画面中间偏右，大概装着葡萄酒，此乃埃及的进口饮品。这一现代画作临摹的是早于公元前一〇〇〇年的一幅埃及墓穴壁画，它发现于今日卢克索（Luxor）附近，如今已毁于潮湿。

腓尼基人的贸易网络让他们与地中海和近东地区的许多国家建立起了联系，如埃及、亚述、犹太王国、大马士革的阿拉姆人、意大利西部的埃特鲁斯坎人、西班牙南部的塔特苏斯人（Tartessus），以及地中海东北部一个地处偏远但雄心勃勃的民族：希腊人。贸易促进了腓尼基字母表的传播。大约到公元前九〇〇年，犹太人、阿拉姆人和近东其他民族均已将腓尼基字母袭

其是以元音开始的单词，或者本身便是元音的单词。试一下不要元音写出"I am an ass"（我是个笨蛋）这句话。更为普遍的是，英语和印欧语系的其他语言给元音赋予了很重要的用途，例如用元音来区别"pack""peck""peek""pick""pike""pock"[1]等。

1　pack [pæk]，包裹；peck [pek]，啄食；peek [pi:k]，窥视；pick [pik]，采摘，挖掘；
　　pike [paik]，矛；pock [pɔk]，痘痘。

为己用；大约到公元前八〇〇年，希腊人也步其后尘。在我们现代字母的形成过程中，希腊人的改编尤为关键。

现存的希腊和希伯来文学对腓尼基人的描述，交织着钦佩和怀疑，如荷马史诗《奥德赛》，以及《圣经》中的《列王纪》和《以西结书》。精湛的手艺和远航的勇气这些美德，被贪婪、诈欺、堕落，以及动辄掳掠外国妇女卖作奴隶这样的指责所抵消。其中一些或许是出于嫉妒的毁谤。

我们的"腓尼基人"一词来自古代希腊语 Phoinikes，意思是"赤民"，希腊人以此称呼他们，也许与其古铜肤色有关。另有一种说法，此名称也可指广受赞誉的纺织染料，颜色范围从红色到深紫，乃腓尼基的头牌奢侈品。这种美丽盖世且极为昂贵的紫色，以秘方提取自海洋软体动物的尸骸，用于出口的纺织衣料和服饰，在古代成了一种国际化的地位象征，使用范围仅限于大富之家，尤以王公贵族为主。直至二十世纪初，这种紫色在欧洲还一直与帝室王族联系在一起。

腓尼基人用什么来称呼自己，我们不知道。有可能是 Kannanni，意指"迦南人"（Canaanite），因为腓尼基人的祖先，在公元前二〇〇〇年至公元前一〇〇〇年间，一直居住在《圣经》所称的迦南地（即今日以色列、巴勒斯坦当局所辖、黎巴嫩、约旦西部和叙利亚沿海地区）。考古发现显示，大约在公元前一六五〇年，在这些迦南人的祖先当中，有些人使用的正是闪米特字母表，其样式与腓尼基人日后所用相仿。

腓尼基语和其他闪米特语言却并非如此。腓尼基语的词汇在结构上要更加趋同。倘若不算复合词，那么，腓尼基语的词汇通常会有两到三个辅音字根，一个辅音几乎总是居于词首，而另一个往往居于词尾。例如，腓尼基人将"国王"写成字母 m-l-k，代表着一个发音类似于 melik 的词。由于首尾两端的辅音之间已经预构有元音的发音，所以其书面形式 m-l-k 便相当明晰了。

字形	发音	名称	名称含义	英语字母后裔
		公元前一〇〇〇年的腓尼基字母表		
Ҝ	声门塞音	aleph	牛	A
⊲	"b"	bayt	房	B
٦	"g"	gimel	回飞棒	C
⊿	"d"	dalet	门	D
㇅	"h"	he	惊叫	E
Y	"w"	waw	木栓	F、U 和 Y
I	"z"	zayin	斧	G 和 Z
目	喉音 "kh"	khet	篱笆	H
⊕	重读的 "t"	tet	轮	—
ƨ	"y"	yod	臂与手	I
↘	"k"	kaph	手掌	K
∠	"l"	lamed	赶牛棒	L
⌇	"m"	mem	水	M
∽	"n"	nun	鱼	N
∓	"s"	samek	梁柱	—
o	喉音	ayin	眼睛	O
⟩	"p"	pe	嘴	P
ҧ	"ts"	tsade	纸草	—
φ	"q"	qoph	猴	Q
٩	"r"	resh	头	R
w	"sh"	shin	牙	S
+	"t"	taw	算筹记号	T

　　此表表明，每个腓尼基字母的名称，都以与其字母发音相称的辅音作为起始音。aleph 和 ayin 的名称以英语发音中没有的辅音打头，用我们的拼写也无法明确表示。这两种名称的拼写不免令人迷惑。

　　尽管现代学者对这二十二个字母的名称非常自信（见第 38 页附文：《我们如何得知腓尼基字母的名称》），但其英译名仍有存疑之处，如 tet 和 tsade。第三个字母的名称 gimel，过去曾译为"骆驼"——其拐杖形状解读成了驼峰——今人则认为是用于小型捕猎活动、类似飞旋镖的"回飞棒"。拼读提示：gimel 的第一个音同"girl"中的硬音"g"。字母名 he 的发音同"hay"。lamed 的名称则读作 lah-med。

此外，虽有少量其他的腓尼基词汇也可写成 m-l-k，但它们都必然与王权或王族有关，因为这就是该字根的含意所在。在书面语中，上下文会帮助澄清词汇的意义。

为便于学习，腓尼基字母表有几种固定的记忆方法，它们承袭自闪米特语的旧例。抽象的字母严格确定了次序，这样，学生便一个都不会遗忘——我们教学龄前儿童学唱《字母歌》时，已将这一特点保留了下来。像我们的字母一样，腓尼基字母也有名称。但是它们的名称有更多的含意，是以熟悉的事物命名：牛、房子、回飞棒、手、水。每个字母的外形都由一幅风格化的示意图构成，内容即它所以得名之物。字母"牛"是两只牛角的样子；"回飞棒"像一只飞旋镖；"水"则是一道波浪线。最聪明的办法是：每个字母的名称都以不同的发音打头，此发音与该字母相吻合。字母"房子"——bayt，代表着"b"的发音。（它实乃我们的字母 B 的先祖。）字母"手"——kaph，则代表"k"的发音。（同样，它也是字母 K 的先祖。）腓尼基字母表因而类似一份现代的、表音的无线电通信字母表（radio-communication alphabet），后者依据首音的相同规则，用单词代替了英文字母的名称：Alpha、Bravo、Charlie、Delta……

这种体系意味着，腓尼基小朋友一旦记住了二十二个普通名词的序列，便可掌握每个字母的发音（与其名称的起首音相同），以及每个字母的形状（其特征是以之命名的事物的粗略示意图）。这套音形相合的符号，与我们在幼儿园和一年级也许更为吃力的学习方法是一样的。

如前所述，腓尼基字母表中，有我们所用大约十九个现代罗马字母的先祖。别忘了，腓尼基字母也是图形，而且面向左侧，因为其文字是从右向左书写的（我们的则相反），你可以瞧一下我们从腓尼基字母表中得来的某些字母。在腓尼基字母的顺序与我们的字母序列之间，似乎存在着一种非常清晰的前后承继关系："b""g""d"……"k""l""m""n"……"q""r""sh""t"。腓尼基字母 L 与我们的 L 颇为相似，它位于字母表的第十二位，与今天 L 所处的位置完全一样。其他腓尼基字母，Q 和 T 在字形和发音上，E、H 和 O 在外形上，无疑都是我们的前辈。我们的 B、D、K 也有腓尼基字母的渊源，其发音和前后次序莫不如此，尽管其字形并无相近之处。

如您所料，有些腓尼基字母与我们的字母在发音上迥然有异。字母 aleph 是个送气塞音，而 ayin 则为刺耳的喉音；这两个音，大多数讲英语的人都很难发得出。很显然，腓尼基人在讲话时会用上很多咝擦音（sibilance），因为他们的字母表需要四种 S。我们今天只保留了两种：S 和 Z。

那么，这一切又是如何开始的呢？如果腓尼基字母来自一种已历千年的传统，那此前又发生了什么？谁发明了字母表？我们将从腓尼基南行，前往法老统治下的埃及，答案在那里。

二十世纪七十年代，英国广播公司（BBC）有个全球流

现代希伯来字母表		
字形	主要发音	名称
א	〔哑音〕	alef
ב	"b"	bayt
ג	"g"	gimel
ד	"d"	dalet
ה	"h"	he
ו	"v"	vav
ז	"z"	zayin
ח	喉音 "kh"	khet
ט	重读的 "t"	tet
י	"y"	yod
כ	"k"	kaph
ל	"l"	lamed
מ	"m"	mem
נ	"n"	nun
ס	"s"	samek
ע	〔哑音〕	ayin
פ	"p"	pe
צ	"ts"	tsade
ק	"q"	qoph
ר	"r"	resh
ש	"sh"	shin
ת	"t"	tav

希伯来字母表：腓尼基字母的头生子

这二十二个希伯来字母，乃于公元前九五〇年前后，由二十二个腓尼基字母袭用而生。今天，尽管形貌迥异，但腓尼基人的这一恩德，在现代希伯来字母的发音和排序中仍然显而易见。（关于其名称，请见第38页附文：《我们如何得知腓尼基字母的名称》。）

为希伯来人袭用，标志着腓尼基字母表在历史上数次由别族借用的头一遭。古代希伯来语和腓尼基语非常相似，因而希伯来人发现，腓尼基字母对自己的语言极为适用。据现代分析，或有一处革新：希伯来人可能给三个字母增派新工，以表示希伯来语中特有而腓尼基语中不存在的发音。因此有三个希伯来字母，或许每一个都身兼两职，各自表示两个发音。

有证据表明，希伯来人此前没有书写系统；正是通过对腓尼基字母的袭用，可回溯到公元前一〇〇〇年之前的犹太教义理和历史传奇，才开始有了永久的记录。无论犹太人的传统多么久远，《圣经》（以希伯来语写成）里最古老的字词，都只能从公元前十世纪算起。

现代希伯来字母中，只有 khet、qof、resh 和 shin 与其腓尼基原型有点形似。而这两种字母表最早是一模一样的：希伯来人的字母表就是腓尼基人的字母表，现存的铭文可资证明，如著名的基色历（Gezer Calendar，见第37页）。后来到公元前三世纪，希伯来字母的形貌才开始大变样。

希伯来语和阿拉伯语从右向左书写的惯例，也是由腓尼基人处继承而来。

行的电视连续剧《楼上楼下》（*Upstairs, Downstairs*）[1]，讲的是爱德华七世时代（Edwardian）伦敦的一户贵族人家。剧中人分为两类：一类是富有的家族及其亲友，另一类是社会地位相对卑微的家仆，即所谓的"楼下人"。两类人各有戏文，时

---

1 《楼上楼下》，公认为英美电视史上最成功和最重要的剧集之一。剧情始自英王爱德华七世时代的一九〇三年，历经第一次世界大战和二十世纪二十年代英国的政治剧变，结束于一九三〇年的股市大崩溃，以史诗般的视野，描写了二十世纪初伦敦上流社会贝拉米一家及其男女家仆的故事，堪称一幅当时英国社会广阔的风情画卷。

腓尼基的字母，希伯来的语言？基色历是一块成于公元前十世纪中晚期的石灰石铭文，据信为希伯来语形诸文字的最早遗存。这份"月历"于一九○八年出土于今日以色列南部的古城基色，根据农事，简要列明了月历。它可能是学生所做的习题：在左下角，刻写者加上了某些字母，大概是其名字的拼写，此人显然叫阿比贾（Abijah）。

铭文上是腓尼基字母。其语言也可能是腓尼基语，但学者相信，此乃希伯来语（二者非常相似），部分原因出自考古发现：这块石板所属的时间和地点似为所罗门统治下的犹太王国。如果这是希伯来语，那么铭文保留下来的，便是新生的希伯来字母，此前不久，它们才由腓尼基字母袭用而来，仍然形貌酷似。其文如下："两个月收获。两个月播种。两个月晚耕。一个月割麻。一个月收大麦。一个月收割并计量。两个月打理葡萄园。一个月收夏果。"

而交叠。为与民主气氛相合，故事情节偏重家仆，明星角色亦在仆从之中。

在一个等级界限远较爱德华七世时代的伦敦为甚的严苛社会里，是"楼下人"发明了字母表。今天，根据一九九九年

我们如何得知腓尼基字母的名称

本书所引用的二十二个腓尼基字母名称，为学界广泛接受，但其拼写未必尽同。不管怎样，古代腓尼基文献从未告诉我们这些名称。实际上，我们依赖的是合理推论。

我们今天所用的二十二个腓尼基字母名，实为二十二个希伯来字母的名称，只不过略有改动。有一份重要的书面文献，让我们知道了古代希伯来而非腓尼基字母的名称。可以假定，希伯来名称与其所由之来的腓尼基名称差别不大。不会有什么翻译造成的问题，例如：在希伯来语和腓尼基语中，名称 aleph 都是"牛"的意思，resh 也都指"头"。

希伯来名称保留于最重要的古代文献之一：希伯来《圣经》的希腊语译本，最早出现于公元前三世纪的希腊－埃及城市亚历山大。这本希腊文《圣经》又叫《七十子》（Septuagint，出自拉丁语的"七十"一词，传说有七十位学者共治此书），对犹太教的存续和基督教在希腊－罗马世界的传播至关重要。在《耶利米哀歌》中，《七十子》碰巧用了希伯来字母的名称，来为文中诗句排序。二十二个名称以希腊字母拼写，重复出现。

分析得出的戏剧性考古实证，我们相信，字母表发明于公元前二〇〇〇年左右的埃及。（见第 44 页：《字母表的摇篮》。）几乎可以肯定，发明人不是埃及人，而是埃及雇佣的外国劳工，或许是士兵。他们讲闪米特语，这是腓尼基语、希伯来语和阿拉姆语在青铜时代的前身；它与埃及语虽有语言学上的关联，但两者截然不同。

现存埃及中王国时代（Middle Kingdom，约公元前二〇〇〇年至公元前一六〇〇年）的文献，对埃及的外国劳工多有提及，他们是外国雇佣兵、矿工、采石者，或类似之人，有些是充做奴隶的战俘。很多人或为闪米特语族，来自西奈、迦南和阿拉伯半岛这些东方地区。埃及人对他们颇多蔑视，称之为阿木（Amu，亚洲人）。在埃及人看来，阿木人是典型的沙漠游牧者（Bedouin）。

埃及的闪米特人不仅处于社会边缘，大多也都是文盲。个别握有一定权力的人——矿上的某个工头、军队里的某个军官——也许掌握了一些经过简化的埃及文字，极少数人或许对美索不达米亚的楔形文字有所了解，但作为一个族群，他们是没有文字的。然而，他们可以学习埃及主子的方法。

埃及的官方书写系统是碑铭体[1]（见第 42 ~ 43 页加框补白：《埃及的图形文字》）。碑铭体的图形在表示埃及语词汇时，有以下几种用法：（一）表示词意；（二）表示词的辅音；（三）使用多图，既表意，又表音。几乎每个图形都兼备两种用法，尽管并不同时使用：一个树枝的图形，既可以意指"树木"，也可代表发音 k-h-t（与埃及语中树木一词的辅音字母相同）。以语音学的含意而言，树枝图形 k-h-t 可以用来表示完全不同的埃及词汇，如"以后"（也是 k-h-t，辅音相同），或"强壮"（n-k-h-t）。

从语音上讲，大多数象形文字的图形，每个符号代表三个辅音。另一类由数十个图形符号组成，每个符号代表两个辅

---

1 周有光将 hieroglyphic 译为"碑铭体"，并称，"象形文字"的译法"有些似是而非，因为碑铭体的图形符号大都不是象形字，而是会意字和形声字"。见周著《世界文字发展史》。本书译者兼采这两种称呼，一般叙述时用"象形文字"，涉及比对等具体叙述时用"碑铭体"。

音。而对我们目前的研究最为重要的是，有大约二十五个图形，每一个只代表一个辅音；把它们放在一起，便构成了埃及语的二十五个基本辅音。这是一份完整的埃及语"字母表"，深埋于巨大的象形文字系统之中。

显然，闪米特人当中某个孤独的天才，或是一个团队，终为埃及文字的这种字母表规则所启发，开始构想一个纯粹的字母表体系，以适用于闪米特语。作为埃及字母表的摹本，闪米特字母表也将只有辅音字母:若包含元音，字母便会太多，不便学习。

也许过了一年，也许过了一代，发明者完成了一份闪米特语的辅音字母表，字母可能有二十七个左右（根据日后的证据推断）。它们仍然有待符号化，以方便书写。这些字母与埃及的二十五个辅音字母略有不同。发明者针对自己的二十七个发音，选配了二十七个字母，它们均为图形。

图形实乃自然之选，因为埃及人便是如此书写，又因为有了图，才好给它取名，这样做大有必要，可以提醒读者字母怎样发音。如果没看到一幅斑马（zebra）的图像，你怎么可能想起来"Z"的发音呢？这便是青铜时代的推理过程。

一个字母，若要成为一幅约定俗成、面貌永固的图像，须外形简洁而独特，并表现某一常见之物，而此物的闪米特语名称,还要有相称的起首发音。发明者们要想找到直观的范本，可以观摩遍布埃及各城市公共场所的华丽的碑铭体，还可端详旷野中常见的更为简洁的埃及岩书字符。他们从中挑选图

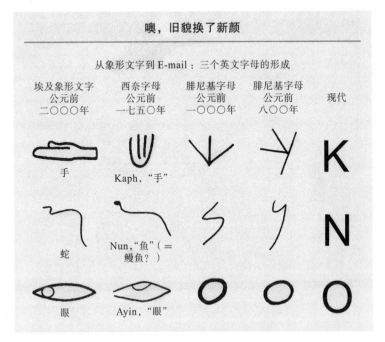

噢，旧貌换了新颜

从象形文字到 E-mail：三个英文字母的形成

我们这三个字母的进化，在上图所列的古代字形样本中均有迹可寻。第一列显示了埃及的图形文字，字母的形貌即由此摹写而来；第二列显示了该字母的一种早期形貌；此后的字形依次列于其后。闪米特字母对埃及象形文字的含义置之不理，而只是利用了其图形在闪米特语中的名称："手"即 kaph，表示发音"k"。字母由此诞生了，开始是精细的图示，但日趋简洁、抽象。我们的许多大写字母保留了先祖的形体特征，有些辅音的发音也与公元前一两千年时的发音分毫不差。

形，加以复制，用作自己的字母。新的图形字母由其闪米特语名称加以辨别，埃及语的名称和含意则遭废弃。

举例来说，为了将"r"的发音符号化，闪米特人借用了一个看似人头侧像的埃及象形字。在埃及语中，这个符号可能意指单词"头"——或与其他符号组合，表示"首领""提升"或是"绑缚"。表示"头"的两个埃及口语词，讲起来有点像

埃及的图形文字

埃及中部底比斯（今卢克索）一座墓穴墙上的象形文字，约绘于公元前一四〇〇年。其中好像交通信号灯的图形，想必是书吏的木制调色板，嵌有两只颜料碗，一只口袋和几只画笔用绳子系在上面。

埃及文字约始于公元前三〇〇〇年。其官方系统为碑铭体（本意为"神圣的刻写"），被奉为书写之神图特（Toth）的礼物。常见物品——猫头鹰、篮子、手、牛——的图形可独立使用，也可在句中组词表意。任何图形都可以用作（一）表意图形或符号，亦可用作（二）表音符号。船的图形可能意指"船"或"航行"——也可能仅仅代表某一辅音，以协助拼出不同的词汇。在碑铭体中，猫头鹰和芦苇放在一起，便意指"在那里"，而非"猫头鹰和芦苇"。以读音论，这两幅图与埃及的"在那里"一词几无二致。

碑铭体乃艺术作品，非正式场合不用。它们总是精描细画，往往刻成浮雕，或镶嵌于石料之上。一般而言，它们从右向左书写。在建筑物的墙壁和纪念碑上，它们承担着公告或表达宗教信仰的职能。

公元前二〇〇〇年的时候，在用的碑铭体字符大约有七百个。不仅要有人懂得这些符号，描画它们也是一件细活儿。因为掌握这套体系需耗时数年，还要不断温习，以免遗忘，因此其使用者仅限于识字的精英僧侣和书吏。即使其他显贵，如地主，也未必知道怎样写碑铭体。

埃及的第二种书写体系，僧侣体（hieratic），便没那么严密精准了。（此名意指"僧侣的"，实有误导，盖因社会其他阶层也使用这种字体。）僧侣体是一种简化的碑铭体，专为笔墨在莎草纸或织物上书写而设计：图形变成了抽象的线条或笔画，词汇量亦大大缩减。以最基础的形式书写的僧侣体，为埃及的上层和中层社会广泛使用，其中包括地主、某些商人，以及军官。

tip 和 djedje。但发明者对此全然不顾。他们看到这个好似人头侧像的象形字，便以闪米特单词称之为 resh。因为 resh 这个名称以"r"音开始，又因这一图像既清晰易辨，又与众不同，所以他们选用该图代指此音。就这样，他们用一个人头侧像的略图，发明了字母 R。后辈的闪米特儿童，将看着这个 resh 的图形，想到"r"的发音。今天，如果把大写的 R 卸掉一条腿，那么我们看到的其实不是 P，而是一个原始的头颈侧像。

最早的字母文字就是这样一连串的图形。现存最古老的闪米特碑铭，大约成于公元前一八〇〇年到公元前一七〇〇年间，其上可见的图形——一个头、一段篱笆、一个棍状人形——排成难看的行列，好似拙劣的象形文字，一整行拼出来，或许只有五个词。可这些就是我们字母的直系先祖，本书将对此追本溯源。

字母表曾经（现在依然）是一种极为简单的体系，是为人民群众而发明的。猛然间，它使生活在强大埃及的"小人物"，即外国劳工，获得了读写的能力。所有讲闪米特语的人，都有

字母表的摇篮

如何在埃及寻获世界首份字母表

如今，现代学者相信，大约公元前二〇〇〇年，在法老时代的埃及，侨居于此的闪米特人发明了字母表；发明者受到了埃及书写方法的启发。之所以溯源到埃及，是通过两次极为重大的考古发现，一次在二十世纪初，另一次在二十世纪末。

从十八世纪中叶开始，一些欧洲学者便推测，埃及象形文字是古希伯来字母的本源或参照物。一八二三年对象形文字的译解，并未给这种理论提供明显的支持，因为这两种书写系统表现出了不同的运行机理。整个十九世纪，这个问题始终悬而未解，而对腓尼基字母历史地位的认识则与日俱增：有人提出，腓尼基和希伯来文字在古埃及的"隔壁"出现，或许不是巧合。但进一步的认识，还有待现代考古学的方法加以解决。

第一次突破发生在一九〇五年，当时有大约三十份铭文被发现，并在随后得到鉴定，这种文字与众不同，现代人以前从未见过。此乃前腓尼基时代的字母文字，不过最初无人知晓。这些铭文发现于西奈半岛中西部，现埃及境内，一处名叫塞拉比特·哈德姆（Serabit el-Khadem）的沙漠。它们刻在当地的砂岩上，因此地之荒僻，且缺少破坏性植被而得以保存。其发现者，英国考古学家威廉·弗林德斯·皮特里（William Flinders Petrie）认定它们珍奇而且重要，却无力读懂，几十年后，他得出了实则大谬的结论，说它们并非字母。

这些文字是图形：刻出来的画，排列参差，横竖不一。图画连绵而走（不见有条理的停顿），阅读方向——左行，右行，上行，下行——也是模棱两可。大约有二十七个图形反复出现：一鱼、一蛇、一双臂张开的人形、一条波浪线、一牛头，凡此种种。某些图形看似埃及象形文字，却不属象形文字系统。

塞拉比特·哈德姆首先是古埃及遗址，大约自公元前二二〇〇年到公元前一二〇〇年间，这里的绿松石开采时断时续。法老的监工带领手下大军，从黄沙之下采掘这些半宝石。或许也有非埃及的矿工，如近东人氏，其中许多人讲闪米特方言。可以想象，写字的方法就这样传给了他们。

这三十片铭文存留于一大片普通的埃及遗迹当中，同样都以当地的砂岩刻成。其中包括小雕像、刻有象形文字的石板，以及矿工保护神——埃及女神哈托尔（Hathor）[1] 神庙的遗迹。正是这些埃及宝藏，把皮特里吸引到了当地；他可不是去找字母表的。

这些文字显然与周遭的埃及遗物有某种联系。有数份神秘的铭文出现在石刻的埃及小雕像上，包括一个小狮身人面像。学者们一直试图通过艺术分析，来鉴别狮身人面像的年代（此方法存在争议），从而鉴定出这些文字的年代。英国的埃及学家艾伦·加德纳（Alan Gardiner）认为，它雕成于公元前一八○○年左右。后来的学者将年代推定为公元前一五○○年。而一些当代学者认为，就西奈的狮身人面像和铭文而言，公元前一七五○年似乎是个更为合理的推论。

在皮特里发表报告后的十年间，这些符号一直无人可以读解。而后，到了一九一六年，加德纳发表了一篇才华横溢的论文《闪米特字母表的埃及起源》（The Egyptian Origin of the Semitic Alphabet），一举奠定了后世全部研究的基础。加德纳认为，西奈文字是字母文字，那些图形乃独立的字母，全都袭用自一种可确认的埃及象形文字的图形（埃及人赋予它们的意义则被扬弃），只要发音正确，这些图形字母便可拼出古代闪米特语的词汇。为求佐证，加德纳提出了对其中一词的译解。

铭文中有个词出现了十几回，它由四字组成——我们姑且称之为"盒""眼""藤""叉"——显然是个颇为重要的单词或概念。极为幸运的是，那尊狮身人面像上也有一条象形文字，刻在一侧的肩膀上，很容易翻译："蒙爱于哈托尔，绿松石娘娘"。这两份文本，一个象形文字，一个神秘字符，会不会是同一个意思呢？

由这一假设出发，加德纳将"盒""眼""藤""叉"推定为表示闪米特单词 baalat 的四个字母，意为"娘娘"。baalat 是个尊称，乃 baal（"主"）一词的阴性格式，在多种闪米特文化中，都可以用作女神的头衔或名号。可以肯定，那尊狮身人面像是祭品，以两种文字祭献；"蒙爱于哈托尔"的人，指的则是为女神庙堂献祭雕像的供奉者。这份祭礼是为了谢恩，以感念她在采掘时的垂顾，以及护佑。

1　古埃及宗教中司掌苍天、女人、生育力和爱情的女神，相当于希腊神话里的阿佛洛狄特。

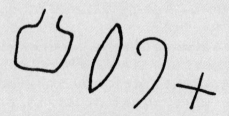

上图即 baalat（"娘娘"）一词，出自数份塞拉比特·哈德姆铭文中的一份。其字母明显是从左向右读的，依次是 bayt、ayin、lamed、taw——即 B、喉音、L、T。像早期字母一样，它们只用以表示词的辅音。喉音 ayin 在英语中没有能对应的拼写，往往在音译时予以忽略，而语言学家会用符号"'"来表示，将上述单词拼作 ba'alat。其字母名称是"房""眼睛""赶牛棒"和"算筹记号"。在其他的塞拉比特铭文中，这四个字母的形貌大同小异，如右图。B'LT 一词竖排于其右下角。

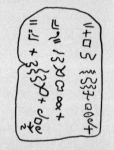

　　写出塞拉比特铭文的那些闪米特人，据信是埃及采矿业的参与者：劳工、兵卒、侍妾，或类似人等。他们可能是工头或其他官派人员，长于技而敏于智。然而，在大众教育尚未普及的时代，这些人得以识文断字，也证明了字母文字的易于接受。

　　闪米特字母表会不会是在西奈采矿地发明的？有可能，但学界普遍认为，这三十份铭文已属"第二代"：二十七个符号运用自如，似已处在成熟阶段。西奈铭文（无论将其年代断为公元前一七五〇年还是公元前一五〇〇年）或许是一种已绵延数百年的闪米特传统的结晶。

　　自从加德纳取得突破后，其他学者也不断发表对西奈铭文的释读，但只有加德纳的 baalat 得到确证。尽管我们能够解读几乎所有单个的图形字母，对文本含意却力有不逮，因为无法断词，其书写方向亦难确定：闪米特语从右向左的书写规范，可能要再过一百年才能成型；最早的字母文字写起来，可以朝向四面八方，上上下下，皆无不可。

　　二十世纪中叶的考古发现，似乎要将字母起源地与埃及剥离，而指向黎凡特（Levant）——地中海东岸及内陆地区。在公元前一〇〇〇年到公元前二〇〇〇年间，此地即《圣经》中所称的迦南。迦南人讲闪米特语，其文化在公元前一二〇〇年之后不久，即铁器时代的血腥开端，毁于希伯来部族、渡海而来的非利士人和其他部族的入侵。只有北部的一支迦南人得以幸存，并走向繁盛，即腓尼基人。

在黎凡特，考古学家们发现了两批前腓尼基时代的字母文字。一九二九年，在对位于今叙利亚海岸的迦南重镇乌加里特（Ugarit）的发掘中，出土了一千份铭文，它们由一种包含三十个楔形符号的奇特字母写成。这一遗址的年代大约在公元前一三五〇年至公元前一二〇〇年之间，显示出美索不达米亚此前对黎凡特的影响，或许有助于其字母表的发明。

第二批文物在南部出土，地点位于今以色列和黎巴嫩境内：有大约二十五片残损的铭文，以相似的字母写成，其形貌兼有西奈和腓尼基文字的风格。这些字母出现在家庭用品上，或刻，或写，其中包括一把短刀、若干箭头，以及陶器（出土时已是残片）。短刀的年代大概为公元前一六五〇年或更早；其他物品则出自公元前十三世纪到公元前一〇〇〇年间的多个时期。一块刻字陶片或成于公元前一七五〇年到公元前一四五〇年间。另一残片大约出自公元前一二〇〇年，刻有一份二十二个字母的字母表，同样的二十二个字母，日后发展成了腓尼基字母表。与后来的腓尼基字母相比，它们只在字形上有些许不同。

所有年代更久远的文物，都发现于更靠南的地方，即以色列南部。这大概说明，字母书写术在数百年间沿着海岸线一路北上，最晚近的物品是一批箭头，出自北方的黎巴嫩，无论时间还是地点，都与腓尼基字母表的发端交会相融。

这些发现证明了迦南字母表的存在，它大概于公元前一七〇〇年就在某些地区使用了，先于并最终发展为腓尼基字母表。迦南字母是更广泛的闪米特传统的组成部分。

到二十世纪六十年代，凭借上述论据，似乎已经可以指出字母表最初的源头在哪儿了。在迦南和西奈最早的两组闪米特字母遗迹中，许多学者认为迦南字母出现得更早。既然迦南拥有现存最古老的字母，而且早期字母表在迦南人的后裔——腓尼基人手中达到了顶峰，那么，为什么不能把迦南视作这一传统的核心，以及可能的起源地呢？

在二十世纪余下的时间里，至少延至一九九九年，关于早期字母表的图书和论文均以迦南为据。你当地的图书馆里会有满满一架子书，讲的都是字母表在大约公元前一七○○年发明于黎凡特的理论。没错儿，（该理论承认）字母表在部分程度上受了埃及象形文字的启发，但发明者所见到的是传入当地的埃及卷轴和艺术品。发明者属于一个高度发达的迦南社会，位于贸易路线的交汇点，经海路与埃及连通，亦有商队向东通往美索不达米亚。由于受到两种伟大文化的熏陶，这些人方能博采诸家之长。

由于埃及最近的一次重大考古发现，现在这种解释已被扔进了故纸堆。

一如皮特里在西奈所为，约翰·科尔曼·达内尔（John Coleman Darnell）的目的也不是寻找字母表；他要找的是埃及遗址。在二十世纪九十年代初，耶鲁大学这位年轻的、富有冒险精神的埃及学家（现在他做到了助理教授）专心于野外调查，研究古埃及的道路系统，它们曾经在陆上连接着尼罗河沿岸城市，并通往东部沙漠和红海。这些道路载运过埃及的军队、信使、商旅，以及其他陆路旅客。为寻找古道，达内尔和同为埃及学家的夫人德博拉（Deborah）或开车，或徒步，穿越埃及中部和南部的部分地区，有时在沙漠露营，时间多在冬季日头不毒的几个月里（但夜间气温会骤降至摄氏十度左右）。他们的大部分工作，是在几百个考古地点记录了数千份埃及铭文。

一九九二年下半年，夫妇两人有了重大发现。行至埃及中部卢克索（古代的底比斯）西北约五十公里，在荒无人烟的沙丘中间，达内尔夫妇发现了一段保存完好的古道。这条路是向北连接底比斯王城与阿拜多斯（Abydos）之戈壁捷径的一部分，位于奶油色石灰岩峭壁的谷地之中。自古时起，此山谷便少有人类涉足，古代遗物散布其中——多属弃物，如骆驼粪、碎陶片和绳子头儿。在谷底的崖壁上，刻有几个世纪里行路旅人留下的数百份埃及铭文。

这一露天考古宝地，因荒僻而得以存留，免受为祸埃及考古的文物大盗洗劫。不过，达内尔夫妇也知道，他们并非首批到访该谷地的现代学者。一九三六年，曾有一拨英国考古学家由此经过，拍了些照片，做了些记录，并且依照附近的地名，给这满目凄凉的所在取了个名字，叫作胡勒干谷（Wadi el-Hol），意为"恐怖谷"。

约翰·达内尔初访此地，日后又数次回访，研究崖壁上的讯息，那儿就像"岩石铺就的黑板"（达内尔语），吸引着古代旅人往上面刻点什么。一眼看去，那些文字非常眼熟。达内尔认出，大部分文字与古埃及军队的岩书体颇为相像：此乃碑铭体和僧侣体字符的混合，专门用于简化刻写，约在公元前二〇〇〇年到公元前一六〇〇年间，成为中王国时代的主要字体。

在这一时期的大部分时间里，埃及都是腹背受敌，面临南北两方入侵者的重压。在南部都城底比斯的周围，为了朝廷信使的安全，当局要力保道路不受强盗和沙漠匪帮的袭扰。骑着骆驼的武装巡逻队在路上来来往往（有大量考古文献为证）。大漠乡野之中，长路漫漫，埃及巡逻队的高级军官逐渐养成了在岩石上刻字留念的习惯。

在石头上刻字可是件正儿八经的事。我们的"涂鸦"一词不乏玩闹之意，形容此举便有失公允；它更像为活人而写的墓志铭。刻写者留下名字与职务，最后往往提到神明，为穿越沙漠而祈求护佑。他们认为铭文可以长久保存，并具有精神力量：刻写者的名字被后世旅人看到并念诵，对其死后灵魂的状况大有助益。

在达内尔看来，恐怖谷的无数刻字，多半属于这一巡路勇士的传统。从这些信息在内容、字形上的种种细节，以及对谷地周边素材的分析出发，达内尔等人最终选定了公元前一八〇〇年，来大致标定沿路刻字行为的最盛时期。

一九九四年，在第三次考察时，达内尔注意到了两份奇怪的铭文。它们刻在齐肩高的石灰岩上，相距约六十厘米，是两排短而扭曲的符号。在它们周围，则是传统的埃及铭文，看上去浑然无间。达内尔说："我看到它们刻写的方法、在岩石上的位置，立刻联想到了中王国和埃及军旅的岩书。"只可惜达内尔读不懂这些字符。"有些好像源于埃及符号，但它们所用的方式，明显不属于任何埃及传统。"

连重复的也计算在内，这两份铭文分别包括大约十六个和十二个符号。总共使用了大约十五个不同的符号。有些显然是图形。达内尔能够分辨出一个牛头、一个手臂张开的人形符号、一组纵向的波浪线，以及一个横竖等长的十字。他无法猜测这些字传达了何种信息。不过，他猜得出这是什么文字。"一眼看上去，它们很像西奈铭文。所以我敢断定，它们也属于字母文字。"

鉴定过程进展缓慢，但按部就班。埃及当局现已得知恐怖谷的发现，消息也就此传开。官方机构出面干预，新设许可，行诸公文——劫掠偶有发生，有些埃及石刻被整片从岩石上剥离——批准古文字学者前往谷地，或浏览两份铭文的照片。

这些文字果然获证以字母写成。其符号是字母，与西奈字母和迦南字母关系密切。因为无法断词，且由于我们对某些字母前所未见，因此无法准确解读两份铭文。无人确知这些文字的书写顺序，究竟是从右向左，抑或从左向右。不过，如果像此后的闪米特文字一样，是从右向左书写的，那么，其中一份铭文的开头或许是"长官"一词，而另一份的结尾可能是"神"字。

到一九九八年，达内尔等人已经得出了两个激动人心的结论。首先，这两份铭文很可能是迄今发现的最古老的字母文字，而所谓的最古老，必然可以确定其年代：它们大约刻写于公元前一八〇〇年，前后误差一百年。更重要的是，这些铭文可以视同路标，直接指向字母发明于何时何地。根据恐怖谷的证据，现已确定，字母表约在公元前二〇〇〇年发明于埃及——比此前的推想提前了大约三百年（而且是在一个不同的国家）。一九九九年十一月，《纽约时报》头版报道这一进展时，在标题中如此宣称："埃及的发现证明字母表发明于更早年代。"

达内尔解释说，证据就在于这些字母的形体。研究证实，两份铭文中的所有字母，均袭用自埃及岩书，以及（或者）碑铭体文字中的某些既有符号。这就是字母发明者和早期使用者新创字体的本源。

从恐怖谷某些字母的形貌，袭用发生的特定时间隐隐欲现。以我们对埃及岩书所知，已足可追踪其字符的进化历程，而恐怖谷有几个字母，则明显脱胎于公元前二〇〇〇年左右中王国早期的埃及字形。而恐怖谷文字的刻写年代更接近公元前一八〇〇年。这也说明：恐怖谷的文字保留了源自公元前二〇〇〇年左右字母表发明时的形貌。

最能说明问题的是表示 M 的字母。两份铭文中共有四个纵向波浪线。毫无疑问，这是名叫 mem（水）的腓尼基波浪线形 M 的祖先，也是我们 M 的先祖。恐怖谷的 M 字母酷似一个此前已经存在的、纵向波浪线型的埃及岩书符号——显然是其源头。但埃及字符通常都是横向书写的。埃及纵向书写的阶段非常短暂，就在公元前二〇〇〇年左右。所以，正是恐怖谷的纵向字形，揭示了字母诞生的大致年代。其他字形也可照此推论。

发明者何许人也？达内尔认为，他们很可能出自埃及军队：也许是闪米特雇佣兵，埃及人称之为"阿木"（意为"亚洲人"）。这些人本来不识字。但他们服役的军队恰好有擅书好写的优良传统，让他们深受启发，可能也便动心，要创出自己的书写方法。

发明者也许是阿木人里的下级军官，独自学会了某些标准的埃及岩书，从而得以从事进一步的发明。又或许，达内尔推断，他们得到了埃及军中书吏的帮助，后者试图以识文断字之技，加强外族官兵的组织工作。

至于刻写出恐怖谷两份铭文的人，其身份想必也符合上述推测。他们当然不是发明者本尊，而是发明者的曾曾曾侄孙，效命于埃及的骆驼军团。正是此类军队，在大漠古道的沿途，留下了大部分文字。

还有最后一条线索。就在距离其中一份字母铭文很近的石灰岩壁上，有一条埃及文字写成的留言，提及一位名叫"贝比"（Bebi）的人，头衔是"阿木人远征队的首领"。达内尔认为，这不可能是巧合。这三份铭文，字母和埃及文字兼有，或许刻写于同一时间。如果贝比是埃及人，统领着一只闪族军队在路上巡逻，那么其中一份字母留言中的"长官"，便可能是这些闪米特人中的一员，系贝比帐下一位下级军官或部族头目。写下另一份字母留言的人，可能身份类似。这两位闪米特军士用的是不同于埃及人的"本族"书写方式。达内尔说："看上去显然是贝比将军写了自己的名字，而贝比的两位闪族手下也自书其名。"

铭文一

铭文一（勾描放大图）

两份恐怖谷铭文，乃迄今所发现的世界上最古老的字母文字，草草地刻在相距约六十厘米的石灰岩上，周围的数百份其他刻字皆属埃及的非字母文字。在"铭文二"的照片里，那个大大的"鬼"形实际上是一个安卡（ankh）[1]，属于周边的埃及铭文。

这两份铭文上的字母看上去很像卡通小人。但学者们从中找到了我们的 A、B、E、L、M、R 和其他字母的最早范本。在普通人看来，唯一一个与它日后模样相像的字母便是 T，它在"铭文二"里两次现身：形似十字或小写的 t，位于上数第三，在下端又再次出现。

---

1 安卡是古埃及象形文字中象征生命的符号，上半部是圆环，下半部是十字。在墓室壁画中，神和法老往往手执安卡。

铭文二

铭文二（细节）

每个图形都代表一个辅音。如果发音正确，字母便组成古闪米特语的单词。只有两个单词已有初步译解。假定其书写方向是从右向左（尚难确定），那么"铭文一"的头两个字母便应为 R-B。如果求其完整词义，则为 reb，意为"长官"。同理可知，"铭文二"里最后的两个字母，位于左下方处，便是 el，意为"神"。

这两个词让我们可以去猜测两份铭文的内容。在恐怖谷和其他古道遗址上，许多已获译解的古埃及岩刻留言，都遵从一个标准范式：刻写者自报其名、头衔，并求告其保护神。恐怖谷的这两份铭文，可能只是普通军人留言的字母化版本："名字、军阶，以及祷文。"

神灵之名。若从右向左读，那么原始形式的字母 aleph 和 lamed 便可拼作 el，意为"神"，显然属于军士在沙漠中求告平安的祈祷辞。汤勺状的 lamed 即字母 L。形似牛头的 aleph 却并非字母 E，而是个声门塞音，像低声清嗓子时发出的声音，是该词的闪米特语起始音，无法用通常的英语拼写加以表示。

我们不知道这神的身份，但信仰多神教的闪米特人，在此后数百年间敬奉保护神麦勒卡特，又称巴力，有时则只以 El 称之。与此同时，另一闪族支系——犹太人发展出了一神教信仰。在希伯来语中，字母 aleph 和 lamed 的组合依旧用于神圣的名称，如圣经词汇 Elohim（"上帝"），以及常用人名，如 Elizabeth（伊丽莎白）和 Michael（迈克尔）[1]。阿拉伯语单词 Allah（"真主"），亦出自相同的语源。

---

1 据白云晓《圣经人名词典》：伊丽莎白（以利沙伯）意为"神的誓言"，迈克尔（米迦勒）意为"谁能像神"。

机会学会二十七个图形及其名称，再经几年的练习，便能读能写。

从公元前二〇〇〇年到公元前一〇〇〇年，这种新技艺从埃及沿着商旅的路线，向东北，向东南，传入了更广阔的闪米特世界，直抵迦南和阿拉伯半岛。它证明了，富豪能用它，穷人也能用。

在迦南和阿拉伯半岛，最初的字母表显然演化为两种相对独立的传统：两种外观不同的字母表，以适应当地的语言。每种字母表中的字形，均由繁琐的图形，变体为更便于书写的抽象图案。迦南人的字母数量减至二十二个，更易于学习。在铁器时代之初（公元前一二〇〇年），迦南字母传给了横

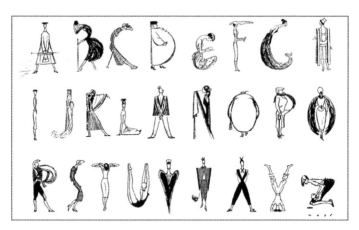

D. L. 梅（D. L. May）在卡通"线描字母"（The A-to-Z Line）中所绘的（女性）人物字母表，原载英国讽刺杂志《笨拙》（Punch，一九五五年三月二十三日）。虽然以今人的品味来看，其立意若能再深刻一些，而不是只有服装和体态就好了，但这幅卡通仍然非常诱人，具有一种五十年代的优雅和等级意识。《笨拙》已于二〇〇二年停刊。

空出世的腓尼基文化。阿拉伯半岛上的支系，存留至今日者，则只有传统的埃塞俄比亚字符。

然而，字母表的神秘力量——其发明者对此委实一无所知——在于它无需闪米特语也可发挥效用。这一事实将在即将到来的千百年中逐渐显现。这些神奇的字母经过适度的修正，将与欧洲、印度和东南亚种种不同的语言结合，并将读写的能力传遍全球。

今天，谁还在读象形文字呢？阿木人放肆的狂想已大获成功。他们的图形字母注定要为几十亿人效命。像车轮和电话一样，字母表也是一项改变了世界的发明。

现在，我们故事里的二十六个主人公就要出场了……

这个骑士风格的 A，衬以美国农业部
（USDA）的红白蓝徽记，代表着"品
质保证"。美国农业部的职责之一，便
是对大众消费食品进行检验，评定等
级，并以字母 A、B 和 C 为某些食品
如禽、蛋、奶分级。不过，代表卓越
的 A 也是美国农业部的自用标志。

A
第一和最好

字母 A 与开始、基础和优越之意相连，在历史上始终代表着第一等级。现代的字母表大多从 A 或与之类同的字母开始。它是古代希腊人（公元前八〇〇年）的头号字母，其早期形式也被腓尼基人（公元一〇〇〇年）排在首位。几乎可以肯定，在公元前二〇〇〇年最早的近东字母序列中，它也是居首的一个。作为读写的起点，A 享有所有字母中最丰富的象征意义。

一个 A，即可代表所有的字母。在广告或其他叙事性的影像中，A 要么是用粉笔写在学校的黑板上，要么便被《芝麻街》（*Sesame Street*）[1] 里的大鸟抓在它戴着手套的爪子里，这就可

---

1 《芝麻街》，在美国大受欢迎的学龄前儿童电视教育节目。

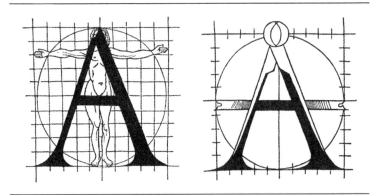

人体加上设计师的圆规与直尺，定义出比例完美的大写的 A，这两幅钢笔画选自视觉艺术家若弗鲁瓦·托里（Geofroy Tory）所著《字母的科学与艺术》（*Champ Fleury*）一书，一五二九年印行于巴黎。托里是文艺复兴时代的典型人物，他是字体设计师、画家、雕塑家、书法家、作家、大学里的法语讲师、拉丁语和希腊语学者、书商，最后又成了国王弗朗索瓦一世的官方印刷商。他写作此书，是为了论证"字母恰当而正确的比例"，并纠正同代人的书法缺陷，其中包括德国画家丢勒（Albrecht Dürer）。托里在坐标纸上画出了所有字母的设计图——让人联想到达·芬奇当时在其他领域所作的关于比例的研究——并配以图解，用博学而令人愉快的文字，论字母的形、音和文学特质。托里赞同当时的一种观点，即字母作为语言和理性的载体，乃上帝赐予的符号。因此其形貌理当反映出宇宙的和谐与平衡。

以清晰地表明："小朋友正在学习字母表呢。"别的字母都无法清晰表达此意；黑板上的 E、K 或 Z 也许会引起歧义，因为它们好像特指某词。"为什么是 E？"观众也许会暗自发问。"难道它指的是'电子商务'（e-business）——所谓的未来之路吗？这广告也太过时了吧。"但是，A 永远都能代表二十六个字母这一概念。

　　它也代表着学业成就。在美国，自十九世纪晚期开始，便有用 A、B、C、D 和 F 来给学生作业打分的记载。这一系统在多种试行方案中脱颖而出，并沿用至今，几乎通行于所有的美国公立学校，在英联邦国家和西欧也被广泛采纳。除了代表"不及格"（failure）的 F 之外，这些字母均非某些词的词首，而只是用它们在字母表中的先后顺序来标定等级。

如此一来，A 作为"第一级"的含义，自童年开始，便深深植根于我们的内心，并在我们的成年生活里重现。A 就好比有钱人家的金发子弟，一望可知其身家不凡。

例如，在债券、股票和其他信贷义务评级中，标准普尔（Standard & Poor's）和穆迪（Moody's）两家投资服务公司，均使用 AAA 作为最高等级，意指投资项目风险极小。AAA 级的投资享有"金边"（gilt edged）[1] 之名。其下为 AA 级和 A 级，再下则为 BBB 级、BB 级和 B 级（标准普尔），或是 Baa 级、Ba 级和 B 级（穆迪），以至 C 级和某些分类里的 D 级。

同样，美国农业部对大众消费食品进行检验，也以字母对多种食品标定等级。鸡肉的质量可判为 A 级、B 级、C 级，或不合格。按照美国农业部公布的一份文件，要想获得 A 级，鸡体必须外观"正常"，"肉质良好"，且"无外凸之鸡毛"。我们再看看 C 级，则鸡体外观"异常"或"畸形"，"肉质不佳"，且"有零散外凸之鸡毛"。（好像遭到屠宰时还没受尽侮辱。）评级之目的在于提供标准：大多数超市供货商只供应 A 级鸡肉。

1　金边意指高度可靠。

在商业和品牌中，字母 A 可以意指"最佳服务"。给企业取个像"AAA 冷暖公司"（AAA Heating & Cooling）这样的名字，可以在企业分类目录上名列前茅，也更容易被人记住，并让消费者产生"无风险"的印象。美国汽车协会（American Automobile Association，AAA）以安全可靠的承诺来自我标榜，匿名戒酒会（Alcoholics Anonymous，AA）所采行的方式也大同小异。

我们用来表示"一流"之义的"A-1"，可以追溯到十九世纪早期的英国航海术语。伦敦的海运保险公司劳合社（Lloyd's）在对船舶进行登记时，会用符号 A 或 B 为船体条件评级，对船上设备则用 1 或 2 予以标记。只有最整洁、管理最好的船，才有资格打出"劳合社 A-1 级"的广告。

由于言简意赅又不言自明，"A-1"很快风行于大西洋两岸。在出版物中，与航海无关的"A-1"始见于十九世纪中叶的报刊和小说，如查尔斯·狄更斯的《匹克威克外传》（一八三七年）。美国人常说的"A-okay"（一切正常），其形成似乎异曲同工，但实际上它的诞生时间要远远落后。时为一九六一年，美国国家航空航天局（NASA）进行首次亚轨道载人航天飞行，宇航员艾伦·谢泼德（Alan Shepard）通过无线电通讯所讲的一句简单的"okay"，被误听误报成了"A-okay"。而这一习语之所以流行，是因为它正中下怀：A 把它的含义提升到了"极佳"，而"okay"呢，也许仅仅意味着"还行"。

"A-list"（大腕）这个词儿，近年来才盛行于讲派头、玩高档的报章和广告，可指任何精英群体、人中豪杰（crème de la crème）。A-list 高于 B-list，下面有时还有 C-list。此术语在二十世纪八十年代才进入主流媒体，其灵感来自"好莱坞头牌影星榜"（Hollywood A-list），这是个包括大约七十五位电影明星的非官方排行榜，上榜者均为当前最具"票房号召力"（bankable，为筹拍新片吸引投资的能力）的明星。B-list 上有一百来号人，C-list 和 D-list 的上榜者更多。这些排行榜依据近期的票房收入和电影工业的业内评价，有数种版本流行于世。《好莱坞报道》（*Hollywood Reporter*）每年刊出的"明星影响力调查"（Star Power Survey），虽不愿使用 A 和 B 一类的符号，却由五份榜单组成，上榜者总共千人左右。业内人士常称之为 A+、A、B、C、D 榜。

与好莱坞不同，科学界不相信价值判断。字母 A 在此代表的不是"最佳"，而是"最早"。从一九一三年到一九一六年，以威斯康星大学的化学家为主的研究人员，分离出了某些据信为人类健康所必需的有机化合物。当第一种和第二种先后发现时，分别获称"脂溶素 A"（fat-soluble A）和"水溶素 B"（water-soluble B），后来更名为更加悦耳的维生素 A 和维生素 B。其他维生素依序命名，而维生素 B 又做了细分。

A 当然是元音字母。这意味着它代表由声带发出的某种声音——我们所用的"元音"（vowel）一词，源自拉丁语形容词 vocalis，意指"使用嗓音的"，后经中世纪法语进入英语。发元音时，气流不会在口腔内受到太多阻碍或调节。受到阻塞或摩擦之后发出的声音则归为辅音。

严格来讲，书面英语有五个元音字母，A、E、I、O 和 U。（Y 可以入替 I。）但英语口语中有大约二十个不同的元音发音。所以，我们的元音字母就得忙碌个不停，随便翻开一页文章，里面的每一个元音字母都可以表示多个发音。拼写规则也能给我们的字母帮帮忙：例如，它可以规定 "rate" 里的 A 发音较长，而相对来说，"rat" 就是一个短 A[1]。

在英语中，A 的可能发音约有十几种。"Was Allan's pa all pale?" 这个句子里便有六种（也可能你只找到五种 A 的发音，这要看你的口音如何）。"Allan" 里的第一个发音，是我们常用的短 A。"Pa" 里面的短 A 稍有不同——语言学家称之为低、后元音——在其他的大多数欧洲语言中，这是 A 的正常发音，据信在希腊语、埃特鲁斯坎语和拉丁语等古代欧洲语言中，A 也是如此发音。

这个 "啊"（ah）音是人类语言的基础发音。二十世纪中期的语言学家和字母表学者达维德·迪林格（David Diringer）[2] 称之为 "最纯正和最简洁的元音，因为它通过将喉部气道完全敞开来发音。它被认为是最早的元音，也是婴儿

1　rate [reit]，比率；rat [ræt]，耗子。英语里所谓元音的 "长" 或 "短"，系就该发音的性质而言，而与某一具体发音的实际时长无必然联系。
2　达维德·迪林格（一九〇〇～一九七五），特武马茨（今特卢马奇）出生的英国语言学家、字母表学者和古文字学家，著有《字母表：人类历史解答》（*The Alphabet: A Key to the History of Mankind*，一九五三年）和《字母表的历史》（*History of the Alphabet*，一九七七年）等书。

发出的第一个声音。我们的 A（一贯位居首席）得以容纳最重要的发音，可谓当之无愧。

不过也并非总是如此。三四千年前的第一个字母可不叫"啊"。就像我们字母表中其他的元音字母一样，A 一开始也是个发音不同的辅音。这道理并不复杂：用于书写的字母只不过是约定俗成的惯例，完全可以视需要而改变。今天为人熟知的字母 C，在土耳其语中表示的却是"j"音；字母 J 在德语和瑞典语中的发音则是"y"。只要大伙都同意，那么字符 A 便可代表"z""th"，或是其他任何发音。在早期历史上，就发生过这样的事。

原始的 A 是最早出现的字母之一。它现身于已知最古老的字母文字：在埃及中部恐怖谷发现的两块石灰岩铭文，此乃闪米特人的作品，或许出自雇佣兵之手，时间约在公元前一八〇〇年。我们所有的原始字母都是图形，A 也一样，它的样子是一头公牛的头，生动而传神。这个图形字母叫作"牛"——即古代闪米特语里的 aleph。

出于简化书写的目的，最早的字母都是辅音。闪米特人的口语中虽然包括元音，但无需形诸文字。aleph 所代表的，是一个普遍存在于闪米特语，但在现代英语中极为罕见的弱辅音，语言学家称之为声门塞音（glottal stop）。在伦敦东区土话的口音里，可以找到英语中的典型范例，"包头"（bottle）里的"t"音被吞掉之后，这个词就读成了"巴-欧"（bah-owe）。声门塞音便是这样，先闭锁喉头气门，再让其后的元音通过。

　　每个闪米特字母名字的开头，都与该字母的发音恰好相符，因此，aleph 这个名称实际上是以一个声门塞音开始的，即在"阿"之前，有一点儿喉音。英语拼写法很难描述这种情况。但一些现代学者将这个字母的名字写成 'aleph（或是 'alef 与 'alep），其中 ' 这个标记是声门塞音的国际音标。

　　现代考古学所发现的最古老的迦南字母表，时间约为公元前一三〇〇年，我们知道，至少在那时，aleph 已经成了字母表的第一个字母。几百年之后，腓尼基人的字母表同样把 aleph 放在了首位。如果没有什么非常过硬的理由，一般来说，字母的顺序不会随着时间的流逝而发生变动，因此现代学者可以确定，在公元前二〇〇〇年左右的原始字母表中，aleph 也是第一个字母。

　　aleph 是如何，又是为什么被选在首位，我们可能永远也无法知道答案。现代的解答都不能自圆其说——尤其是涉及古代地中海和近东文化中牛的神圣地位时。总得有某个字母，排在让学生们便于记忆的字母名称列表的开头，而"牛"，无论画面还是概念，都非常清晰。正是因为 aleph 成了青铜时代闪米特人的首选，字母 A 也才成了我们的第一。

　　今天，排在希伯来字母表首位的字母，仍然名叫 aleph（或 alef）。（古代希伯来字母原本袭用自腓尼基人。）虽然这个希伯来语的名称仍被理解为"牛"之意，但字母名称和发音中已没有了声门塞音。现代希伯来语的 alef 本身已无表示发音的功能，而是通过写在该字母基线下的多种特殊符号，来表

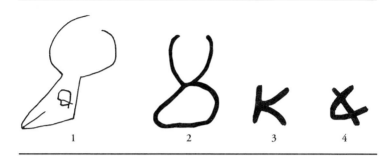

牛的进化。（1）字母 aleph，意为"牛"，形同公元前一八〇〇年左右恩怖谷铭文之一所示（两份铭文的照片，包括另一个 aleph 刻字，见第 52 ~ 53 页）。尽管看上去不太可能，但此图正是我们字母 A 的最古老形式。今天我们还留着那两只牛角，只是不容易发现罢了，它们已经倒过来，变成了字母 A 的双腿。（2）更为简洁的 aleph，出自另一份早期的闪米特铭文，约公元前一七五〇年刻于西奈半岛的塞拉比特·哈德姆。（3）在公元前一〇〇〇年腓尼基的 aleph 中，两只牛角依然清晰可辨，但该字母的形貌此时已大为抽象，只需三笔，便可用毛笔或硬笔在莎草纸上，或者用铁笔在陶器上快写速刻而成。（4）到公元前九世纪，腓尼基的 aleph 已经换了新颜，更像牛头，写起来也只需两笔。（你能猜出它接下来会变成什么样吗？）

示不同的元音。就外形而言，印刷体的希伯来语 aleph：א，看上去并不太像腓尼基字母。不再相似的原因，乃由于希伯来字符在历史上经历过一次重大变化。而早在公元前九五〇年左右，希伯来文和腓尼基文的 aleph 看上去还是一模一样的。两者之间的血缘关系，仍然能够见于现代希伯来语中 alef 的草书体：𝒌，这便能让人回想起公元前一〇〇〇年的腓尼基字母了。

在犹太人的知识传统中，希伯来语的 aleph 享有的哲学荣耀甚至超过了我们的 A。按照某些神秘主义的著述，比如中世纪欧洲人编纂的《喀巴拉》（Kabbalah，希伯来语，意为

"传统"），alef 代表一种神圣的能量，它是先于创世而存在的创世者[1]。在宇宙有形之前，这种原初的力量便已存在，这也是希伯来文《圣经》开篇第一个词——bereshith（"起初"）——以希伯来字母表的第二个，而非第一个字母开始的原因所在。相应地，alef 也可代表采取行动的愿望，而第二个字母，beth或 bayt，则被设想为行事者。希伯来语的 alef 可用来表示数字 1，也是宇宙大一统的象征。

正像腓尼基语的 aleph 是希伯来语的 alef 之母一样，经由一套不同的遗传谱系，它也成了我们字母 A 的曾祖母。我们的 A 是该家族的西向分支，与古代三大族群相连：希腊人、埃特鲁斯坎人和罗马人。

首先说希腊人。公元前八〇〇年之前的某一时期，尚无书写系统的希腊人将腓尼基字母加以复制和改造，用以书写希腊语。想想看，希腊语和腓尼基语有多大的不同，便可知这一改造堪称奇迹。希腊人做了一项重大改造：他们创造了五个元音字母，其方法是，将五个对希腊语多余的腓尼基字母的发音予以改变。其中之一便是 aleph，它表示着一个希腊人一无所知，而又难以捉摸的喉音。改造者保留了它头号字母的位置，但将它重新定义为最基础的元音：ah。

1　博尔赫斯一九四九年出版了短篇小说集《阿莱夫》（*El Aleph*），其中写道："地下室的角落里有个阿莱夫……阿莱夫是空间的一个包罗万象的点。"他又在后记中解释道："阿莱夫是希伯来语字母表的第一个字母……在犹太教神秘哲学中，这个字母指无限的、纯真的神明。"

之所以选择"ah"，或许是因为腓尼基字母的名称，其第一个音节含有一个"ah"音：'a-lef。也许希腊人根本听不出来前面那个腓尼基声门塞音，只以为这腓尼基字母的名称是以"ah"开头的。

在希腊人听来，腓尼基字母的名称个个都是异邦的噪音，而非熟悉的物事之名。所以希腊人给它们改了名，好使之更易上口。aleph 改成了 alpha，（除了表示这个字母之外，）此名在希腊语中毫无意义，但至少是希腊式的。

今天，alpha 一词以很高的声望，继续存在于科技术语和商标品牌中，通常用以表示第一、最强或最好的东西。例如："alpha male"（阿尔法雄性，雄霸），指的便是狒狒群或狼群里的最强者。alpha 可以代表宇宙本原，例如，《圣经·启示录》（约公元一〇〇年以希腊语写成）中众所周知的一节这样写道："主神说：我是阿拉法，我是俄梅戛，我是初，我是终。"[1] 此节把希腊字母表的第一个和最后一个字母名放在一起，因而令人印象深刻。顺便说一句：就连我们的"字母表"（alphabet）一词，也是由头两个希腊字母的名称：alpha 和 beta 合组而成。

同时，古希腊人也调整了 alpha 的形貌。他们借来的这个腓尼基字母，形状大致如𐤀。不过，因为 alpha 这个名称对讲希腊语的人来说，已不再有"牛"的意思，所以该字母也便

1　原引文为 "I am Alpha and Omega, the beginning and the ending, saith the Lord"，见《启示录》一章八节，中文和合本《圣经》将整段译作："主神说：我是阿拉法，我是俄梅戛，是昔在、今在、以后永在的全能者。"

（1）公元前八〇〇年左右腓尼基的 aleph，希腊人就在此时将腓尼基字母袭为己用。腓尼基文字系从右向左书写，因此，其 aleph 也是同一朝向。（2）希腊的 alpha，出自约公元前七四〇年现存最古老的希腊铭文之一。像据之而生的腓尼基 aleph 一样，这一个 alpha 也是侧躺着的。不过，希腊人已图有所革新，该字母就像 aleph 的镜像：和希腊人从右向左的书写方向保持一致的，是它的两只脚，而照理说，aleph 应该朝着相反的方向。（早期的希腊文字既可以从右向左写，也可以从左往右写，而在某些长文中，两种方向均可，用的是一种名为"左右互行"〔boustrophedon〕的回文体系，"就像耕牛犁地，到了头掉过来，再犁下一行"。到大约公元前五〇〇年，希腊人的书写方向才固定下来，从左往右。）（3）站着的 alpha，出自公元前七二〇年左右的一份铭文，此后这一形貌即成为规范。（4）约公元前五〇〇年的埃特鲁斯坎字母 A。埃特鲁斯坎字母袭用自希腊人，随即又为早期罗马人所袭用。（5）公元——三年的罗马字母 A，出自罗马图拉真柱（Trajan Column）基座上著名的碑铭。像我们的大多数大写字母一样，公元前一世纪到公元二世纪之间，在罗马的大理石石刻铭文中，A 的形体已臻完美。罗马人的设计赋予了这个字母优雅的仪态，将其右腿加粗，并在其脚下添了短短的一横（我们称之为衬线〔serif〕）。将近一千四百年之后，威尼斯的早期印刷商照搬了它和其他罗马字形，创造了一种新的"罗马"大写字体。

失去了以图言字的目的，得到它之后不过三代，希腊人便决定让它两脚站立：Ⱥ，这样更加中看。

这个成熟的 alpha，已经与我们的 A 基本相同了。不管是公元前七〇〇年左右，希腊字母表为意大利的埃特鲁斯坎人所袭用，还是公元前六〇〇年左右，埃特鲁斯坎字母表又被讲拉丁语的罗马村民袭用，它都保持了自己的字形、发音和头名位置。

　　我们的 A 的名称可能得自埃特鲁斯坎人：他们在获得希腊语的 alpha 之后，便将其名称简化为该字母的发音，把它叫作"ah"。罗马人如法炮制，"ah"作为字母名称，便就此保留于拉丁语衍生出的现代语言中，如法语和西班牙语，以及部分非拉丁语源的欧洲语言，如德语和克罗地亚语。

　　英语的字母名称大部分得自古法语，此乃公元一〇六六年诺曼人入侵后强行输入英国使然。黑斯廷斯战役（Battle of Hastings）[1]之后数百年，A 的名称在英格兰或许一直叫作"ah"。然而十五世纪至十六世纪，英语元音的发音产生了重大变化，A 的名称亦随之改变，并最终与"pay"[2]这样的词合辙押韵。（从语音上来看，A 一定是加拿大最喜欢的字母——eh？[3]）

　　在罗马帝国时代和中世纪早期，手写体的 A 由于自然而然地趋向于写得更快、更省事，便逐渐生成了不同的字形。罗马人把它写成 λ，并发展成罗马晚期的 λ，最后成了 a，即"加洛林小书写体"（Carolingian minuscule），由法兰克国王查理曼（Charlemagne）的教士们在公元八〇〇年左右改革手写字体时首创。这种独特的字体前途一片光明。十五世纪七十年代，在西欧印刷业的萌芽期，一个字体设计流派在设

1　经由一〇六六年十月十四日的黑斯廷斯战役，诺曼底公爵威廉打败了英王哈罗德二世，从而成为英格兰的统治者。

2　pay [pei]，支付。

3　本书作者就这句话复信译者，解释说，加拿大人在征求别人的意见时，作为礼貌用语，总是喜欢用 eh（"好吗"，音同 A）结尾，这是加拿大口语的一大特征之一，随时可以听到，比如："Wait your turn, eh?"

计小写字母时，便沿袭了这种传统的手写体，令古老的加洛林字体永放光芒，**a**的印刷体因此确定为 a。但其他印刷体使用的是一种来自不同书法传统的小写字体：*a*。

两种字体均留传后世。今天，我们在小学里学的手写字体便是 *a*。在印刷体中，它也可见于某些无衬线体（sans-serif）[1] 或斜体（*italic*）字。而 a 大行其道，如日中天，广泛用于各种各样的罗马体及其他一些字体。能够享此殊荣，拥有两种现代小写印刷字形的字母，只有 A 和 G。其他字母都仅有一种，在各类字体中的字形都基本一致。

虽然身份高贵，可是至少在一个领域内，A 无法称雄夺冠。在英语出版物的字母使用频率上，A 仅列第三，排在当仁不让的领跑者 E，以及尾随 E 的 T 之后。（E 和 T 都是靠了"the"这个词的帮助。）此外，A 在历史上也屡遭污名。在中世纪的欧洲和清教主义的英格兰，与 A 联系在一起的是通奸（adultery，源出拉丁文 adulterium），这被普遍视作需受审判的犯罪行为。奸夫淫妇在定罪后，除了鞭刑等惩处之外，还要被迫戴上羞辱性的标记，上书 A 或 AD 字样。这些史实便是霍桑（Nathaniel Hawthorne）小说《红字》（*The Scarlet Letter*，一八五〇年）的背景，故事发生在十七世纪中叶清教主义的波士顿，主人公海丝特·白兰（Hester Prynne）被裁

---

1 sans-serif 和 serif 是英文的两大基本字体，以字母有无笔画首尾的装饰线，即衬线，来加以区分，sans-serif 无衬线，serif 则有。两者大致相当于汉字字体里的黑体和宋体。

定犯有通奸罪，必须在当众穿的套衣胸前，缝上一个红布做的 A 字。

海丝特的故事感动了很多人，尤其是《音乐奇才》（*The Music Man*）[1] 里的骗子"教授"哈罗德·希尔（Harold Hill），在梅雷迪思·威尔逊（Meredith Willson）一九五七年创作的这出百老汇音乐剧中，在艾奥瓦小镇上进退两难的希尔唱出了自己的渴望，他要找一位老于世故、阅历丰富的女人，一个"更忧伤但更聪慧的姑娘"：

> 我畏缩了，我害羞了，当那娇美的女孩飘然而过。
>
> 我微微笑，我哈哈笑，当那令人想入非非的姑娘向我走来。
>
> 我盼望着，我祈祷着，海丝特能多赢一个 A。
>
> ……那是我更忧伤但更聪慧的姑娘。

---

1 《音乐奇才》，又译《欢乐音乐妙无穷》，系梅雷迪思·威尔逊和富兰克林·莱西（Franklin Lacey）创作的音乐剧，一九五七年在百老汇首演，大受欢迎，连演不衰，曾于一九六二年和二〇〇三年两次拍成电影，分别由罗伯特·普雷斯顿（Robert Preston）和马修·布罗德里克（Matthew Broderick）主演。故事讲述一个乐器商哈罗德·希尔，冒充成教授，来到艾奥瓦州一小镇，假意为镇上组织乐团来推销其货品，但被图书馆员和钢琴教师玛丽安·帕卢（Marian Paroo）识破。为免骗局败露，希尔欲使玛丽安爱上自己，不想他本人反倒坠入情网。

腓尼基字母和希腊人

公元前八〇〇年的地中海东岸

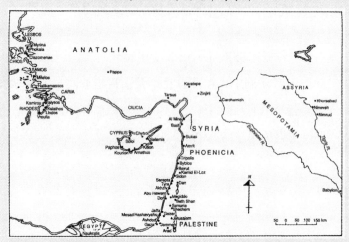

希腊字母表或许诞生在塞浦路斯岛,或附近位于叙利亚海岸的米纳(Al Mina)。在这两地,希腊人和腓尼基人均比邻而居。

经由腓尼基人,早期字母表中的字母向西传播到了古代希腊。公元前八〇〇年左右,希腊人对腓尼基字母表的袭用,将成为历史意义最为深远的事件之一。

彼时之希腊人野心勃发,相对而言却地位卑下,不识读写,一盘散沙,财力物力远逊于近东其他民族,如埃及或腓尼基诸城邦。当时希腊的疆域,大体上与现代希腊国家相当——大陆部分和爱琴海诸岛——此外,还包括塞浦路斯岛和小亚细亚西海岸的一些希腊城市。

与埃及人或腓尼基人不同,希腊人所讲的语言属于印欧语系,古拉丁语亦属同一语系。今天,世界上大约有六十种主要语言属于印欧语系,包括法语和西班牙语(均源自拉丁语),以及英语、德语、印地语、波斯语、俄语、爱尔兰语,以及欧洲、中亚和印度的其他一些语言。语言学家将现代印欧语系分作八大语族;英语属于日耳曼语族。

印欧语系的语言在精确性上表现出色，例如，可以通过动词变形来表示可能出现的多种不同时态。作为通例，印欧语言在确立词意时，极为依赖元音的发音，如下面这些英语单词的区分："hall" "hail" "heel" "Hell" "hill" "hole" 和 "hull"。

希腊人注定要成为西方世界的塑造者。在公元前五世纪到公元前四世纪的全盛时期，希腊人的智慧成为众多人文艺术的先驱，并终将决定我们今日的面貌。希腊人发明了民主、舞台悲剧和喜剧、西方哲学、重调查的历史著述方式、生物研究和政治理论。他们完善了几何学研究、人体雕塑（青铜像和大理石像），以及雄伟的建筑风格，供我们效仿于法院、博物馆和其他正大庄严的公共建筑。

显而易见，他们的字母表和读写技艺是上述成就的重要基础，而字母表也是其遗产的一部分。希腊人将字母表传诸西方后世，它不仅适用于一种印欧语言（希腊语），亦可为其他欧洲语言采纳。需要特别指出的是，希腊人引入了元音字母——相当于我们的 A、E、I、O 和 U，而此前的多种闪米特字母表均无此项。元音字母推动了字母表的进步，使它能适用于大多数语言。希腊字母是古罗马字母赖以产生的必不可少的基础，后者终将发展成我们自己的字母。

所有这一切在公元前八〇〇年都还只是后话，但此时的希腊人已经在其他方面表现出了天才：宗教力量、口传诗篇中大量的神话和英雄传奇、对贸易和航海事业的热爱、师夷长技（且往往加以改进）的能力。正如希腊哲学家柏拉图后来所言："只要希腊人从外族学来东西，便总能将它变得尽善尽美。"

早期希腊人是有机会从腓尼基人那里取经的。两族是贸易伙伴，但交易地点主要在希腊人一方：腓尼基商船运来近东的奢侈品，用以交换希腊的原料，如银、铁，还有奴隶（多数是希腊人，但其社会为内战所毁，从而成了其他希腊人的奴隶）。腓尼基人往来航行于希腊本土沿岸诸港口，以及各岛屿，如克里特岛和罗得岛之间。更重要的是，在塞浦路斯岛南岸，以及黎凡特北部一个重要的贸易站，今称米纳的地方，希腊人和腓尼基人的社区并存共处。

现代研究发现，希腊人曾数次向腓尼基人取经。其中有：（一）舰船设计的改进，用于商船和战舰；（二）远海航行的技术；（三）美术作品里的某些视觉主题，包括近东的生命树图案，以及一个假想的龙形怪兽——鹫首飞狮（griffin）；（四）对一位性感护佑女神的宗教膜拜，腓尼基人称之为阿斯塔特，希腊人改叫阿佛洛狄忒（Aphrodite），同时还信仰她在人间的天命男宠，希腊语称他为阿多尼斯（Adonis，出自腓尼基人的闪米特语词 adonai，意为"主"）；以及（五）腓尼基字母表。

现存最古老的一些希腊字母铭文刻写在陶器或石头上，时间约在公元前七七五年至公元前七〇〇年。其中最早的一份，似出自希腊开始字母读写后的第二代或第三代人之手。在这些铭文中，希腊字母暴露了自己的身世：它们在外形上酷似腓尼基字母，许多（并非全部）发音也与腓尼基字母相同，例外者只是那几个此时用来表示希腊语音的字母。

希腊人和腓尼基人在语言上，就像阿拉伯语和英语一样大相径庭，但希腊人显然不管这一套，把二十二个腓尼基字母拿过来，改了改，就开始写字了。这种适应之所以可能，一方面是由于希腊人融会贯通的能力，另一方面，也是字母本身的灵活性和适应性使然。

如前所述，希腊人只做了一项重大改动：在全是辅音的腓尼基字母表中，希腊人发明了五个元音字母，相当于我们的 A、E、I、O、U。在未来的一百年里，成熟的希腊字母表将包括七个元音，加入了长音 E 和长音 O，用以与短音的 E 和 O 相区分。然而在当时那个阶段，元音只有五个，它们将抵达意大利，并被照搬进意大利的字母表，如罗马字母表。这便是我们今天的字母表只有五个元音的缘由所在。

关于从腓尼基人到希腊人的传播细节，我们一无所知：何人、何地，以及确切的时间都不清楚。那些腓尼基人大概是商人，与希腊同行和睦相处。后来有个希腊传说，承认欠了腓尼基人这份恩情，只是有些失真：很久以前（故事开讲了），有个叫卡德摩斯（Cadmus）的腓尼基王子，移居到了不识字的希腊，并教会了当地人使用 Phoinikeia grammata，即"腓尼基字母"。

无论诞生在何处，这一发明都循着海路，飞速传遍了小小的希腊世界。大约到公元前六〇〇年，每个希腊城邦都拥有了一个识字的中上阶层。这种迈向文字化的快速过渡，在仍然浸润于口传神话传统中的希腊，意味着它们可以形诸文字，保持记忆的鲜活。其成果之中，便有两部西方文学的名著：史诗《伊利亚特》（Iliad）和《奥德赛》（Odyssey），约在公元前七五〇年记录为文字，并被认为是盲诗人荷马（Homer）所著。然而，还有许多别的故事，继而也形诸文字，因此我们今天才拥有了丰富的希腊神话记录。那些传奇被记录下来了，就像拍成了照片，而捕获它们的正是字母文字。

公元前八〇〇年的 腓尼基字母表			公元前八〇〇年之后的 希腊字母表		
字形	发音	名称	字形	发音	名称
⊀	声门塞音	aleph	A	"a"	alpha
⅁	"b"	bayt	8	"b"	beta
↑	"g"	gimel	↑ or ↓	"g"	gamma
◁	"d"	dalet	◁ or △	"d"	delta
ⅎ	"h"	he	ⅎ	"e"	e psilon（不加修饰 的 E）
Y	"w"	waw	ⅎ	"w"	wau
I	"z"	zayin	I	"zd"	zeta
日	喉音 "kh"	khet	日	"h"	eta
⊕	重读的 "t"	tet	⊕	"th"	theta
∂	"y"	yod	ı	"i"	iota
⅄	"k"	kaph	⅄	"k"（1）	kappa
⌿	"l"	lamed	⌿	"l"	lambda
⅂	"m"	mem	⋔	"m"	mu
⅂	"n"	nun	⋏	"n"	nu
Ŧ	"s"	samek	⊞	"ks"	ksi
O	喉音	ayin	o	"o"	o mikron（小 O）
⅂	"p"	pe	⅂	"p"	pi
⊢	"ts"	tsade	Ɱ	"s" 的变体	san
φ	"q"	qoph	φ	"k"（2）	qoppa
⅁	"r"	resh	⅁	"r"	rho
w	"sh"	shin	⟨ or ⟩	"s"	sigma
†	"t"	taw	⊤	"t"	tau

约公元前七五〇年新增的四个希腊字母

Υ	"u"	u psilon（"不加修饰的U"）				
φ	"ph"	phi	或	×	"ks"	ksi
×	"kh"	khi	或	φ	"ph"	phi
Ψ	"ps"	psi	或	Υ	"kh"	khi

约公元前六六〇年新增的最后一个字母

Ω	长音"o"	o mega（"大O"）

　　早期希腊字母表在字形、排序、名称和（大部分）发音上，均对腓尼基人萧规曹随。最早的希腊字母表大概有二十二个字母，以T字母殿后，与腓尼基字母表相同。在这二十二个字母中，希腊只对少数几个重新分配了新的发音，将希腊人不需要的腓尼基语音弃之不用。希腊人由此发明了四个元音字母，相当于A、E、I和O。头一个便是希腊字母表的第一个字母：alpha。

　　二十二个字母显然不够，希腊人很快又发明了四个，包括元音U，加在字母表的末尾。最后，他们增加了第二十七个字母，o mega 或 omega（意为"大O"），用以表示长音O。此前表示O的字母，后来便专用于短音O，并改名为 o mikron（意为"小O"），或如我们惯用的拼写形式 omicron。到头来，没多大用处的wau、san和qoppa也遭遗弃，于是就剩下了二十四个字母。

　　早期希腊字母表有三种形式，用于不同的地区，但相互之间差别不大。东希腊变体约在公元前四〇〇年为很有影响力的城邦雅典采用，并发展为现代希腊字母表。西希腊变体则西渡意大利，做了罗马字母表的"老祖母"。

　　三种字母表的不同，体现在字母表的尾段，omega之前。第75页表中，我们更熟悉的东希腊字母表尾段位于中间一列，与之不同的西希腊字母表居右——包括我们未来的字母X，及其相应的发音"ks"。

　　最早的二十二个希腊字母名主要参照了其腓尼基名称，用希腊形式拼读。但是，腓尼基字母名往往也是闪米特语中的常用名词（"牛""房""回飞棒"等），而希腊名称此前在希腊语中没有意义：它们仅用于表示字母。今天，希腊字母名继续用于我们的科技词汇、大学男生联谊会和女生联谊会的名称，以及商号和商标名称中。以 alpha、beta、gamma、delta 和 omega 最受青睐。

　　希腊字母表有些怪异之处，很让学者着迷。最初一批希腊袭用者在抄录腓尼基人的咝擦音字母（带咝音的字母）时，显然犯了些小错儿。对其字母 zeta，希腊人选用了腓尼基 tsade 的发音和名称，但其形貌和在字母表中的排序，用的却是腓尼基的 zayin。对其字母 sigma，希腊人用了腓尼基字母 semek 的发音和名称，而形貌和排序却是腓尼基的 shin。其他一些替换皆属拾遗补阙。咝擦音的发音常有细微变化，因此往往成为不同语言之间人所共知的绊脚石。在希腊人听来，腓尼基人的 tsade 和 zayin 大概没多大差别——但仍然无法解释希腊人为什么把这两个字母的元素合于 zeta 一身。看来，希腊人也是凡人吧。

权力归于人民[1]。字母表让大众掌握了读写，长久以来都是民主的基石——两者之间的联系，在这些陶器残片中可见一斑，它们以希腊字母刻写，出自世界上首创民主的古代雅典，其年代约在公元前四八五年到公元前四四〇年之间，每个陶片上，都刻有当时雅典一位大政治家的名字。左起顺时针方向，依次为："阿里斯忒得斯（Aristeides），吕西马科斯（Lysimachos）之子"；"忒米斯托克勒斯（Themistokles），涅俄克勒斯（Neokles）之子，来自佛瑞阿洛斯（Phrearros）城区"；"佩里克勒斯（Perikles），克珊提波斯（Xanthippos）之子"；以及"喀蒙（Kimon），弥尔提阿得斯（Miltiades）之子"。其中大约有一半字母和我们的一样。

这些东西是投票用的，以决定是否放逐上述人等。陶片（希腊语作 ostraka）就是古代的便条纸，这四份残片曾在施行所谓陶片放逐制（ostrakismos）时用作选票，该制度为雅典民主所独有，雅典人藉此可每年一次，以投票的方式放逐任何公民。陶片放逐不是为了惩治犯罪，而是人民的

1　原文是 power to the people，出自二十世纪六十年代美国青年的反叛口号。约翰·列侬（John Winston Lennon）一九七一年也写有同名政治歌曲。

自卫行动，针对的是富人——尤其是那些图谋最高权力，可能导致民主终结的政治家。陶片放逐时，不宣布候选人，人们只需将其写下，秘密投票（大多数雅典公民懂得读写）。选票的收集也会有序进行。如果有效选票达到六千张，那么得票最多的人便必须离开本城十年。上述四位权贵中，只有佩里克勒斯避免了"中选"，其他三位都被流放。

著名的一四五七年拉丁文《圣咏经》（*Psalter*）的头一页，经过了装饰的字母 B 霸气十足，它仿效中世纪手抄本的装饰字。这本用于礼拜的《圣咏经》，由约翰·富斯特（Johann Fust）和彼得·舍费尔（Peter Schöffer）印制于德国城市美因茨。上面印的文字正是《旧约·诗篇》第一篇的起首句："不从恶人的计谋……这人便为有福（Beatus vir）。"其字母之样式，乃基于传统的德国手写体。这是用金属活字印刷的首批图书之一，紧随约翰·古登堡（Johann Gutenberg）大约在一四五五年印制的《圣经》之后。富斯特曾是古登堡的投资人，亦曾将他诉至公堂，并使之破产，很显然，他将古登堡的凸版印刷机和工具占为己有——或许也一并夺去了古登堡为这本精美的《圣咏经》所作的设计。

B
敬陪次席

屈身于最好之下，或是排行老二：这便是我们从字母 B 得到的信息。想想 B 计划、B 排行榜、B 类债券、B 级鸡蛋吧。相较于其他字母，数百年来，B 一直这样生活在模范同胞 A 的阴影之中。在很多时候，B 的全部意义，便是证明有更好的 A 类物品的存在。

"B 级片"（B-movie）这个意味深长的术语，指的是劣等的好莱坞类型电影，情节简单，人物肤浅，或许还有一望即知的低廉成本。B 级片往往出自 B 级剧本。此处的 B，所指并非 bomb（惨败）这个词（此类电影未必会在票房上一败涂地）；它仅仅意指水平上不够格。我们甚至没有"A 级片"这样的说法。B 独自承担起了比较孰优孰劣的全部重担。

"吧女"（B-girl）一词出现于二十世纪三十年代早期的出

版物中，即废除禁酒令之后不久，至少在六十年代之前，一直为人熟知。此处的B，确实代表一个词："酒吧"（bar）。吧女是些个年轻女子，受雇于夜总会等场所，坐在酒吧里，假扮顾客。她们的工作是烘托气氛，并勾引男客替她们买酒；而给这些女孩子端上来的，也许是假装成酒的温茶。B又一次跟寒酸俗气扯上了关系。

抛开这些不太好的印象不谈，B在字母表上尽忠职守已有四千年之久。它所表示的发音是人类的基本语音之一，语言学家将它归为浊双唇塞音（the voiced bilabial stop）——换句话说，此发音需使声带振动，气流通过鼻腔时受到阻塞，声音经双唇发出。相对而言，发出"B"音很容易，因为它无需舌头或牙齿的配合技巧。婴儿经常发这个音（十六个月大的宝宝如果渴了，就会要他们的"巴-巴"〔bah-bah〕），古往今来，世界上很多语言都有此音。我们的B，或许与三四千年前近东字母表上的类似字母有着同样的发音。

这是个辅音。因此，B应属辅音字母，按字母表顺序，是我们二十一个辅音字母中的头一个。如果在晚餐会上被问到，"辅音"这个词到底是什么意思，有人可能会瞎说一气："嗯，我知道，辅音就是不是元音的那些……"可这的确算得上最佳开场辞。发元音时，声带振动，但气流几乎不受阻碍，相反，发辅音时，气流要受到唇、齿、舌、喉，或鼻腔的种种阻碍或调节，以不同的方式组合而成。有些辅音，比如B，需要声音振动；有些则不需要。有些辅音，如R或W，送气方式则相对接近元音。

"辅音"（consonant）一词来自中世纪的法语，其源头乃拉丁语单词：consonans，意思是"伴随发声"。也就是说，元音可以自行发音（如"哎！俺有啊！"[1]），而辅音通常只能借助或前或后的元音来发音。试着单独发一发"b"这个音，你大概会作弊，加上个元音，成了"bih"。

这一规矩也不是一成不变的。少数辅音多多少少也能单独发音，特别是那些带有持续音的辅音，比如 F 和 Z。不过，你得多留点神，免得到最后一不小心，发成了"fih"或"zuh"。

B 的最早形式，出现在公元前一八〇〇年已知最古老的字母铭文，发现于埃及中部的恐怖谷。大约公元前一七五〇年到公元前一二〇〇年间的其他近东字母铭文中，这一字母也有广泛出现。但我们最熟悉的该字母的早期形式，还是出自大约公元前一〇〇〇年之后的古代腓尼基文字，它在其中得到了系统性的使用。

腓尼基字母里的 B，有两个我们很容易识别的特点：它表示"b"这个发音，而且在字母表中排行老二。像其他腓尼基字母一样，它也是用日常事物来命名的，而且此物名称的首音与字母的发音近似（便于记忆）。此字母名叫 bayt，或 beth，在腓尼基语和其他闪米特语言中意为"房子"。其外形近似于我们的数字 9。

---

1 原文为"Eee! I owe!"，均为完全由元音构成的词。

大约公元前一〇〇〇年到公元前八〇〇年间，腓尼基字母被地中海东部的其他部族袭用，其中包括犹太人（其语言与腓尼基语非常相近）和希腊人（其语言与腓尼基语大不相同）。今天，在希伯来字母表中，第二个字母仍然叫作 bayt，或 bet，抑或更为传统的 beth。希伯来语名称的意思是"房子"，字母代表"b"的发音，不过，在字形上，它与古代腓尼基的原型已经大不相同。

撇开字母名称不谈，希伯来语的常用名词 beth，本身也有一部生动的历史。许多为人熟知的地名由它组合而成，如伯利恒（Bethlehem，意为"粮仓"）、伯特利（Bethel，意为"神的家"）、毕士大（Bethesda，意为"慈悲处所"）、伯法其

1　　　　2　　　　3　　　　4

（1）埃及人的"芦苇棚"，乃公元前二〇〇〇年左右的埃及图形文字中，用以表示发音"h"的象形字。此字符据信让住在埃及但不属埃及人的闪米特人发明了一个字母，他们称之为"房"，bayt，发"b"音。（2）大约公元前一二〇〇年迦南铭文中的 bayt（以墨笔写在陶器上），其形貌与象形文字如出一辙。迦南人乃居于黎凡特的闪米特族群，是腓尼基人的祖先。Bayt 在他们的字母表中排第二位，这便是我们的 B 排名第二的原因所在。（3）公元前一〇〇〇年腓尼基人的 bayt，其形貌源自迦南字母，但毛笔或硬笔写出的笔画更为简洁。它面朝左，与腓尼基人从右向左的书写方向一致。（4）早期的希腊 beta，大约出自公元前六八〇年，在从右向左书写时，它便会面朝左侧。在这一阶段，该希腊字母仍与腓尼基的 bayt 有几分相像，大约一百二十年以前，它正是由 bayt 袭用而来。

（Bethpage，音 bet faj，意为"鲜无花果之家"）[1]。

古代希腊人借用了腓尼基字母表之后，几乎原样保留了 bayt 这一旧有名称。此字母在希腊字母表上依旧排在次席，代表常用发音"b"。不过，针对该字母的外邦名称，希腊人给它加了个希腊式的尾音，将其名称变为 beta，发音为"贝塔"。与腓尼基人和希伯来人用的"房子"不同，除了代表该字母之外，beta 之名在希腊语中别无他义。

在写法上，希腊人的 beta 与腓尼基人的 bayt 相去甚远，但终于和我们的 B 有点相像了；我们的 B 确实源自其中。它有好几种写法，其中 ჩ 和 B 到公元前七世纪时，已出现于希腊铭文（之所以外形左右相反，是因为希腊人写字时，既可以从右往左写，也可以从左往右写，到公元前五〇〇年左右才确定为从左往右。）希腊人在 beta 的下部又加了一个圈，也许是为了让它和字母 R 有所区别，在腓尼基文和早期希腊文里，R 均写成 9。今天，在我们自己的字母表中，大写的 B 和 R 仍然颇为相像。

Beta 一词是古希腊文学作品里的常用名词，意指在序列或价值上排行第二的事物。例如昔兰尼的厄拉多塞（Eratosthenes of Cyrene），公元前三世纪后期埃及—希腊城

---

1 此处地名中译均从和合本《圣经》。伯利恒，耶稣诞生地；伯特利，巴勒斯坦古城，位于耶路撒冷以北；毕士大，《约翰福音》："在耶路撒冷，靠近羊门有一个池子，希伯来话叫作毕士大，旁边有五个廊子。里面躺着瞎眼的、瘸腿的、血气枯干的，许多病人。"美国马里兰州亦有同名城市，以美海军医疗中心所在地闻名，通译贝塞斯达；伯法其，乃一位于耶路撒冷之东、靠近橄榄山之村庄。

上图：在这份早期的希腊铭文中，一眼就能看出 beta，此乃雅典附近出土的陶碗残片，约成于公元前六八〇年。（Beta 的这一形貌，亦见于第 84 页的字母图例。）字母粗陋地刻在烧制的陶土上，从右向左，呈现出希腊字母表的起始：alpha、beta、gamma、delta、epsilon。也许整份字母表在碗外边转了一圈，在那个视文字有神力的时代，想来既漂亮，又不失神奇。

下图：公元前三三四年的大理石碑铭，字母雕刻得更为精美，它出自小亚细亚中西部海岸上的希腊城市普里恩（Priene）。文字以俊秀的 beta 打头，纪念马其顿征服者亚历山大大帝，他曾将普里恩从波斯人的统治下解放出来，并重建其护佑女神庙："亚历山大国王向本城雅典娜敬献此神庙。"组成"亚历山大国王"的字母填满了第一行：BASILEUS ALEXANDROS。

市亚历山大著名的图书馆馆长，也是科学家、数学家、地理学家、历史学家、哲学家、诗人和文学评论家，他最为今人称道的，是通过对日光投影角度的系统测量，准确算出了地球的南北极周长。同僚们爱叫他的外号"贝塔"，因为他虽然在很多领域都有出色的研究，却术业无专攻，其成果总是第二个得出，在每一领域内，都屈居领先一步的其他专家之后。

作为科技术语，"beta"一词沿用至今，有时也读作"毕塔"（bee-ta）。它的意思仍然是"第二位"，通常与它的大哥 alpha 共同使用。冠以 beta 者，多半要弱一些、晚一些，或者还需要进一步的加工。

对天文学家来说，任何星群中的贝塔星，都是其中第二亮的恒星，排在阿尔法星之后。动物学家认为，狼、狒狒，以及其他群居哺乳动物，往往会产生出两种类似的雄性：首领和忠仆。首领型的称为"阿尔法雄性"，其部下则称作——不说你也猜得到。一九九九年秋，"贝塔雄性"（beta male）在美国一下子成了街谈巷议的术语，因为新闻界得知，民主党籍的副总统、总统候选人艾尔·戈尔（Al Gore）的一个竞选顾问借用了这种字眼儿来形容戈尔给人留下的对克林顿总统俯首帖耳的印象。该顾问是位作家，正好名叫内奥米·沃尔夫（Naomi Wolf）[1]，她力促戈尔在某些议题上向克林顿发难，以此表现得更像是个阿尔法雄性。在二〇〇〇年的大选中，

---

1 "沃尔夫"（Wolf）意为"狼"，故言之"正好"。

戈尔败给了乔治·W.布什（关于布什，请见 W 的章节，第 398 页）。

软件程序的 beta 版本，指的是软件在正式发行前的第二个版本，表示更粗陋的"alpha"版本中那些最严重的缺陷（bug）已获解决。生产商将 beta 版分发给合作企业，让他们进行最后的"beta 测试"（beta test），以对正式发售的版本提出有益的批评意见。

回想一九三一年，欧洲对人体通过某些食物制造维生素 A 的化学研究，此时已集中于胡萝卜素的功用。胡萝卜素是一种存在于胡萝卜和其他蔬菜的色素类碳氢化合物，研究发现，它含有至少两种成分，科学家将其命名为阿尔法胡萝卜素（alpha-carotene）和贝塔胡萝卜素（beta-carotene）。如今，贝塔胡萝卜素可制成维生素药片，备受重视，甚至被高估为健康大补剂。

还是回过头来，从 beta 说起吧。公元前八世纪，古希腊商人将其字母表带到了意大利，当地的埃特鲁斯坎人将希腊字母引为己用，beta 遂被收入埃特鲁斯坎字母表，由此又传入早期的罗马字母表，罗马字母最终成为我们自己的字母。埃特鲁斯坎人（可能）和罗马人（必定）简化了 beta 这个希腊名称，将该字母称为"贝"（bay）。

同我们大多数字母的名称一样，我们对 B 的叫法，是在公元一〇六六年诺曼人入侵英格兰之后，从古法语进入英语的。法国人显然称之为"贝"（bay）（今日依然），此名得自法语的父辈语言——古罗马的拉丁语。

如果你能请一位中世纪的巴黎人按照这个字母的发音"贝"，来拼一拼它的名称，那么，她大概会答以"B-E"——即字母本身再加一个长 E。同样，乔叟（Geoffrey Chaucer）时代（一三八〇年）的伦敦人也会一边说"贝"，一边拼"B-E"。现代的法国妇女、西班牙人、意大利人、德国人或波兰人也莫不如此。在他们听来，"ay"音指的就是长 E。吾等现代操英语人士接受了"B 加上长 E"的拼法，但读起来当然是"bee"。

现代英语在此处尽显古怪，因为在十五世纪到十六世纪之间，我们的元音发音一直变来变去。在当时英国字词发音的无尽变动之中，B 的名称也从"贝"（bay）变成了"毕"（bee）。要想感受一下古音，可以请个爱尔兰人说一下"B"，你大概会听到类似于"贝"的发音。这个名称可以追溯到青铜时代，近东地区的那个"贝特"（bayt）。

（1）公元前三世纪的罗马字母 B，很像其希腊和埃特鲁斯坎先辈。（2）后来的罗马字母 B，形体更加平衡和雅致，本图例选自公元一一三年的图拉真柱铭文。字母的下圆充分加大，以"支撑"上圆，主干部分亦加入尾端横线（称为衬线）。这一字形留存至今，可见于我们的"罗马体"和其他衬线字体。（3）我们小写的 b 于公元五〇〇年前后，出现于名为"半安色尔"（semi-uncial）的拉丁文手写字体。抄写员为提高速度，开始将 B 的上圆略去不写。近一千年之后，早期的欧洲字体设计师采纳了这一传统笔书字形，用作其印刷体中小写的 b。

B 的秘密同党

从语音学上来说，B 与其他几个字母关系密切。如果你不用声带去发 "b" 音，那么多半会发出 "p"。因此，P 便是与 B 相对的 "清音"。两者间的关系，在 "split" 这样的单词中可见一斑，其中的 "P" 已经和 "B" 的发音相去不远了。

B 和 P 不仅音似，而且形似，这也许并非巧合。在我们的字母表中，有好几对形音兼似的字母。例如 C 和 G、M 和 N、S 和 Z，以及 B 和 P。尽管这些成对字母背后的故事在细节上不尽相同，但总是有两个发音关联的字母联袂登场，继而，其中至少一个字母的形貌产生变化，于是两者越长越像。此类故事大多发生于公元前的数百年间，希腊或罗马文字的早期阶段。

这种同性相吸可能是书写者有意为之：古希腊人和古罗马人也许发现，适度地成双结对，会使字母更易于学习。以 B 和 P 为例，约从公元前八〇〇年到公元前五〇〇年间，表示 P 的字母曾完全改头换面，最终像今天一样与 B 相似。

B 和 M 也有关系——不仅仅因为过去那句讳略语 BM，它表示"大肠运动"（bowel movement）[1]。虽然这两个字母发音不同，其发音机理却颇为相像，两者均属双唇音（bilabial）。若要找到它们之间的联系，你可以捏住自己的鼻子，然后说 "My mommy meets me"（我妈妈见我）。它听起来便有点像 "By bobby beets be" 了。（这也说明，发 "m" 音有赖于气流通过鼻腔，而发 "b" 音得阻止气流通过，这是你不假思索就能做到的。）同样，如果你松开鼻子，就能轻松说出 "mmba" 了。B 的发音是从 M 自然发出的。

"mb" 的组合可见于 "combination"（组合）与 "dumbbell"（哑铃）等英语词汇，在中非和南非地区的某些班图语中则更为常见，例如某些地名：Zimbabwe、Mombassa 和 Mbandaka。[2]

最后要说的是 V。在印欧语系的语言中，"b" 音数百年来渐趋没落，混同于 "v" 或其他发音。此种情况在希腊语中尤为明显。大约公元四〇〇年以

---

1 "大肠运动"（BM）即出恭。

2 Zimbabwe，津巴布韦，非洲南部国家，独立前与赞比亚同属英国殖民地罗德西亚——无独有偶，赞比亚（Zambia）的国名中也有一个 "mb" 组合；Mombassa，蒙巴萨，肯尼亚东南部港市；Mbandaka，姆班达卡，刚果民主共和国（旧称扎伊尔）西部城市。

后，曾经包含"b"的希腊词汇和名称，现在均由"v"入替其中，其结果便是，现代的 beta 所表示的发音，已全然变成了"v"。希腊北部城市 Bolos 的名称虽如此拼写，读音却是"Volos"，而苏格拉底想必会把它读作 Bolos[1]。古代表示"帝王"的 basileus（见第 86 页普里恩铭文）一词，在现代希腊语中存留至今，但要读作"vassil-effs"。此发音为中世纪的拜占庭人所用，并发展为俄语人名 Vassily（瓦西里），以及类似的东欧人名。

　　中世纪初，当古法语从拉丁语中脱胎而出的时候，许多词汇里的拉丁语音"b"都变得含糊不清了——公元一〇六六年诺曼人入侵英格兰之后，亦将这一现象传入英语。相关变化可从词汇拼写中窥得一斑。古罗马的 taberna 变为法语的 taverne，再变成英语的 tavern（客栈）。罗马人讲"马"的军中俚语 caballus，成为中世纪法语的 caval 和 ceval，由此生出英语的 cavalry（骑兵）、cavalier（骑士）、cavalcade（骑兵队），以及现代法语的 cheval（马）和 chevalier（骑士、绅士）。与此同时，同样脱胎自拉丁语，但变化少于法语的西班牙语，则保留了拉丁语的"b"，如 caballo（马）和 caballero（骑士、绅士）。

1　在英文拼写中，此城目前几乎已完全写成 Volos 了，唯希腊语名称仍为 Βόλος。

希腊人、埃特鲁斯坎人和罗马人

字母表从古希腊扬帆起航，轻舟西渡意大利

看上去非常眼熟。这只鸡形陶壶，装饰着埃特鲁斯坎字母，可能为儿童所有，出土于罗马以北四十八公里维泰博（Viterbo）的一处埃特鲁斯坎墓葬，其年代约为公元前五五〇年。这些字母总共有二十六个，持续环绕一周，为陶坯烧制完成后才刻于其上。埃特鲁斯坎字母最早袭用自西希腊字母表，为日后的罗马字母表提供了原型和灵感。

正像腓尼基字母无法受限于腓尼基人的土地和语言一样，新生的希腊字母表很快就在外邦"攻城掠地"，那便是意大利。在希腊人袭用腓尼基字母的同一时代，希腊的某些沿海城市——怀着同样的求财逐利的热诚之心——正在开拓与意大利居民的远海贸易往来，后者是非希腊人，以埃特鲁斯坎人为主。希腊人属意于意大利丰富的矿藏，远在西欧的银矿、铁矿，以及冶炼青铜的两种原料：铜和锡。埃特鲁斯坎人作为矿主或中间商，能够提供上述资源。

由于埃特鲁斯坎人的基地位于意大利西海岸，希腊人的航海路线首先必须绕过西西里岛和意大利南端才能抵达。航路开拓于公元前八〇〇年左右，而在《奥德赛》的第九卷到第十二卷（约在公元前七五〇年形诸文字），希腊英雄奥德修斯历经西海巨魔和女妖的传奇航程，或许就是对这一航线开拓过

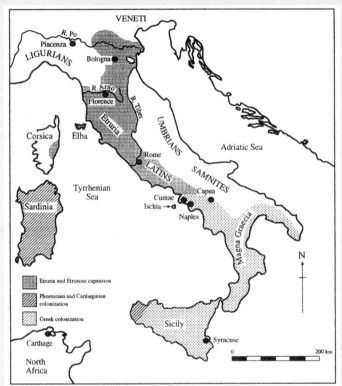

公元前六〇〇年的意大利

尽管以埃特鲁里亚（Etruria）的城池为基地，但强大的埃特鲁斯坎人，从大约公元前七七五年到公元前四七五年间，一直向南而据有卡普阿（Capua），并由此与那波利湾库迈周边的希腊定居者开展贸易。在同一时代，意大利众多的非埃特鲁斯坎城市，亦为埃特鲁斯坎人的霸权所统治，其中便包括一座具有不凡宿命的城市：罗马。本图意在说明，从公元前七〇〇年到公元前六〇〇年，字母表是如何在仅仅一个世纪之内，便从希腊人手中传至埃特鲁斯坎人，再传给罗马人的。

程光怪陆离的忆述。

　　现代考古发现，希腊人大约在公元前七七五年抵达意大利，在那波利湾，现称伊斯基亚（Ischia）的一座近海小岛上建立了贸易中转站。此举无疑得到了埃特鲁斯坎人的准许。后来，这一中转站移至陆上，发展成意大利—希腊城市库迈（Cumae），其遗址至今犹存。再后来，库迈的希腊人又在附近建立了一座"新城"（希腊语为 Neapolis），即今日的意大利海港那波利。为了交换金属矿石，希腊人或许付以奢侈货品：葡萄酒、香科，以及金属制品，如器皿、首饰和武器。希腊的定居者和进口货品对本土的意大利人来说，其作用无论好坏，都可谓意义深远。就文字而言，当时的意大利人一片空白，既没有字母文字，也没有其他的书写方式。

　　尤其意味深长的是，全世界已知最早的希腊铭文之一便出自伊斯基亚。考古学家发现了一只希腊陶杯，经鉴定，其年代约在公元前七二五年，外表面刻有一段欢宴的文字，讲的大概是商人的宴会，有女奴助兴，文曰："我是涅斯托耳（Nestor）之杯，从中得饮欢乐。无论何人饮下杯中之酒，都将立刻生出渴望，愿那戴着美艳花冠的阿佛洛狄忒将他俘获。"这里的"涅斯托耳之杯"是个不失精妙的玩笑：涅斯托耳本为传说里的希腊国王，特洛伊战争的英雄之一，荷马史诗《伊利亚特》提及他有一只黄金装饰的巨杯。伊斯基亚的陶土杯实在无法与之相提并论。

　　尽管如此，这只陶杯对我们来说仍然是非常有价值的，因为它的铭文证明，意大利的希腊人在公元前七〇〇年之前的数十年，便在使用希腊字母表。他们那些不识字的贸易伙伴肯定会把这一切看在眼里。

　　对希腊商品和文化的狂热追捧，将成为埃特鲁斯坎人的一大特征。积年累月，埃特鲁斯坎人的宗教信仰、社会风俗、行军作战，乃至艺术和建筑风格，均奉希腊人为楷模。现代学者往往把"埃特鲁斯坎"用作专门的术语，来定义这一深受希腊影响的文明。它形成于公元前七世纪，并在临近公元前五〇〇年时达到顶峰。而同一族群的早期形成阶段被称为维拉诺瓦文化（Villanovan Culture，因博洛尼亚〔Bologna〕附近的考古发掘地而得名）。两种文化之间大致的分界线就是公元前七〇〇年。

　　埃特鲁斯坎人是城邦联盟，以共同的语言和文化聚合在一起，每个城市通常都由一位国王治理。其祖地位于台伯河与阿尔诺河之间——在现代地图上，系从罗马北部到佛罗伦萨和阿雷佐（Arezzo）一带——他们的族名存留于托斯卡纳（Tuscany）和图夏（Tuscia）[1] 等现代地区名称中。但是，埃特鲁斯坎人的势力扩张得更远：到公元前八〇〇年，他们已经据有了远至南方的卡普阿（或许也是他们创建了此城）。卡普阿成了他们与那波利湾的希腊人开展贸易的通道。到公元前五五〇年，他们也已向北进占到波河流域，以及阿尔卑斯山麓。

在他们治下的诸多非埃特鲁斯坎城市中，有个不起眼的台伯河村落，名叫罗马（Roma）。罗马人讲拉丁语，这种语言属印欧语系，与希腊语和现代英语（以及很别的语言）有亲缘关系，但与埃特鲁斯坎语无干。罗马人虽然深受埃特鲁斯坎文明的影响，却并非埃特鲁斯坎强权的附庸。按照罗马人后来的传说，大约自公元前六一六年至公元前五〇九年，埃特鲁斯坎王室一直统治着罗马，后被人民驱逐。天将降大任于罗马。最终，公元前四世纪时，他们将揭竿而起，灭除埃特鲁斯坎政权，对埃特鲁斯坎文化则兼收并蓄。到公元前二五〇年，罗马人将统治意大利，拉开一系列伟大征服的序幕。

不过，还是回头说说埃特鲁斯坎人和希腊人吧。大约公元前七〇〇年，埃特鲁斯坎人开始用希腊字母书写自己的语言。这一事实有考古发现为证：埃特鲁斯坎富人的墓地中，到某一阶段便开始出现希腊字母文字的样本，但它们所表示的语言并非希腊语。这些文字大多刻于陶器或（更常见的）金属器具——如一只银杯，一把铁剑的剑身——乃其主人的殉葬品。

这些字母的形貌属于西希腊字母表的风格，正是那波利湾的希腊人所使用的那一种。毫无疑问，这些希腊人便是字母表的来源：或许在将其传给埃特鲁斯坎人的过程中，他们还很乐于配合呢。正像公元前八〇〇年，希腊人袭用腓尼基字母来书写希腊语一样，此时的埃特鲁斯坎人也袭用了希腊字母，并开始使之为己所用。

佛罗伦萨附近的一处埃特鲁斯坎墓葬，出土了一件约成于公元前六六〇年的手工制品，它几乎讲出了整个故事。这是一件象牙雕刻的微型字母表，或许设计用来戴在颈上，在它上面，从右向左，雕刻着字母表中的二十六个字母。此乃西希腊字母，但也可能就是埃特鲁斯坎字母表；在这一历史阶段，这两种字母表看起来并无不同。

---

1 图夏并非现代地名，而是对埃特鲁里亚最南端的旧称。今天，它用以描述拉齐奥北部与维泰博省，北至托斯卡纳，东邻翁布里亚的地区。

在这二十六个字母中，没有后来的第二十七个字母：omega。这说明，在希腊的 omega 发明之前，埃特鲁斯坎人便袭用了希腊字母表。（公元前六六〇年左右，omega 才开始在希腊铭文中出现，这与考古鉴定出的埃特鲁斯坎字牌的年代相一致。）Omega 从未进入过埃特鲁斯坎字母表；实际上，最早的二十六个源自希腊的字母中，有五个在后来被弃用，因为它们所代表的发音并不为埃特鲁斯坎语所用。最终确定下来（约公元前四〇〇年）的埃特鲁斯坎字母表有二十二个字母，包括新发明的最后一个字母。

今天，我们有大约一万三千份埃特鲁斯坎铭文，其年代可后延至公元前一世纪末，埃特鲁斯坎文化彻底消亡之时。这些文字主要存留于耐久材质（石料、陶器、金属），包括墓志铭、法律文书、祈祷辞和其他祭文，以及关于财产所有权的声明。

材料如此丰富——正是对埃特鲁斯坎社会活力与富足的礼赞——我们却只能译解那些短小且规则的信息。为什么？因为对我们而言，这些文字背后的语言仍然笼罩在神秘中。埃特鲁斯坎语也许与世界上古往今来的任何一种语言都没有关联。与拉丁语和今日意大利的大多数语言不同，埃特鲁斯坎语既不属于印欧语系，也不属于已知的任何语系。它没有给我们留下可供比较的现代后裔。在这些铭文中，虽然我们能够读出所有词汇的发音，却往往不知是何意。能够推断出意义的只有五百个词汇，大多是亲属称谓、官阶、人名，以及表示物件的词汇："我是莱毛斯纳的罐子（qutun）[1]。"

现代研究表明，埃特鲁斯坎语的语音与希腊语截然不同，尽管它从后者那里借用了字母表。其他不同之处还有，埃特鲁斯坎语没有浊塞音（voiced stop）：没有"b"音、"d"音和"g"音。埃特鲁斯坎语中只有相对应的清音："p""t"和"k"。更奇怪的是，埃特鲁斯坎语没有元音"o"，也不需要希腊语的 O 字母，但埃特鲁斯坎人还是让它在自己的字母表中保留了两三百年。同时，埃特鲁斯坎语使用三种不同的"k"音，还有四种"s"，以及一个特殊的"f"音，而在希腊字母表中，这些发音都无法充分表现。尽管如此，埃特鲁斯坎人通过重新定义几个字母的发音，还是能让希腊字母表适合自己的语言。这再次说明，字母的应变能力果然名不虚传。

公元前七〇〇年正是埃特鲁斯坎人两百年辉煌的开端，字母表的到来无

1　埃特鲁斯坎语的 qutun，或许借自希腊语的 kothon。

ECOYPRATITAYENDIAZMAMAP
MD AF

从这些粗陋的字母中，可以看出罗马字母表的雏形，它们刻在一件陶制酒具上，出土于罗马附近，约成于公元前六二〇年。"我是蒂塔·文迪亚的瓮。马马尔科斯造了我。"尽管没有下文，却传达出明确的信息。上面一行的拉丁语句从左到右，词与词之间没有断字，但可以清晰识读：eco urna tita uendias mamar——。（那两个很像 Y 的字母实际上是 U；两个好像 P 的字母是 R。）Eco 一词在古拉丁语中应拼作 ego，urna 则不言自明，正是"瓮"（urn）。

疑促进了埃特鲁斯坎人的功业，促进了通信联络、组织架构、艺术表达，凡此种种。像之前的希腊人一样，埃特鲁斯坎人很快就变成了一个识文能写的社会，商贾阶层（以及其他阶层）也懂得书写。商人尤擅云游四方，广交友朋，也许便将这一技艺教给了外族。接着，在意大利，至少有七个非埃特鲁斯坎族群开始用埃特鲁斯坎字母书写了。

在罗马及邻近地区的古代遗迹中，最古老的铭文是纯埃特鲁斯坎语的：源自希腊的埃特鲁斯坎字母，表述的是埃特鲁斯坎的语言。但是，在公元前六二〇年左右的古迹中，某些不寻常的事情发生了。在出土于不同地点的两份铭文中，埃特鲁斯坎字母此时拼出的却是拉丁语——罗马的语言。（见上图。）罗马人已经袭用了埃特鲁斯坎字母，或者正在袭用的过程中，以为己所用。

在此后的三百五十年里，到公元前二五〇年左右，罗马人的文字可见于存留下来的六百五十份铭文。让我们感到遗憾的是，其中没有足以显示整份字母表的字母清单。但尽管如此，学者们还是通过这些年的寻踪索骥，让有二十一个字母的真正的罗马字母表浮出水面。

为了书写拉丁语音（与埃特鲁斯坎语大相径庭），罗马人逐渐对埃特鲁斯

埃特鲁斯坎字母表 公元前六五〇年		罗马字母表 公元前五五〇年		罗马字母表 公元前二五〇年	
字形	发音	字形	发音	字形	发音
A	"a"	A	"a"	A	
8	〔未使用〕	8	"b"	B	
⊃	特殊的"k"(1)	⊃	"k"(1)	C	
◁	〔未使用〕	◁	"d"	D	
ヨ	"e"	ヨ	"e"	E	
ヨ	"w"	ㄱ	"f"	F	
I	"z"	I	"s"(1)	G	"g"
日	"h"	日	"h"	H	
⊕	"th"	—	—	—	—
I	"i"	I	"i"	I	
K	特殊的"k"(2)	K	"k"(2)	K	
L	"l"	L	"l"	L	
m	"m"	m	"m"	M	
n	"n"	n	"n"	N	
田	〔未使用〕	—	—	—	—
O	〔未使用〕	O	"o"	O	
⌐	"p"	⌐	"p"	P	
M	"s"	—	—	—	—
φ	特殊的"k"(3)	φ	"k"(3)	Q	
q	"r"	q	"r"	R	
ξ or ς	"s"的变体	ζ	"s"(2)	S	
T	"t"	T	"t"	T	
Y or V	"u"	V	"u"	V	
—	"u"	—	"u"	—	
×	"ks"	×	"ks"	×	
φ	"ph"	—	—	—	—
Ψ	"kh"	—	—	—	—

我们的罗马字母表的成形过程，列于这三栏字母的形貌之中。早期的埃特鲁斯坎字母表，保留了袭用而来的全部二十六个希腊字母，包括埃特鲁斯坎语从未使用的四个。还有一个希腊字母的发音已经变了：它排在第三位，原本代表希腊语的发音"g"，此时变成了发音"k"——如此一来，埃特鲁斯坎字母表就出现了第三个"k"音字母。（埃特鲁斯坎语没有"g"音，但口语里似乎有三个不同的"k"音）。埃特鲁斯坎人的这一怪癖传至今天，便成了我们冗余的 C-K-Q 组合。埃特鲁斯坎人也保有"s"音的四种形态，包括"z"和"ks"，并分别以四个字母予以表示。埃特鲁斯坎人书写时既可以从左向右，也可以从右向左，但如表中所示，后一种书写方向更为流行。（在从左向右书写时，字母的形貌要朝向相反的方向。）

早期的罗马字母表袭用了希腊—埃特鲁斯坎字母的形貌，同时弃用了不为拉丁语所需的五个埃特鲁斯坎字母。随着时间的流逝，罗马人的书写方向终于固定为从左向右（早期阶段是两种方向均可的），许多字形也变得与我们今天更为相近。大约在公元前二五〇年，罗马人重新发明了表示"g"音的字母，埃特鲁斯坎人曾将它抛弃，但罗马人感到，它在讲拉丁语时不可或缺。罗马的 G 没有排到字母序列的最后，而是加了个塞儿，位列第七，取代了对拉丁语来说纯属多余的一个"s"字母。

坎字母作了些改动。他们弃用了三个拿来但不需要的字母；他们重新起用了表示"o""b"和"d"音的希腊老字母；他们还为两个字母重新定义了新的发音，由此发明了我们的 F 和 G。而且，在公元前六〇〇年到公元前二五〇年间，大约三分之一的罗马字母改变了形貌，将最早的西希腊字形抛到了身后，从而面目一新，更为今天的我们所熟悉。

在公元前二五〇年的二十一个罗马字母中，缺席的五个字母（相对于我们的二十六个）是 J、V、W、Y 和 Z。它们的发音要么不为古代拉丁语所知，要么便是已被既有的罗马字母所涵盖。

配备了字母表和其他资源，公元前二五〇年的罗马共和国崛起为新的世界强权。彼时之罗马，已经征服了埃特鲁斯坎人、希腊人，以及意大利其他族群，一统半岛于罗马治下。罗马人此时放眼海外。在此后数百年间，他们将征服与吞并地中海诸国——迦太基、马其顿和其他国家——以及欧洲西部的蛮夷部族。在这些地区，罗马军团所到之处，罗马字母表也便紧随而至。

字母 C 的迷人身形——一个不完整的圆，暗示着魅力，或正在走向圆满——用于广告营销已有上百年的历史。一八八六年的可口可乐（Coca-Cola）标志（上图所示与其现代设计略有不同），模仿的是某人雅致的签名，传达着品质与可信。在有些人看来，这两个曲折回转的大写的 C，很容易让人联想到伸展的手臂和微笑（尽管没有证据表明这是其创始人的意图）。

C
烦恼多多

　　对 C 的反复无常，评论家一直愤愤不平。在英语中，该字母的发音实在太过变化多端。它并不总是发 "k" 的音，按照我们基本的拼写规则，它若置于 E、I 或 Y 之前，其发音便要转为 "s"。这样，我们便有了一个硬 C 和一个软 C[1]。这种差异（discrepancy）遍及印刷品与众多单词，"discrepancy"[2] 便是一例。

　　此外，C 与 H 组合，既可表示一个新的发音（如 "cheese"），亦可一如旧例（如 "chorus"）。C 还喜欢发 "sh" 音，在它与

1　C 发 "k" 音为硬音，发 "s" 音即为软音。尽管语言学家不爱用 "软" "硬" 二字，但一般来说，硬辅音中嵌入了元音，且短，软辅音则无关元音，且长。字母 C 和字母 G 各有软硬两种发音，硬如 cup 和 great，软如 city 和 giant。

2　Discrepancy [dis'krepənsi]，前一个 C 发 "k" 音，后一个则为 "s"。

E 或 I 组合时（ocean、glacier），或是与 H 相连，在中世纪后的法语借词里出现时，如"champagne""chic""machine"（此词源自古希腊语，后经拉丁语传入法语，但直到十六世纪才在英语中出现），此种情况便时有发生。在第五种情况下，C 也可不发音，如"muscle""indict"[1]。

在英语中，一个字母有多个发音算不上什么罪过。我们的元音有长有短，发音亦多有差别。我们的辅音字母还算循规蹈矩，仅有少数几个有两种主要的发音，例如 G（green giant）和 X（Xerox）。字母 S 则超出常规，拥有三种常用发音（hiss, his, sure）[2]，不过，这种越界还不算太严重，因为三种发音均属咝擦音，是语音上的近亲。

C 的问题在于，它的三种主要发音相互迥异——闭塞音"k"、咝擦音"s"，以及与字母 H 组合而成的破擦音"ch"——看似毫无规矩可言：这个字母到底什么的干活？让 C 恶名更甚的，是它与字母 K 和 Q 之间人所共知的圈地大战，K 和 Q 都坚称自己拥有 C 的首要发音。K 与 C 在字典上展开了对单词拼写的争夺，如"disk"对战"disc"，英国的"kerb"对阵美国的"curb"，还有些商标品牌，则是明知故犯，有意错拼，

1　cheese [tʃiːz]，奶酪；chorus ['kɔːrəs]，合唱队；ocean ['əuʃən]，海洋，glacier ['glæsjə]，冰川；champagne [ʃæmˌpein]，香槟；chic [ʃik]，时髦；machine [mə'ʃiːn]，机器；muscle ['mʌsl]，肌肉；indict [in'dait]，控告。

2　green giant [griːn/'dʒaiənt]，"绿巨人"，美国名牌罐装蔬菜商标；Xerox ['ziərɔks]，"施乐"，美国复印机厂商，亦为静电复印之代名词；hiss [his]，嘶嘶声、嘘声；his [hiz]，他的；sure [ʃur]，确信的。

如"Kool-Aid"。有时，K 甚至对 C 施以援手，一如"traffic"变形为"trafficking"时所起的作用，如若不然，此处的 C 在后置"-ing"时，便要变为软音"s"。Q 证明了自己干的活儿可以跟 C 一样漂亮，例如同音异义词"queue"和"cue"[1]，再比如伊斯兰教圣典《可兰经》的英文名称，自十八世纪始，它由"Coran"逐渐演化为"Koran"，直至今天流行的"Qu'ran"。C、K 和 Q 这种铺张浪费的重叠，要回溯至古代希腊－罗马时代，我们稍后再作详述。

在一个处处捉襟见肘、尚需添丁加员的字母表中，C 的情形看来颇有些恬不知耻。她给你的印象是，前任管理层留下一个难以取悦的人，身居高位又到处插手，对同僚充满猜忌，警惕有加。当然，她仍然雍容华贵，尤其是身饰衬线，并置身于某些佳作，如"capitol"（神殿、国会大厦）、"fiscal"（国库）和"concord"（和谐，协约）这些单词时，你更可从中一窥其古罗马时代的荣光。但是，她所获的报酬是正当的吗？在英文出版物中，字母 C 的使用频率大约排在第十三位，比其他一半字母更为常见，其中也包括 K 和 Q，然而，只有在软音"ch"的发音中，C 才对英语口语有不可替代的贡献。而在其他所有发音里，C 都是其他字母多余的累赘。

1　disk 和 disc，磁盘；kerb 和 curb，马路牙子；Kool-Aid，美国一冷饮品牌，Kool 显然是对 cool（凉，酷）一词的有意误拼；traffic ['træfik]，交通，trafficking 系 traffic 的现在分词形式；queue 和 cue 的发音同为 [kju:]，但音同义不同，前者意为"队列"，后者意为"提示"，不过有时也用作 queue 的变体。

　　难怪语言纯净癖者会把矛头指向 C。历代的拼写法改革家一直意欲削减 C 在英语中的作用，甚至想把它从字母表中剔除。可相对照的是德语、瑞典语和其他北欧语言的拼写规则，它们偏爱简洁明了的 K，远甚于 C。德语中保留了 C，用于字母组合——CH，在 Nacht（夜）中发喉音，或者在 Wachs（蜡）中发"k"音，以及 SCH，在 schwartz（黑色的）等词中发"sh"音——以及非德语的名词术语，如"CD-ROM"或"Enrico Caruso"[1]。德语中的大多数"k"音，都拼写成诸如 Kontakt、Korn、Reaktion，当然还有 Kapital，这些单词在英语中均有对照词[2]。

　　早在一五五一年的英格兰，学者约翰·哈特（John Hart）便在一篇严肃的论文《吾等英语不合理书写之开端》（The Opening of the Unreasonable Writing of Our Inglish Toung）中，力主施行此种变革。逢其时，英语元音的发音已经大变，而拼写尚未严格统一[3]。哈特意图使拼写与语音更为贴切。尽管他提出的详尽建议已被弃置于历史的故纸堆中，但他总体上的批评，如当时的拼写法经常使用过多的字母来表示发音，

1　Enrico Caruso，恩里科·卡鲁索（一八七三～一九二一），伟大的意大利男高音歌唱家。

2　其英语对照词分别是 contact（接触）、corn（谷粒）、reaction（反应）和 capital（资本）。

3　"一五○○～一九○○年间最重大变化之一的元音大变动，直到十八世纪还没有在词汇中全部完成。"——美国人加兰·坎农在所著《英语史》（中国对外翻译出版公司，一九八七年九月）一书中，详细描写了英语语音的这一重大变革。

确实对后世的词典编纂者产生了影响。

哈特说，为了将 C、K 和 Q 的混乱状况整理得井井有条，就要提升 K 的地位；符号 C 仅留作代表发音"ch"（如此一来，"latch"〔门闩〕便可拼做"latc"），另行用 K 或 S 取代 C，用 K 取代 Q。"这样，我们就不需要在 k 的发音中使用 q 或 c 了。"

另外一些思想家只是抱怨一下。约翰·巴雷特（John Baret 或 Barrett）是英语词典编纂的先驱，他一五八〇年的大著是对前一部作品的修订，冠以令人难忘的书名：《蜂箱，又题包括四种语言：即英语、拉丁语、希腊语和法语，有大量词汇、短语、格言和各种便捷语法知识的全新扩充版之四重词典》[1] 巴雷特的热情洋溢于字里行间，C 却难得他的恩宠："这个字母使我烦恼透顶，让我不解它何以得到排位第三的荣耀……如果 C 是个名副其实的字母，那么，艺术和理性就该赋予他一个名副其实的发音，好让他在言谈中保持一致，而不是像普洛透斯（Proteus）[2] 或变色龙那样变化无常。"因为其功用仅止于侵犯 K 和 S 的发音，（巴雷特因而断言，）C"根本算不上字母"。

本·琼森（Ben Jonson）的观点如出一辙。这位因舞台喜剧《沃尔波内》（*Volpone*，一六〇六年）而著称的英国剧

---

1 *Alvearie, or Quadruple Dictionarie Containing Foure Sundrie Tungues: Namelie, English, Latine, Greeke, and French, Newlie Enriched with Varitie of Wordes, Phrases, Proverbs and Divers Lightsome Observations of Grammar.*（Alvearie 乃蜂箱或隔舱容器。）
2 普洛透斯，希腊神话里的海神，以变幻无定著称。

作家、诗人和学者，写过一本名为《英语语法》（*The English Grammar*）的工具书，在他去世后于一六四〇年出版。其中有一个章节，分别介绍"诸字母及其实力"，写得出人意料地口无遮拦。琼森对 C 恣意菲薄，称之为"先人在我们的语言里极可能弃之不用的字母。可既然它已在我们的文字和语言中占得一席之地，我们现在就别为拼写正确还是约定俗成而争吵了，只谈实力"。哈！

卷入这场争论的另一个人是本杰明·富兰克林（Benjamin Franklin），他以无边的想象力投身于科学、机械发明、新闻报道和国家建设。一七六八年，六十二岁的富兰克林撰文倡议拼写改革。其要点即废弃 C、J、W 和 Y，将其功用重新分配给其他字母和新的符号（包括为"ch"音和"J"音提供外形近似的符号，因为这两个发音是相关的）；此外，元音字母的选择也要更合乎语音。富兰克林当时住在伦敦，曾将其建议寄送当地一位年轻的女性友人波莉·史蒂文森（Polly Stevenson）。她以实验性的富兰克林拼写法复信作答，亦于不经意间显出她大家闺秀的高雅口音。她在信中写道，她可在富氏方案里"si meni inkanviiniensis"[1]。

字母 C 与身份和承诺的苦斗，肇始于不稳定的童年。为了深入了解其成长的岁月，我们转而从 C 最喜欢的同胞兄弟 G 说起。在字母表中，再没有哪两个字母，能像 C 和 G 这样

---

1 按正常的拼写，应为"see many inconvenience"（看到诸多不便）。

亲密，无论外形上，还是发音上，它们都像一对异卵双胞胎。把舌头摆摆正，让气流沿口腔的后顶部（软腭）冲出，发出"k"音。让舌头保持原位，但这次用声带发音："g"。因此，C（或K）是软腭清塞音（unvoiced velar stop）；G 则是软腭浊塞音（voiced velar stop）。在单词"scorn"中可以听到它们之间的亲缘关系，因为 C 差不多是发 G 音的。（另举一例：下次你给老板打报告时，这样开头试试："As we disgust"。）[1]

G 是我们理解 C 之心理的关键。在动荡的家庭中，这两个字母形影不离，一起长大。今天，C 的某些症状也感染了 G，在 E、I 或 Y 前面，G 的发音要软化[2]。

回到公元前一〇〇〇年，腓尼基字母表上的第三个字母，是字母 G。它位于 B 之后、D 之前，叫作 gimel（此处发硬音"g"，一如"girl"）。依照腓尼基字母表的惯例，这一名称的起始音也是该字母的发音。Gimel 承继自近东字母表，其传统可上溯至公元前二〇〇〇年。C 这样的字母当时是不存在的。对于"k"音，腓尼基人有两个字母，即我们的 K 和 Q 的先祖，它们在发音上略有不同。对于"s"音，他们则有好几种不同形式的 S。

公元前八〇〇年左右，希腊人袭用了腓尼基人的字母，并

1　在英语中，字母 S 后面的 C 或 K，若后跟元音且重读，则习惯由清辅音"k"读成相对应的浊辅音"g"。所以"scorn"（[skɔːn]，轻蔑）差不多要读作"sgorn"，而常用语"As we discussed"（我们讨论过）若写成"As we disgust"（我们厌恶过），则意思大变。

2　指 G 在 E、I、Y 之前，发 [dʒ] 音，如 logic ['lɔdʒik]。

加以改编，虽然他们将 gimel 留在第三位，且发音仍为"g"，却将其名称改为希腊化的 gamma。今天，gamma 仍然是现代希腊字母表的第三个字母。同样，在现代的希伯来字母表中，第三个字母也是 G，名称为 gimel。

古代希腊字母表以 A、B、G、D、E 的对应字母开头。后面则有与 K、Q 和 S 相对应的字母。仍然没有字母 C。

公元前八世纪，希腊商人将其文字带到意大利中部的西海岸时，混乱出现了。希腊人在当地的贸易伙伴是强大的埃特鲁斯坎人，他们最终袭用了希腊字母表，用于自己的文字书写。

埃特鲁斯坎人所操语言迥异于希腊语——事实上与古往今来的大部分欧洲语言都少有共同之处。埃特鲁斯坎语的一大特点，便是它显然没有"g"的发音。埃特鲁斯坎人语音中最近似"g"的，是与之对应的清音"k"。因此，希腊字母表的第三个字母 gamma，就不再是埃特鲁斯坎人必需的字母了。

现存公元前七世纪的埃特鲁斯坎字母表显示，埃特鲁斯坎人忠实了照搬了 gamma 的原有位置，也将它作为自己的第三号字母。其他碑铭则清楚地显示，这一字母用来表示发音"k"。埃特鲁斯坎人所为，只是将该字母的既有发音从"g"改成了"k"。实在是有理有据。不过，表示发音"k"的字母 K 和 Q，在埃特鲁斯坎人的铭文中也时有出现。

为什么埃特鲁斯坎人需要三个不同的字母来表示"k"

音呢？显然是因为发音上存在着细微差别。埃特鲁斯坎人的文字频繁地使用字母 gamma。其发音始终都是"k"，而不是"s"。

与此同时，该字母也拥有了标准字形。埃特鲁斯坎人的早期文字有三四种不同的形体，反映出早期希腊 gamma 字母的多种风格。不久，一种短粗的月牙形状成了主流样式，它模仿的是意大利和西西里某些希腊城市流行的月牙状 gamma。埃特鲁斯坎人的这个月牙，代表着发音"k"，标志着我们 C 的起点。

埃特鲁斯坎人抛弃了名不副实的名称 gamma，而代之以"kay"。（他们的 K 则称作"ka"。）如果请一位古代的埃特鲁斯坎人拼出发音为"kay"的字母名称，他或许会答以"C-E"，即该字母本身加一个长 E。两千五百多年后的今天，这种拼法，而非其发音，构成了我们自己为该字母所取的名称："ce"或"cee"。

大约公元前六〇〇年，罗马村落地区讲拉丁语的人，开始使用埃特鲁斯坎字母书写。拉丁语是一种和埃特鲁斯坎语风马牛不相及的语言，对埃特鲁斯坎人就软腭塞音所作的安排——三个字母表示"k"，而无一用于"g"——罗马人想必评价不高。最终，罗马人炮制出了自己的 G 字母（也就是我们今天的 G），并在拼写时对 C 大加青睐，以此简化埃特鲁斯坎人的多个"k"音字母。Q 被严格限定于一种特殊用法。K 实际上已遭弃用，尽管它在罗马字母表上仍留有一席之地。

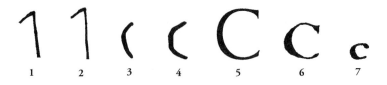

（1）腓尼基的 gimel，出自公元前九世纪的铭文。学者们以前曾将该字母的名称译作"骆驼"，现在则认为它意指猎手的"回飞棒"，其形状确实很像飞旋镖。一如其名称所示，该字母发硬音"g"。（2）早期希腊的 gamma，出自约公元前六八五年的铭文。该字母继承了腓尼基 gimel 的形貌、发音，以及在字母表中第三位的排序。在从右向左的书写中，这一字母是面朝左的。早期的希腊文字兼有两种书写方向。（3）不同字形的 gamma，出自希腊城市科林斯（Corinth）的铭文，从左向右书写，约为公元前六七五年。这种月牙形的 gamma，亦为意大利那波利湾的希腊定居者所用，他们与埃特鲁斯坎人开展贸易，并促成了埃特鲁斯坎字母表的诞生。这一希腊字母仍然发硬音"g"。（4）公元前六世纪的埃特鲁斯坎字母 C。虽然袭用了希腊 gamma 的月牙外形，此埃特鲁斯坎字母却发"k"音。（5）古典罗马字母 C，出自公元前一世纪晚期的大理石刻碑铭。这种带衬线（笔端短线）的漂亮字形，便是今天我们熟悉的"罗马"印刷体 C 的原型。（6）手写的 C，出自罗马晚期和中世纪早期名为安色尔字体的手写体，显然是对碑铭字体的模仿。此示例出自公元五世纪的一本拉丁文基督教祈祷书。（7）半安色尔手写体，出现于公元五〇〇年的意大利和法国，让许多字母旧貌换了新颜，很久以后确定为小写印刷体。该字母出自一份拉丁文手稿，大概写成于六世纪的法国。

　　从公元前一世纪中叶开始，罗马帝国迎来了字母 C 的鼎盛期。在古典拉丁语中，C 无处不在，并因如下名称而受到膜拜：西塞罗（Cicero）、凯撒（Caesar）、塞涅卡（Seneca）、圆形竞技场（Colosseum）和爱神丘比特（Cupid）。像埃特鲁斯坎文字一样，拉丁文也只使用 C 的硬音。"s"音均写作 S。因此，拉丁文中表示"贮藏室"的单词 cella，发音应为"kella"。

西塞罗的名字实为"Kick-ero",凯撒则为"Key-sar"[1]——顺便提一句,这也是德国皇帝的称号 kaiser 的由来。

软音 C 的出现,源自罗马帝国晚期在语言上的桑田沧海之变(sea change,原谅我用了这个双关语[2])。现代学者追溯了在罗马帝国百姓口中,拉丁语的 C 如何在某些用法上变得日渐含糊:当 C 置于 E、I 或 Y 之前时——它们均属舌位前移的"前元音"(front vowel)——它开始发"ch"音。拉丁语单词 processio(前进,行进)在公元前一〇〇年读作"pro-kess-io",但到了公元四〇〇年,其发音已变为"pro-chess-io"。大约公元五〇〇年罗马灭亡[3]后,从垂死的拉丁语中产生出了罗曼语族(主要包括意大利语、法语、西班牙语、葡萄牙语和罗马尼亚语),含糊的 C 也成了其中的组成部分。在那一时代,读音的变化要快过囿于传统的旧式拉丁语拼写的变化。因此,字母 C 便带着两个常规发音"k"和"ch"进入了中世纪。在现代意大利语中,软音 C 仍然读作"ch"。而在其他罗曼语言里,这一发音逐渐衰减为"s"。

软音 C 经由法语进入了中世纪英语。公元一〇六六年,

---

1 "凯撒"(Caesar)一词,汉语译名显然较英语读音(['si:zə])来得准确,但"西塞罗"的通译大概来自英语,所以受了株连。

2 sea change,音同 C change。

3 公认罗马帝国灭亡于公元四七六年。参见《世界史编年手册》(威廉·兰格主编,三联书店,一九八一年):"四七六年九月四日:黑鲁尔人奥多维克(奥多埃瑟)在帕维亚打败并杀死奥雷斯蒂兹以后,废黜了腊万纳最后一个罗马西帝罗慕洛·奥古斯都勒斯。传统上认为这就是罗马帝国的终结。"下文不再另注。

诺曼人入侵英格兰，诺曼法语的词汇和拼写规则亦强行输入，与古英语混合，自一一五〇年前后，开始产生出一种丰富的复合体，即通常所说的中古英语（Middle English）。结果之一便是，中古英语的拼写中出现了大量的软音 C。中世纪的法语单词，如 procession，其发音为"pro-sess-i-un"，将成为该词现代形式的源头，在英语中如此，法语里亦然。

这种传承关系依然显而易见。我们今天数量庞大的软音 C 词汇——如"cellar""citizen""reconcile""grace"——都是从诺曼法语传入英语的，之前则来自拉丁语。至于晚近形成的词汇，如"bicycle"或"cybernetics"[1]，通常遵行的也是成规旧例。

我们的 C 反复无常，因而需要在拼字法则上多施巧技。在像"picnicking"这样的构词过程中，已经可以看出些端倪，其中添加的 K，是为了让词中第二个 C 保持硬音。相反，在"trace"变为"traceable"时[2]，软 C 必须牢牢抓住它的 E，如若不然，依照现代拼写规则，E 就会被扫地出门。这正是我们拥有一个流动的盛宴[3]，却又是一个平和（peaceable）王国的原因所在。

---

1 cellar ['selə]，地窖；citizen ['sitizən]，公民；reconcile ['rekənsail]，调解；grace [greis]，优雅；bicycle ['baisikl]，自行车；cybernetics [,saibə'netiks]，控制论。
2 picnic ['piknik]，野餐；picnicking ['piknikiŋ]，picnick 的现在分词；trace [treis]，痕迹；traceable ['treisəbl]，有迹可循的。
3 《流动的盛宴》（A Moveable Feast）是海明威一部随笔集的书名，记述了他对二十世纪二十年代巴黎生活的回忆。

字母 D 坚固而稳定的特性，从这幅插图中可见一斑，它出自一八四四年在巴黎出版的一本儿童图书。书名可译作《奇妙故事集——P. 克里斯蒂安（P. Christian）搜集整理的各地民间传说》。

D
忠心耿耿

历上下四千年，跨越多种语言，这一字母始终坚守在字母表第四位，表示着发音"d"。忠诚和朴素是它的美德。早在英语诞生前很久，D便已成为"门户"（door）的象征。

像B和G一样，D也是一个浊塞音。要发出"d"音，你需将舌尖贴住上齿龈，然后突然分开，发音时声带振动。再来一次，这一回不要让声带振动，你发出的将是"t"音。因此，T是与D成对的"清"音。

关于清塞音或浊塞音所谓的"塞音"，指的是"塞"住你的鼻子，不送气。每次发"d"（或"t""b""p""s""k"）时，你得憋住鼻腔里的气流。然而，知道是这么一回事的人不到万分之一，除非他们碰巧读过有关的论述。

虽然对具体方法一无所知，我们却能自然而然地发出这些语音，这是我们尚处襁褓中时，大脑学习语言过程的奇迹之一。家人和保姆不断地、反复发出某些语音——对宝宝说话时往往更显夸张——婴儿五个月大小就能学会辨认这些声音，并欲行模仿；此过程是一种潜意识层面上的脑口协调，因此，幼童不必每次都思索一番才能发音。儿童学着去完美地模仿所听到的语音（某些发音，如"树"，而不是"素"，可能要到四五岁时才能完全掌握），但她必定会受限于摇篮周围那种语言的发音。例如，日语和印地语不管有什么相同之处，它们发出的都是两种语音。

要想成为熟操两种语言的人，出生后的头一两年是黄金机会，此时大脑在这方面可塑性极强。只要环境允许，你在长大前学会印地语和日语是不成问题的，更不消说西班牙语和英语了，因为相对而言，后两种语言更为接近，也是北美地区同时掌握人数最多的两种语言。差不多两岁过后，再学习一门新的语言，你就很可能无法完美地模仿那种不熟悉的语音：此时，大脑已经把这部分的门关上了。讲这种新语言的时候，没准儿你会带上点儿外国口音，无论多么轻微。虽然，确实有某些母语是德语或荷兰语的人到了高中，还能学会一口纯正的英语，不过，这是因为他们在摇篮里听到的语音跟英语极其相近，因而缩小了差距。（然而一些母语是德语的人讲英语时，仍然带有很重的口音，比如，他们老是说不好"w"和"th"。）

英语中的 D、B、G 的发音很早便能掌握。在英语语言环境下，七个月大的宝宝最常说的语音有"ba""da""ga""ka""ma"和"pa"，前三个都是以浊塞音开始的。因此我们很难想象哪种语言会没有浊塞音。不过这样的语言确实存在——例如汉语普通话。英语发音 B、D、G 严格来说在普通话里并不存在，尽管这几个字母通常用于"Beijing"等音译词汇。辅音上的差别是能听出来的，例如，一个讲普通话的人往往会把英语里的"sad"错读成"sat"，问题就出在浊塞音上。（不过，在双语环境里长大的华裔美国人不会有什么问题：早在婴儿时代，他们的大脑便掌握了两种语言的发音。）

现代学者认为，公元前七〇〇年之后字母表的传承者、古代意大利的埃特鲁斯坎人，便没有浊塞音。埃特鲁斯坎婴儿不说"ba""da""ga"——即便他们说过，也会很快忘了怎么说，因为周围的成年人谁也不用这些发音。相反，婴儿说的是"pa""ta""ka"。尤其要指出的是，埃特鲁斯坎人用"k"代替了"g"，我们字母 C 的诞生与此相关。

还是回到 D 吧。在公元前一〇〇〇年的腓尼基字母表中，第二、第三和第四个字母是三个浊塞音；其发音依次为"b""g"和"d"，显然物以类聚。字母"D"位列第四，名为"dalet"或"daleth"（意思是"门"），一如腓尼基语的规律，字母所代表的发音，也是该字母名称的起首音。如今，希伯来字母 D 依然排在第四位，且仍叫 dalet，意指"门"。

腓尼基字母 D 看似一边着地的钝三角形：◁，这副模样怎么看也不像门。事实上，在所有腓尼基字母的样式中，

凸显于若干图形字母中的一个鱼形，或许就是字母 D 的原始形貌，它们刻在西奈半岛塞拉比特·哈德姆一块岩石的表面，其年代约为公元前一七五〇年。我们无法理解这种早期字母文字传达的信息。但请看，紧挨着鱼尾巴有四个字，向下拼成了 baalat 一词：意为"娘娘"（详见第 46 页释义）。

dalet 的图案最让人摸不着头脑。那些多才多艺的人难道就画不出一扇更好的门吗？

也许有一种似是而非的解释。在西奈半岛的塞拉比特·哈德姆一些最古老的字母铭文（约在公元前一七五〇年）中，有个引人注目的字母，图案是一条鱼。一些专家将鱼形解读为原始的 D 字母，果真如此的话，那么它有可能名叫 dag（闪米特语的"鱼"），从而符合古字母发音要与其名称起首音相同的要求。七百年之后，鱼形图案可能简化成了腓尼基人横躺的三角形，这种解读看来有些道理，甚至大有可能。因此从理论上讲，腓尼基 dalet 的样式很有可能就是早期鱼形字母的遗迹。不过，这个腓尼基字母有案可查的名称是"门"，而非"鱼"。替代过程大概发生在公元前一六〇〇年前后的近东

古代希腊 delta 的两种风格。

地区，至于它如何发生，N 的章节给出了初步答案，请见第 285 ~ 287 页。

公元前八○○年之前的某个时段，希腊人袭用了腓尼基字母，将 dalet 直接引入自己的字母表，位列第四，代表发音 "d"。希腊人只作了两处小改动。他们将字母名称调整为更希腊化的 delta（除了表示这个新字母之外，此名称当时在希腊语中别无他义）。他们还稍微摆正了字形。现存的希腊铭文显示，早期的 delta 有两种样式。一种是半月形图案，我们现代的 D 便源出于此。另一种是等腰三角形，为颇具影响力的古代城邦雅典的书写风格，日后便成为希腊 delta 的通行字形。现代希腊文中大写的 delta 便是一个等腰三角形。

随着时间的推移，古希腊的 delta 一词又有了第二种含义：三角形，或三角形物体，在几何学、木工、土地测量或其他行业中均有应用。公元前五世纪中叶，希腊人已经使用此词，来描述埃及北部尼罗河通向地中海河口处的肥沃冲积

D 代表 DUTY（责任）

　　用处良多、与世无争的 D 至少有过一次不愉快的使用经历。美国内战（一八六一年~一八六五年）期间，北军惩罚逃兵（deserter）的常用手段，便是在其面部或臀部烙上一个字母 D。该字母的标准高度为三点八厘米。在西蒙·温切斯特（Simon Winchester）为词典编纂家威廉·迈纳（William Minor）所写的传记《教授与疯子》（*The Professor and the Madman*，一九九七年）里，这种酷刑是一个关键插曲。

地。在现代地图上，尼罗河三角洲（Nile Delta）状似一个顶端朝向南方的巨大的三角形。古代希腊人没有航空摄影术，一定是通过地面观测而如此命名：也许有希腊雇佣兵或其他访客，经现在的开罗，沿尼罗河逆流而上，从某个高点（金字塔顶？）回望，只见一片绿色农田，构成辽阔三角形的顶端，向北铺展，直到天际，与周周的沙漠迥然相异。他们由是称之为"三角洲"（delta）。今天，此词也出现在我们的"密西西比三角洲"（Mississippi Delta）以及其他类似用法中。

　　像其他希腊字母名一样，"delta"也已成为现代技术词汇表中的一员。数学上的"delta"代表变量增量。在科学领域，"delta"则更接近其希腊语源，意指三角形某物（如 deltoid muscles，三角肌），或某些排序第四的物件。

　　对天文学家而言，delta 指的是任何星座中，以能量排序、由高到低的第四星，位列阿尔法星、贝塔星和伽马星之后。如猎户星座的德耳塔星，仙王座的德耳塔星等等。《爱神三角

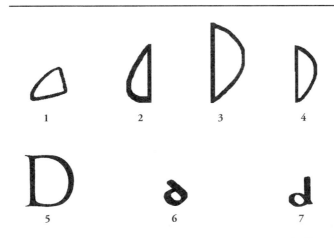

（1）公元前九世纪的腓尼基 dalet，意为"门"。该字母排名第四，发"d"音，一如我们现在的 D。（2）早期的希腊 delta，出自意大利那波利湾一处希腊贸易基地一份从右向左书写的铭文，约公元前七二五年。（3）从左向右书写的希腊 delta，出自公元前五二五年前后意大利南部的希腊城市。半月字形此后为埃特鲁斯坎字母表袭用，进而传入罗马字母表。（4）早期的罗马字母 D，出自大约公元前五〇〇年的铭文。（5）公元一一三年图拉真碑铭中的罗马字母 D（详见第127页）。昔日的半月形此时已变得大为优雅。这种样式最终成了今日英文印刷体的大写字母 D。（6）现代英文印刷体小写 D 的形貌最早现身于安色尔手写体的大写字母 D，此图出自公元五世纪中叶意大利的一份拉丁文手稿。安色尔字体据信由古罗马大写字母通过一笔简写而成。（7）半安色尔体的手写字母，更为风格化了，出自公元六世纪的拉丁文手稿，也是在意大利。近一千年之后，早期的欧洲印刷商在设计小写字体时，这些传统的手写体让他们大受启发。

洲》（ *Delta of Venus* ）[1] 是法裔美国作家阿奈伊丝·尼恩（Anaïs Nin）在二十世纪五十年代所写的情色小说集，书名巧妙地将天文学用语与 delta 的三角区之意合为一体。

1　Delta of Venus，显然是双关语，亦有"金星的德耳塔星"之意，因 Venus 同为爱神维纳斯和金星之名，而其中之"delta"暗指女子私处。

Delta 还是个极为流行的品牌名，遍及多种商品，如"德耳塔水龙头""德耳塔机械""德耳塔健牙计划"（Delta Dental plans）。德耳塔航空公司源自墨西哥湾地区，但是在缅因州或内华达州，你也可以找到毫无地理关联的"德耳塔景观美化公司"，或是"德耳塔出租车公司"。[1] 这个希腊名称听起来品质不凡（只要你对"全城第四"的潜在含意置之不理），而且给生意人提供了一个直观的机会——也就是说，它好像是三角形招牌，传达着手艺精湛和交易公平的信息。总部位于华盛顿州的"德耳塔协会"（Delta Society），倡导以宠物和用于辅助治疗的动物来提升人类的身心健康，该协会之所以选用此名，乃由于其三角形的标志，象征着宠物、宠物拥有者和医护人员之间的联系。

Delta 目前的大受欢迎，也许应该部分归功于"三角洲部队"（Delta Force），此乃美国陆军的一支反恐突击队，组建于一九七七年，又在电脑游戏和电影中得到美化。三角洲部队的官方名称本为"第一特种部队军事分遣队"（First Special Forces Operational Detachment），所谓的"三角洲"（Delta）仅仅意指它最初在上一级特种部队的建制中，被定为第四作战单位。然而时至今日，"三角洲"之名经由联想，已经获得了"最强悍"或"最精锐"的含义。

1　德耳塔航空公司（Delta Airlines），一译"三角洲航空公司"或"达美航空"，初创于美国南方，密西西比三角洲即在此地，该公司的标志因而为三角形。而缅因州在美国的东北角，内华达州则位于西部内陆。

语音字母表

我们的 D 的名称，代表着英语字母名最常见的形式，即该字母本身，再加上个长 -E 音，通常拼作 -ee。美国英语有九个带 "ee" 的字母名：B、C、D、G、P、T、V、Z 和（没有首音的）E。英国和英联邦国家有八个，Z 叫作 "zed"。

上述字母和其他字母的名称，在电话和无线电等有声传输中之难以分辨，已广遭诟病。"Dee" 说出来，经过电波传送，听起来便像 "tee" 或 "vee"，"eff" 听起来则像 "ess"，足以让地图坐标这样的信息混淆不清。为解决此类问题，二十世纪四十年代，欧洲和美国的军事和交通部门开发出了多种语音字母表，用于无线电通话和电话联络，以单词取代字母名称，而单词均以有问题的字母开头："Charlie"（查利）代表 C，"Dog"（狗）代表 D，诸如此类。值得注意的是，这种现代的权宜之计与最古老的青铜时代字母表的做法不谋而合：借助熟悉的词汇，并以单词起首音为据，来表示字母。（参见第 35 页和第 41 ~ 43 页。）

后附两份用于美国军队和民用航空无线电通话的官方语音字母表。第一份已为第二份所取代，因为后者更便于外语用户掌握。

公元前七〇〇年左右，当埃特鲁斯坎人袭用希腊字母表，并为己所用时，他们（最初）按顺序保留了所有的希腊字母，即便有些字母在埃特鲁斯坎人的语言中毫无用处，如 beta 和 delta。意大利的希腊人用的是半月形的 delta，它也就成了埃特鲁斯坎字母表上的第四个字母。不久，埃特鲁斯坎字母表又被相邻的意大利民族罗马人所袭用（公元前六〇〇年）。罗马人讲拉丁语，这种语言使用浊塞音，便需要字母以表其音。排在第四位的半月形的 D，因此成了罗马字母，后来在罗马帝国灭亡（公元五〇〇年）后，它又传入了西欧的多种字母表。

我们的字母名称 "dee" 来自古罗马。与希腊人不同，罗

语音字母表

二战及战后时期		一九五六年至今	
Abel	November	Alpha	November
Baker	Oscar	Bravo	Oscar
Charlie	Papa	Charlie	Papa
Dog	Queen	Delta	Quebec
Easy	Roger	Echo	Romeo
Fox	Sugar	Foxtrot	Sierra
George	Tare	Golf	Tango
Howe	Uncle	Hotel	Uniform
Item	Victor	India	Victor
Jig	William	Juliet	Whiskey
King	X-ray	Kilo	X-ray
Love	Yoke	Lima	Yankee
Mike	Zebra	Mike	Zulu

目前这一版本包括我们的老朋友 alpha 和 delta，曾用于越南战争（一九六四年~一九七五年），并通过电视新闻短片、回忆录和好莱坞电影，与那场旷世悲剧联系在一起。抵抗美军的主要是越共（Vietcong）游击队，以其简写 VC 广为人知，通话时则呼之以 "Victor Charlie"（维克托—查利），因此催生出无爱的美式绰号 "Charlie"。而在涉及战地伤亡的无线电通讯中，报告美军士兵作战时负伤（wounded in action，WIA），用的却是与之颇不相称、令人浮想联翩的漂亮好词儿："Whiskey India Alpha"（威士忌—印度—阿尔法）。

马人所用的字母名称，多为简单表示其发音的单音节：D 被称作 da 或 de（发音同 "day"）。这一字母名称从拉丁语传入罗曼语族诸语言，在中世纪法语中亦为 "day"——现代法语依然如此。随着公元一〇六六年诺曼人的入侵，"day"也进入了英格兰。十五世纪和十六世纪的英语元音大变动，影响波及很多英语词汇的发音，亦将此名称变成了"dee"。尽管如此，它从 dalet 到"dee"，形体稍变，历上下四千年，跨越六七种语言，变化真可谓少之又少。稳操航舵，坚定向前，这就是我们忠心耿耿的 D。

罗马帝国与罗马字母

公元——三年的罗马帝国

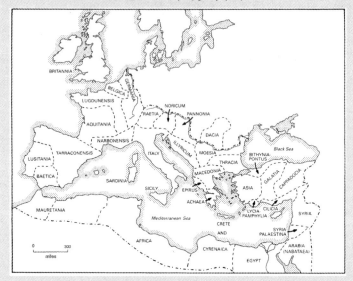

在图拉真皇帝治下，罗马帝国的疆域扩张到了最大。从苏格兰南部到尼罗河第一瀑布，包括地中海在内，其疆土约有六百五十万平方公里。在帝国境内，罗马字母主要用于拉丁文的书写，讲拉丁语的是各地的罗马官员，以及罗马化地区的平民百姓，如西班牙、高卢（今法国），远至达契亚（Dacia，罗马尼亚南部），以及意大利。今天，这些国家的国民所讲的也是源自拉丁语的罗曼诸语言。

    罗马字母表日臻成熟之时，正是罗马帝国走向全盛之日。在图拉真（公元九十八年至一一七年在位）和哈德良（公元一一七年至一三八年在位）这些德才兼备的皇帝治下，罗马固守其辽阔疆土，广纳属民税赋，繁盛一时；与此同时，其字母表也发展到了新的阶段，足以让我们今日轻易认作同门。在图拉真柱上，帝国的霸业与字母表融为一体，这座辉煌的纪念碑完成于公元一一三年，至今仍然矗立在罗马市中心。图拉真柱表现了罗马大军征服四海的场面，且基座之上饰有碑铭，堪称罗马石刻大写字母的完美展现。（参见人们常说，这块公元一一三年的大理石碑铭上，有世界上最美的字母，它位于罗马图拉真柱巨大的基座之上，尽管有些损毁，但存留至今。柱体亦存于世，上覆大理石版，高达三十五米：在古代，此乃图拉真广场（市场）的中央地标，该广场的建筑群，由皇帝增建为罗马的商业中心。柱体高度特地与此前位于该地的奎里纳尔山的一角相当，图拉真的工程师将山角挖掉，新建了广场。据铭文所载，完工后的巨柱是"题献"给皇帝的。最上面的一整行，是罗马立法机构闻名遐迩的官方称谓，Senatus Populusque Romanus（只要你弄懂了后缀 -que 的意思是"和"，那它就很好翻译了）："元老院和罗马人民敬献（此柱）给图拉真帝"——然后是他的各种头衔——"以证移山之高，方成如此宏伟的公共建筑，"即广场的屋宇。注意字母 U 呈 V 形，J 则写成 I，如（第三行的）TRAIANO（图拉真）之名。古罗马人没有字母 J：现代人在古罗马词汇里使用 J 的做法，实乃后世之规。

本节照片两幅。）

罗马帝国的字母表因拉丁语而生，但除此之外，它有时还用于书写西部边陲的某些凯尔特语和日耳曼语。不过，日后使用罗马字母的大多数欧洲语言还没有出现。法语和葡萄牙语等罗曼语言，充其量还只是拉丁方言口语。古英语的诞生还要等上数百年，此时仅在德国北部蛮族部落使用的日耳曼方言中有些萌芽。

罗马字母表的二十一个字母，到公元一〇〇年，已增加至二十三个：新添的两个字母在罗马的文字书写中，非正式地使用了大约二百年，才被正式接纳。像天下大多数字母新丁一样，这两个字母也排在了字母序列的最后，这便是我们 Y 和 Z。

它们借用自当时的雅典式希腊字母表，原本分别排在第二十位和第六位，

在图拉真柱上的大理石浮雕中，罗马军团的掌旗官在在船间浮桥之上，引领大军向北渡过多瑙河，挺进骁勇善战的达契亚人的领地。图拉真柱于公元一一三年完工，以其著名的碑文歌功颂德，大约一百五十五个场景组成绕柱浮雕，盘旋而上，叙述着公元一〇一年到一〇六年，图拉真帝对达契亚（罗马尼亚南部的特兰西瓦尼亚高原）的征服。随着罗马殖民者移居此地，达契亚后来便成了东欧的罗马化飞地，至今保留着罗马尼亚的国名，该国的罗曼语亦用罗马字母书写。罗马尼亚的邻国塞尔维亚、保加利亚和乌克兰，如今用的却是基里尔字母。

即元音 upsilon 和辅音 zeta。Upsilon 在希腊语中写成 Y，表示窄音 "u"，发成 "ew" 或 "ih"。Zeta 写成 Z，发 "z" 音（由铁器时代希腊的 "zd" 弱化而来）。罗马人主要是想让这两个字母帮忙，将希腊语词汇音译为罗马文字。

罗马人为何如此开恩？盖因几百年来，即便希腊已被罗马大军征服，可在罗马人的生活中，希腊的文化和技术始终发挥着重大影响。希腊语借词已经作为必备词汇进入拉丁语中，运用于所有学科——医药、建筑、戏剧、天文，以及其他知识——希腊人是这些领域内的大师，而罗马人还不是。某些希腊术语，如 symphonia（和谐）和 zoidiakos（黄道十二宫），拉丁语既没有相应的语音，也缺乏可以表示的字母。权宜之计是换用希腊语来书写有问题的词汇，为避免这种令人不胜其烦的工作，拉丁语至少需要这两个希腊字母。拉丁语中本已有了字母 U，但希腊 upsilon 的发音介于拉丁语的 U 和 I 之间，很显然，他们感到拉丁语的 U 在表示希腊语音时难称精确。

A B C D E F G H I K L M N O P Q R S T V X Y Z

罗马帝国的二十三个石刻体字母。在多种手写体中，它们虽然改容换颜，但万变不离其宗。罗马文字没有小书写体或小写字体，所有字母都是大写。

新的罗马字母 Y 和 Z 显然从不用以书写本土拉丁语，而只用于希腊语和其他外国鸟语。罗马的 Y 始终是元音。我们英语则把 Y 既用作辅音（如 yes），也用作元音（如 fly），这种用法并不多见。尽管法语和西班牙语偶尔也会将 Y 用作辅音，但大多数现代语言都理所当然地把它视为元音。

罗马字母的发音与英语字母相比，一般都比较接近，但不是完全一致；具体细节将在相关字母的章节中详细介绍。说到字形，经历两千年岁月，已不言自明：它们简直和我们自己的字母一模一样。

究其缘由，是因为罗马字母在石头上保存下来了。罗马灭亡一千年后，欧洲早期的印刷商便摹写了这些美丽、可敬的字体，设计出了第一代 "罗马体" 大写字母。（最早设计出 "罗马体" 的是文艺复兴时期的罗马城，与 "罗马体" 相对的，则是古登堡的字体，以及其他模仿德国中世纪手写风格的印刷体。）有两位印刷商身涉早期的罗马字体，他们是一四七〇年左右的尼古拉·让松（Nicolas Jenson）和一四九五年的阿尔杜斯·马努提乌斯（Aldus

Manutius），均在意大利立业。他们的工作前后相继，为日后的若干字体创出范例，如加拉蒙体（Garamond）、博多尼体（Bodoni）和泰晤士新罗马体（Times New Roman）[1]，它们日后成了报纸和图书印刷的基准字体。

古罗马字母的经典字形，出现于公元前一世纪晚期的石刻铭文，并在图拉真碑铭时代达到极致。罗马石匠的设计中，有两种技巧经久不衰。其一，每个字母都有某些部位被巧妙地加宽了——A 的一条腿、O 的两肋，与其他部位形成对比。这便使字形具有了比例适当、优美雅致的稳定感。第二种技巧是给字母添加了笔端短线（我们称之为衬线），字母 E、G、H、S 和 T，便是绝佳范例。衬线最早出现于希腊石刻字母中；已知最早的示例或为公元前三三四年的"亚历山大国王"碑铭，可见第 86 页图示。罗马人照搬了这一创意，并发扬光大，效果颇佳。

当然，公元一〇〇年时，大多数罗马字母还是用笔墨书写，而非刻在石头上。但是，正如对古代世界的所有研究一样，令我们大感受挫的是，罗马的手写文字几乎完全失传，它们通常写于易朽的材质：莎草纸或兽皮（最精致的当属犊皮纸和羊皮纸）。唯有埃及的沙漠，以及少数别的保护性环境，才出土了一些写在莎草纸、羊皮纸和木制品上的罗马手写样本——或者还有画在屋宇墙上的罗马文字（位于罗马城市庞培，于公元七十九年八月被火山灰埋葬），见第 378 页。

一份拉丁文手稿中的"俗体"手写字母，可能出自公元六世纪（一个晚期范例）。这种工工整整的字体，通过不断旋转宽头鹅毛笔的笔尖写成，模仿了石刻字母的衬线和粗笔。

今天已知罗马帝国有两种比较独特的手写字体，即分别称作古罗马草体（cursive）和俗体（rustic）的大写字体。前一种字体主要用于非正式文档和

---

1 泰晤士新罗马体于一九三二年由伦敦《泰晤士报》首先采用，大获成功，至今仍获广泛应用。

日常使用，显然意在提高写字的速度（cursive 意为"快行、跑"），但与图拉真铭文相比，往往难以辨识。俗体更为正式，写起来也更费劲，虽然其名称容易让人产生误解，却用于重要的文书和文学手稿。

公元三〇〇年左右，出现了一种全新的拉丁文字体，我们今天称之为安色尔体。（其名称之解读见第 172 ～ 173 页关于中世纪书写方式的一节。）安色尔字体出现于罗马帝国日薄西山之时，在罗马陷落和瓦解（公元五〇〇年）后得以传续，成为中世纪第一种重要的笔书风格。安色尔体对石刻字母少有模仿，写起来更为快捷、易辨，成为此后中世纪诸字体的先声——这些字体将迎来一个新时代，新兴的欧洲诸语言亦在其中。

"三只手的E"。二〇〇一年十二月，四面楚歌的安然公司（Enron Corporation）申请破产并解雇四千五百名员工前数天，一男子携个人物品走出这家能源巨头位于休斯敦的总部，前面是五英尺高、不锈钢制成的安然公司标志。此E用作商标，彰显其名，象征着蒸蒸日上，亦指能量（尤其是安然的主营产业：电力〔electricity〕）。然而，这起美国有史以来最大的破产案发生之后，对其惊世欺诈的控罪也随之而来，这个不走运的标志因此成了企业贪婪和无信无义的媒体象征，并因此得了个诨名："三只手的E"（the crooked E）。公司总部前的这件雕饰，后来被搬走拍卖；安然公司另一座大楼前一个同样的E，则在二〇〇二年九月拍得了四万四千美元。

E

无 E 不成文

E 无疑是英语出版物中最常用的字母，据分析，它以 10∶7.7∶7.28∶7.04 的比例，将第二梯队的 T、A 和 I 远远甩在身后。的确是遥遥领先。在我们的印刷品上，E 可谓到处都是——四下看看吧——其原因之一，在于 E 可以表示许多存在细微差别的元音：大概总共有十五种。例如，在下面这些词里，E 的发音个个不同：be、mere、red、alert、sadden、new、sew、latte，以及（与另一元音字母组合而成的）great、heart 和 height。[1] 字母表上的元音人丁不足，E 便至少身兼两职。作为我们露面最多的工友，它满足于某种象征性的价值：如果

---

1 be [bi:]，是；mere [miə]，仅仅；red [red]，红；alert [ə'lə:t]，警报；sadden ['sædən]，悲哀；new [nju:]，新；sew [səu]，缝纫；latte ['lɑːtei]，拿铁咖啡；great [greit]，伟大；heart [hɑːt]，心；height [hait]，高度。

可以把字母 A 当成整个字母表的代言人，那么 E 便可谓代表了我们的英语元音，甚或英语（English）本身。

E，或者更确切地说是 e，成了数字通讯革命的象征符号，更令其霸主实力有增无减。一九八二年，代表"电子"（electronic）的小小的 e，进入了新词"e-mail"（电子邮件）——今天，我们已经和它须臾难离。在 eBay（网上拍卖）、eToys（玩具销售）、eDecor（家居装饰）、eTravel（旅行信息）和 e Café 这些公司或产品名称之外，我们也对 e-commerce（电子商业）、e-solutions（电子解决方案）、eStuff（电子货品）、e-tailing（电子零售），以及（随着网络经济大萧条而来的）e-bankruptcy（电子破产）这类新词耳熟能详。英语已经大变了模样。

E 也紧跟潮流，意指"摇头丸"（ecstasy），即亚甲二氧基甲基苯丙胺（methylenedioxymethamphetamine），一种刺激神经兴奋及致幻的毒品，为迷途青年在狂欢晚会上所用。

E 无处不在。遗憾的是，在其荣耀之下，据说 E 偶尔也会玩些骗人的小把戏。在我们的拼写规则中，与其他字母不同，E 往往在登台之后上演哑剧：它有个很重要的作用，即沉默，这大大增加了它的出场次数。根据英语独有的拼写规则（我们上小学时，这一条就得到了细心教授），词尾的 e，若跟着一个前面是元音的辅音字母，那么这个 e 便肯定是个哑音；其作用是表示另一个元音要发长音。因此，"fate"便不同于"fat"，"wine"不同于"win"。只有在遇到外来词（如 café）时，这一规则才会失效。[1]

英语又是如何获得了不发音的 E 呢？古英语中的某些词，如"name"，始终都有个曾经发音的 E。而词尾处不发音的 E，更多是在最近三百年间才添加到单词中的。这是约定俗成，也是由英国的词典编纂者和教师在十七世纪后期同意实施的一项发明，以图厘正当时混乱的英语拼写规则。人们开始依照新规则进行书写和教学。wif 这个有着长 I 发音的传统英语单词，因此便多加了一个 E，变为"wife"[2]，其发音却没有变化。之所以选择 E，而不是别的字母，来担此哑音之职，想必是由于有"name"和其他类似词汇的先例。

词尾加 E 的规则是个聪明的办法，我们可以借此弥补罗马字母表在元音字母数量上的不足。很多使用罗马字母表的语言（英语当然也在其列），都希望能多几个字母，来区分长元音和短元音。例如，古代希腊的字母表中，便有两个字母表示 O，一长一短，还有两个字母表示 E，同样一长一短。在英语中，我们不得不通过对 E 赋予新规，来部分地达成这一目标。

伊丽莎白一世时代的语法学家和教师理查德·马卡斯特（Richard Mulcaster），是词尾加 E 拼写规则的早期倡导者。尽管马卡斯特是莎士比亚喜剧《爱的徒劳》里那个滑稽的老

1　fate ['feit]，命运；fat [fat]，肥；wine [wain]，葡萄酒；win [win]，赢；café [kə'fei]，咖啡馆。

2　name [neim]，名；wife [waif]，妻。

学究霍罗福尼斯的原型，并因此而扬名，他本人却似乎一派古道热肠。他是自由教育的鼓吹者、一个真正爱好英语语言的人，也是伦敦麦钱特·泰勒斯学校（Merchant Taylors' School）的校长，他的学生当中，有日后的诗人埃德蒙·斯宾塞（Edmund Spenser）和剧作家托马斯·基德（Thomas Kyd）。当时有些学者想通过全面大修，来解决英语拼写不一致的问题，马卡斯特却主张保留传统的拼写规则，只需做些小修小补，使其有效运转即可。因此，一五八二年，他出版了一部集语法、教学指南和八千词拼写字典于一身的多用途著作，书名叫作《主论吾辈英语正确书写之入门首篇》（*The First Part of the Elementarie which entreateth chefelie of right writing of our English tung*，其中的"elementary"乃"初级读本"之意）。马卡斯特在书中对诸字母进行逐一探讨的同时，也对 E 的多音大加称道，认为它有能力在改进后的英语拼字法中身兼多职："一个在我们语言的书写中具有非凡功用的字母。因而，它似应优于其他所有字母，而得到吾等之格外垂青。"马卡斯特身后百年，他在拼写方面的许多倡议都被采纳，其中包括对词尾 E 的使用。

语言学家根据发音时的舌位对元音分类。E 在英语中的主要发音，"beet"里的长音 E 和"bet"里的短音 E，均属"前元音"（front vowel），之所以这么叫，是因为它们发音时，要将舌头前伸。其他前元音还包括我们的长音 A，如它在"day"里的发音——有时我们也会在 E 身上发现此音，在借自欧洲大陆语言的词汇中，这一点表现得尤为典型，例如"café"和"ballet"（借自法语）[1]，或是"latte"（借自意大利语）。

"Café"里的E，乃大陆欧洲标准的长音E。某个西班牙人、荷兰人，或其他大陆欧洲人一想到长音E，耳边就会响起"ay"（如"café"里的"ay"）这个音。我们英语中的长音E——"ee"——在大陆欧洲人听来，就应该是长I的发音了。鉴于罗马字母表中的元音名普遍都是长音字母的裸音，那么"ee"这个名称按大陆标准便归属了字母I。在现代法语、德语和其他语言中，E的名字都是"ay"。（而短音E在英语和欧洲大陆语言中的发音基本相同，没有这种身份问题。）

欧洲大陆的做法合乎规矩、遵从传统，可以上溯到希腊语、埃特鲁斯坎语和拉丁语等古代欧洲语言。英语之所以成了特立独行者，是因为元音大变动，英语中的长音A、E、I、O、U和OW在发音上所发生的巨大而神秘的变化于十六世纪达到顶峰。而在大变动之前的中古英语中，长E是读作"ay"的。

同我们所有的元音字母一样，在公元前二〇〇〇年的近东字母表上，初到人间的E也是一个用来表示辅音的字母。这个原始的，或者说老祖宗辈儿的E叫作he（音同"嘿"），它表示"h"音，亦即其名称的起首音。

如前面几章所述，早期字母表每个字母的名称，都是其使用者所操闪米特语里的常用名词：房子啊，手啊，水啊，诸

1　beet [bi:t]，甜菜；bet [bet]，打赌；day [dei]，白天；ballet [bæ'lei]，芭蕾。

如此类。每一字母的形貌，都是其名称所指物品的简略图形。
he 的意思——不是开玩笑——就是"嘿！"该字母的名称指
的就是一声惊呼。而其形体，亦描画得栩栩如生。

　　he 现存最早的文字实例，出现于公元前一八〇〇年左右
埃及中部的石灰岩刻字，这是已知最古老的字母文字。该字
母的形体是一个棍状人形，半蹲着，也可能是向上跃起，双
肘上抬。此人大抵正在喊叫，而古代闪米特人所用的这种表
达方式，刚好很像我们的"嘿！"。

　　这个生动的棍人儿 he，在现存稍晚的一批字母文字中亦

字母 he，刻在埃及中部恐怖谷的石灰岩表面，约为公元前一八〇〇年某个讲闪米
特语的人所留文字的一部分。棍状人形大概在做惊讶状。He 发"h"音，乃早期
字母中两个棍状人形之一。

有出现，它们刻写在公元前一七五〇年前后西奈半岛中西部的岩石上。第 46 页所绘石片上的字母形体中，最右边一栏下数第五个，就是 he。

但是，棍状人形在用作字母时，显然太过繁琐，不便书写，因此到了下一代的字母表，即公元前一〇〇〇年的腓尼基字母表中，便简化成了抽象形式。腓尼基人的 he 在字母表中排序第五，日后我们的 E 也排在此位。腓尼基人的 he 已不再是人形，而很像一个长着个小尾巴的反写的 E：ꓱ。该字母仍发辅音"h"。

最大的变化始自公元前八〇〇年左右，希腊人袭用并调整了腓尼基字母表，使之更适合于希腊文字的书写。希腊人挑选了少许其辅音不为希腊语所需的腓尼基字母，将其重新定义为元音。影响所及的字母之一便是 he，它当时一变而为希腊语中的元音 E。之所以选择 he 来表示 E，无疑是受了它发音为"hey"或"hay"的腓尼基名称的提示。"hey"里面的元音，正是希腊人想赋予其长音 E 的发音。

一开始，这个希腊字母同时代表着长音 E 和短音 E。后来，该字母便只用于短音 E 了，而另一个名为 eta 的希腊字母，则用来代表长音 E。最终，过去的短音 E 字母得到了一个希腊名称 e psilon（或 epsilon），意思是"不加修饰的 E"。

还只有一个希腊字母 E 的时候，希腊字母表便传到了意大利西海岸，并被此地的埃特鲁斯坎人所袭用（约公元前七〇〇年）。于是，希腊字母 E 成了埃特鲁斯坎字母：埃特鲁斯坎人仍然让它排在字母表的第五位，并将它命名为 ay，用它表示发音"ay"（长音）和"eh"（短音）。E 的这些特性，在大陆欧洲诸语言中，毫不走样地留存到了今天。

大约在公元前六〇〇年，当埃特鲁斯坎字母外播并用于拉丁文书写时，E 也随之传给了罗马人。其字形逐渐变得与我们大写的 E 完全相同。这个名叫 ay 的 E，在罗马灭亡（公元五〇〇年）后，由新兴的欧洲语言接力传承。在此期间，从古代晚期以及中世纪早期的手写体中，也逐渐出现了为便于书写而简化的 E 的第二种形体：e。很久以后，到了一四七〇年左右，欧洲早期的印刷商从这一字形中受到启发，设计出了小写的 e。

就像 X 和其他几个字母一样，在数学和科学领域，E 也是一个作用非常重要的符号。在爱因斯坦（Albert Einstein）著名的等式 $E=mc^2$ 中，E 是"能量"（energy）的缩写，m 是所述物体的"质量"（mass），而 c（指拉丁文"celeritas"，"速度"之意）表示光在真空中的速度。数学上用小写的 e 来表示一个数值常数，约等于 2.71828，它在对数研究中不可或缺；这个 e 是为了纪念伟大的瑞士数学家欧拉（Leonhard Euler），他于一七四八年首先推导出了这个数值。

英语中的长元音"咿"（ee），是学者们确定的世界各地婴儿学语时最先发出的三个典型元音之一。另外两个是"啊"（ah）和"呜"（oo）。这三个元音普遍存在于人类语音中，所有婴儿在摇篮里都能听到，而且因为它们易于清晰发音——一般而言，元音不需要费力地运用舌头或喉咙——婴儿便可藉此在模仿成年人讲话时首尝胜果。基本上，早至两个月大的孩子，只需让声音不受阻碍地直接通过喉咙即可。她会在此基础上再进一步，尝试着在元音前加上一个辅音，形成"coo""yee"，或者别的类似发音。

关于人生之初的这种语音现象，即便在近代科学出现以前的时代，也未曾逃脱注意。在伊丽莎白一世时代的英国，人们普遍相信，女婴特别善于从"咿"音开始牙牙学语——想来是出于对她们的第一代先祖夏娃（Eve）[1] 尊重之故。

1　Eve [i:v]，英文读音同"伊芙"。

此表开列了二十六个字母在英文出版物中的使用频度，有三种不同的统计
结果：

《成语与寓言辞典》 （*Dictionary of Phrase and Fable*, Ebenezer C. Brewer, 1870）	《编码与密码》 （*Codes and Ciphers*, Frank Higenbottam, 1973）	《世界百科全书》 （*World Book Encyclopedia*, 2002）
E	E	E
T	T	T
A	A	A
I	O	O
S	N	N
O	I	R
N	S	I
H	R	S
R	H	H
D	L	D
L	D	L
U	C	U
C	U	C
M	P	M
F	F	F
W	M	G
Y	W	Y
P	Y	P
G	P	W
B	G	B
V	V	V
K	K	K
J	Q	X
Q	X	J
X	J	Q
Z	Z	Z

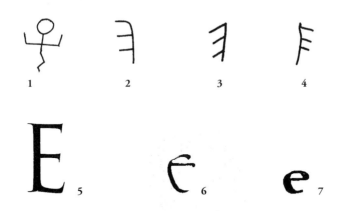

（1）闪米特字母 he，出自约公元前一八〇〇年的恐怖谷铭文。其年代可能就在字母表发明二百年后，此时的字母仍被视为图形，与所袭用的埃及象形文字相仿。he 发"h"音，取其名称的起首音。（2）到公元前一〇〇〇年，在腓尼基字母表中，这一字母已变身为抽象形貌，由于从右向左书写，而面向左侧。该字母依旧表示"h"。（3）希腊字形，出自大约公元前七二五年的一份早期铭文。希腊人袭用了腓尼基的 he，取其形，以及在字母表中第五的排位，但将它重新定义为元音，即字母 E。（4）早期的罗马字母 E，出自大约公元前六〇〇一份从左向右书写的铭文。随着罗马人逐渐确定了这一书向方向，并不再改变，E 也便固定朝右了。（5）经典的罗马字母 E，出自公元一一三年罗马城中的图拉真石刻碑铭。罗马式衬线的效果此时已臻完美。（6）安色尔手写体的 E，出自大约四五〇年的一份拉丁文手稿，它似乎脚踩两只船，一只是老式的罗马字母 E，另一只则是我们最初的小写字母 e。（7）半安色尔手写体的字母 e，出自六世纪的一份拉丁文手稿，无疑是我们印刷体小写字母 e 的先声。

"F 设计公司"（F Company Design）的这个标志
无需多作说明，这家位于美国明尼阿波利斯的图
形设计所，为纪念其创办人和拥有者约翰·法尔
克（John R. Falker）而命名。F 用的是简朴的弗
图拉（Futura）字体，有象征其业务之感，而圆
背景亦可表示出图形设计的完整理念。

F

不 提 F 也 罢

　　字母 F 总是背负着淫猥的重压，因而给人以粗俗可笑之感。我们的第二个 F 词 "failure"（失败）更加深了 F 的低劣印象，正是它在十九世纪后期，将 F 而不是 E 挑出来，排在 D 之后，用作学生不及格的评级。字母表上的其他字母当中，也只有 P 能与 F 的污名相近。

　　媒体也一度小心谨慎地使用 F，将它视为一个意味深长的符号、一个鲜活的笑料。西部片风格的电视系列喜剧《F 部队》（F-Troop）的片名，在一九六五年便颇为大胆，尼尔·西蒙（Neil Simon）的舞台喜剧《天生冤家》（The Odd Couple）也于同一年在百老汇公演。《难兄难弟》把有洁癖的费利克斯·昂加尔（Felix Ungar）和粗鲁、邋遢的奥斯卡·麦迪逊（Oscar Madison）放在一起，让他们成了曼哈顿公寓里你不情、我不愿的室友；编剧对费利克斯这个名字的选择，在有一场戏里便派上了大用场，当时奥斯卡怒气冲冲，大加抱怨，为的是费利克斯留给他一张并无他意的家务便条。"我告诉过你一百次了，"奥斯卡咆哮道，"我受不了枕头上的小纸条。'咱俩的玉米片都吃完了。F. U.'……我花了三个钟头才整明白 F. U. 就是费利克斯·昂加尔。"[1]

这种遮遮掩掩的方式似乎已经过时了。如今有服装公司取名为 Fuct 和 f. c. u. k（French Connection, U. K.），靠着突破界限来赢取年轻消费者的关注，我们很多人却感到此类手段伤风败俗。

F 词的恶毒与冲击力，得益于它哧哧挤出的开场音。F 所属的这类辅音称为摩擦音（fricative），亦即气流泄出时要在口中经过某种程度的阻碍。英语中的摩擦音还包括字母 V、发音 "th"，根据某些定义，还有一个子类，即所谓的哧擦音——S、Z 和 "sh" 所发的哧音。

"摩擦音"（"fricative" 源自拉丁语 fricare，意指"摩擦"，与 "friction" 一词相通）之名恰如其分，例如，F 音是气流通过上齿与下唇所形成的阻碍而发出的。如果你开始发一个连续的 F 音，进而使嘴唇和声带振动，便会发出 V 音。所以说，声带不振动的 F，便是唇齿摩擦清辅音（unvoiced labio-dental fricative，"labio-dental" 意指嘴唇和牙齿），V 则是

1　F. U. 通常会被理解成那句尽人皆知的骂人话——"Fuck you"。

与之相对应的浊音。

F 和 V 使气流从下唇上方通过，类似于另一个字母 W，但 W 不是摩擦音。可以听出它们之间的亲缘关系，例如，某些母语是德语或斯拉夫语的人，讲起英语来难称字正腔圆，也许会用"f"或"v"音来替换（对他们来说）更难的"w"，不是把"which"说成"fich"，便是把"what"说成"faht"。

早在英语诞生之前很久，F 生涩的发音便曾招致非议。古罗马政治家西塞罗在公元前五十五年写过一本关于演讲术的书，书中将 F 称作拉丁语中"最难听的"（insuavissima）的语音。罗马文法学家昆体良（Quintilian），也在公元九十年前后所写的一本论演讲术的书中，将 F 贬为"刺耳且讨厌……一个简直不能称作人声，甚至连语音都算不上的声音"。在他看来，该字母的咝声似乎不属于发音器官的产物了。

令人哭笑不得的是，回溯历史，这个让 F 饱受非议的发音却并非与生俱来。大约公元前七〇〇年时，符号 F 所表示的还不是"f"，而是与它有亲缘关系的发音"w"。只是到了后来，F 才被重新指定为这个倒霉的摩擦音。具体过程如下：

F 是我们字母表上的第六个字母。在公元前一〇〇〇年的腓尼基字母表上，第六个字母叫作 waw。在腓尼基人所用的闪米特语中，该名称的意思是"木钉"，写出来就像一个 Y 形的木头钉子或托架：Υ。（循着不同的演化路线，waw 也进化成了我们的字母 Y。）Waw 发"w"音，与其名称的起首音相同。至于"f"音，腓尼基人没有在他们的语言中使用过，因而也没有代表这一发音的字母。

　　大约公元前八〇〇年，希腊人袭用了腓尼基字母表，将该字母留在第六位，发音"w"亦不变，但为了旧貌换新颜，他们将字母上部的分叉压向一侧，如ꟿ、ꟿ或ꟿ。（像其他的早期希腊字形一样，此字母在从右向左书写时，便向左甩头，从左向右书写时，则面朝右侧。）

　　为何要改变字形呢？字母表上的前一个字母是 epsilon，希腊人好像因此受了些影响。显然，他们想让这两个字母有相似的外形。Epsilon 是我们 E 的先祖，E 和 F 在外形上的相似一直持续到今天。

　　希腊的 F 形字母最后有了两个名称。最初叫 wau（发音为"wow"，与其腓尼基名称仅有轻微的不同），到了约公元前五〇〇年，它也称作 digamma，意为"两个 gamma"。Gamma，也就是希腊的 G 字母，还有一种字形ꟿ，因此 digamma 之名指的就是两个 Gamma 的形貌，一个扛着另一个。无论哪种名称，该字母始终代表发音"w"。虽然希腊人的语言里确有一个颇似"f"的发音，但它用的是另一个字母，叫作 phi。

　　公元前八世纪，希腊字母表传到意大利海岸之后，wau 或 digamma 也被照搬进了埃特鲁斯坎字母表，仍为第六个字母，代表"w"。它在这儿享受了一段漫长而幸福的生活，作为埃特鲁斯坎语中的 W，效命长达七百年，直到埃特鲁斯坎文化和语言最终在罗马的统治下消失。

与此同时，希腊的 wau-digamma 在老家过得却很不如意。最后，它成了语言书写时无关紧要的东西，从希腊字母表里剔除了。与埃特鲁斯坎语或日后的英语不同，古希腊语根本不需要一个表示"w"的字母，而这一事实是逐渐才为人所接受的。同另外两个得自腓尼基人的多余字母 san 和 qoppa 一样，digamma 既未收入公元前四〇〇年的古典雅典字母表，也未在雅典字母表派生出的现代希腊字母表上现身。

从历史上来看，直到此时，我们所见的 F 形字母，所代表的一直是发音"w"。从"w"到"f"的转变，是随公元前六〇〇年之前不久，袭用了埃特鲁斯坎字母表的罗马人一起出现的。罗马人对排行第六的字母做了调整：他们将发音"w"作为兼职工作，指派给了字母 U，如此一来，便能给 F 形字母一个全新的发音——在埃特鲁斯坎字母中得不到充分表现

刻在一只银杯上的埃特鲁斯坎字母，出自大约公元前六五〇年，罗马以西三十二公里处普赖内斯泰（Praeneste）的一座墓葬，从右向左很容易识读，可拼出 Wetusia 一词，其发音可能是"Weh-tuhs-ia"。头一个 F 形字母表示发音"w"，而非"f"，而 Y 形字母则是 U。现代学者认为，其词根是一个埃特鲁斯坎男名，而词尾的 -ia 则表示从属关系：因而其词义为"我属于 Wetus"。有意思的是，Wetus 之名似乎与一个日后广为人知的罗马名相对应，后者拼作 Vetus，意思是"老"。

的、鲜明的拉丁语摩擦音"f"。

就这样，F终于和"f"结合了。罗马人的F在新的工作岗位上如鱼得水，因为它代表的是一个既常用（frequent），又重要（fundamental）的拉丁语音（尽管西塞罗和昆体良这样的知识分子对它不屑一顾）。F经常出现在拉丁语单词的词首；现代英语字典中，大多数以F开头的典雅词汇都源于拉丁语：如family（家庭）、faun（半人半羊的农牧之神）、feast（宴席）、fracture（破碎）、future（未来），等等。

罗马的F略显刺耳，这一点甚至为诗人所用。罗马诗人恩尼乌斯（Ennius）有一句描写樵夫砍树的诗（约公元前二○○年），因其趣意盎然的拟声用法而至今令人回味：fraxinus frangitur（意思是：白蜡树倒，又被砍断）。维吉尔（Vergil）也在其史诗《埃涅阿斯纪》（*Aeneid*，约公元前二十年）中，描绘了一个杜撰的暴虐或邪恶的化身，称之为 Furor impius，意为"邪恶的狂怒"[1]，F音增强了威胁感。

罗马灭亡（约公元五○○年）之后，其字母表继续存活；这些字母用于其他欧洲语言的书写，古英语（约公元六○○年）亦包括在内。由于欧洲的罗马字母表中还没有字母V，因此古英语的F便身兼两职，既表示"fallow"（休耕）中的"f"，也表示"love"（爱）里的"v"——"love"一词最早写成lufu，发音可能是"luv-uh"。

1　杨周翰译作"亵渎不恭的'骚乱'之神"。

同期的罗曼诸语言则用字母 U 来书写"v"音，这种做法最终造就了 U 的异体——字母 V 的出现。从中世纪晚期开始，很多英语词汇中发音为"v"的 F 都被 V 所取代。不过，古英语中表示"v"音的 F，还是在我们今天的少数词汇中得以存留，尤其是"of"。

像拉丁语一样，古英语也对作为单词起首音的"f"宠爱有加（例如：fond〔宠爱〕）。英语的这种特性，反映出印欧语系的日耳曼语分支在古代的一种进化，即，史前印欧语言中词首的"p"音，在原始英语中变成了"f"。这种进化，通过对某些原生英语词汇，以及其他古代印欧语言中与英语有远缘关系的相应词汇加以对比，便可窥一斑。例如，我们的"father"（父亲）一词，便与一些古词汇早有关联，其中包括希腊语的 pater、拉丁语的 pater（以及它的后裔，如西班牙语的 padre 和法语的 père），以及梵语词根 pitar-。我们的"fire"（火），对应着希腊语的 pur 和捷克语的 pýř。我们的"foot"（脚）代表着印欧语言中的词根 pod- 或 ped-，它们在希腊语（词根 pod-）、拉丁语（词根 ped-）、梵语（padas，意为"脚"）、立陶宛语（pèdà，意为"脚步"）和其他印欧语言中均有出现。

有了 F，我们便依字母表的顺序，得到了第一个少数派字母名称的范例。如 D 那一章所述，英语辅音字母最常见的命名公式是：字母发音加长 E 等于名称。有八个辅音字母（如果你把 Z 叫作"zed"，那就是七个）的名称里有这个"-ee"，除了 Z，还有 B、C、D、G、P、T 和 V。F 是字母表里出现了反对党的第一个迹象，该党辅音字母的名称里，均有一个元音前缀，通常是短音 E。其他党员为 L、M、N、R、S 和 X。

为什么要结成个反对党呢？为什么 F、L、M，还有别的字母，不能追随主流，取个 fee、lee 和 mee 这样的名字呢？首先要说明的是，所有这些字母的名称，都是在公元一〇六六年诺曼人征服英格兰之后，从古法语进入中世纪英语的。至于古法语的字母名称，则大多得自晚期拉丁语。这样，我们便要把关注点转回到公元后最初几百年的罗马帝国，看看当时 F、L、M、N、R、S 和 X 究竟都叫什么？

值得注意的是，除了 X，这些字母都是连续音。只要不换气，你就能发出很长的 F、L、M、N、R 或 S 音。罗马人的辅音当中，还有两个是连续的，即 H 和 Z。我们可以把 H 与上述字母归为一类，但 Z 不行，因为罗马人的 Z 有个特殊的、舶来的希腊名称：zeta。（至于我们的现代字母表，也有其他连续的辅音，即 J、V、W 和 Y，古罗马人对前三个一无所知，而他们的 Y，则纯粹是一个元音，而非辅音。）

从古代文法学家著作中不多的叙述来看，在罗马帝国时代，F、H、L、M、N、R 和 S 的名字，至少在俗称上，似乎全都发生过变化。每个字母名称的开头，都多了个以前并不存在的元音。这样做的目的，显然是为了更清晰地标明字母在其名称里的读音。例如，现代学者认为，大约在公元前六〇〇年，罗马 F 的叫法一开始可能只是个简单的连续音 "fff"。但到公元后最初的几百年，名称已经多出了元音前缀，变成了"ef"。及至罗马灭亡时，F 的拉丁文名称已进一步变成了"effeh"——我们今天还能从 F 的西班牙语名称"effay"里回忆起它。后两个拉丁名称更好地体现了"f"的发音。

其余的此类字母也是一样。L 的名称从"lll"变为"el"，再变为"elleh"，N 从"nnn"变为"en"，再变为"enneh"，其好处一听便知。晚期拉丁语名称传入早期法语，再传给中世纪英语，最终以重新压缩的形式固定下来："ef""el""en"等等。

在拉丁语中，X 的名称一开始可能也是连续音——"kss"——继而在公元后最初的几百年里演变成了更实用的"eks"。而 H 的名称自罗马时代以来就有复杂的历史。

出于显而易见的原因，在以英语进行产品推销时，F 始终都不受青睐。今天，它主要用于表现青年一代的活力，或是不甘循规蹈矩的精神，比如"F 组"（F-Group，软件）和"F 俱乐部"（F Club，佛罗里达大学的体育迷）。F 已能找到稳定工作的一个地方，是科学和技术领域：F 可以代表华氏（Fahrenheit）、氟元素（fluorine）、法拉（farad）或法拉第（faraday，电力测量单位，以十九世纪英国物理学家迈克尔·法拉第〔Michael Faraday〕命名），或是频率（frequency，例如 FM，意为"调频"〔frequency modulation〕，一种无线电广播方式）。

摄影中的"f 比"（f-number）听起来蛮吓人的，其实只是指照相机的焦点与其镜头直径的比率（f 代表"焦点"

〔focus〕）。用于调节相机光圈的"f系数"（f stops）亦然。尼康公司一九五九年推出大受欢迎的 F 系列相机时，让人打消疑虑的品名也是同样的来由。

然而，F 最为人熟知的用途，大概就是在英语国家的军队中用作"战斗机"（fighter）的代号了。相形之下，代表轰炸机（bomber）的是"B"，代表"运输机"（cargo plane）的则是"C"。F 的这种用法可以回溯到第一次世界大战，彼时英国的布里斯托尔 F2 战斗机（Bristol F.2 Fighter）和索普威思 F1 "骆驼"（Sopwith F.1 Camel），均为装配了机枪的双翼飞机。如今 F 满天飞，构成令人生畏的美国超音速战机的名称，如 F-16 "战隼"（F-16 Fighting Falcon）、F-18 "大黄蜂"（F-18 Hornet）、F-22 "猛禽"（F-22 Raptor）和 F-117 "隐形"夜鹰（F-117 "stealth" Nighthawk）。开着个"F"飞来飞去，会不会让人难堪？想必大多数战斗机飞行员会说：老子才不在乎呢。

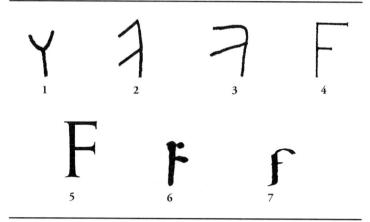

（1）古代腓尼基的 waw，意思是"木钉"，公元前一〇〇〇年。该字母在腓尼基字母表中排行第六，发"w"音，与其名称的起首音相同。（2）希腊的 wau，后来亦称 digamma，出自约公元前七〇〇年一份从右向左书写的铭文。希腊人改变了它的字形，但保留了它在字母表中第六位的排序及其发音"w"。（3）此埃特鲁斯坎字母从字形、字母表排序，以及"w"的发音，都模仿了希腊样式，此例出自大约公元前六五〇年的 Wetus 铭文，参见第 149 页。像希腊字母一样，埃特鲁斯坎字母也是既可以朝左，也可朝右，视文字走向而定。（4）罗马的 F，出自公元前三世纪的一份铭文，从中可见数处变化。其体貌此时愈加横平竖直，且面向右侧，因为标准的拉丁文是从左向右书写的，而且最上方的一横，笔端已有一条小小的衬线（结尾处的短线），衬线正是罗马字母成熟的标志。但最重要的变化是：罗马的 F 发"f"音，而不是"w"。（5）罗马的 F，出自公元一一三年大理石雕刻的图拉真碑铭。这种漂亮的字形将成为现代大写字母 F 的原型，尤见于"罗马"体。该字母的许多设计特色，如衬线以及其中横线略高于中心点的设置，时至今日，仍然是罗马印刷体 F 的要素。（6）晚期罗马安色尔手写体的 F，出自公元五世纪中期意大利的一份拉丁文手稿。这种字体不免让人想起过去的石刻大写字母，但它将最上方的一横缩短，亦由此预示着现代印刷体小写字母 f 的出现。（7）半安色尔手写体，我们的小写 f 字形已从中现身。此例出自公元六世纪意大利南部的一份拉丁文手稿。半安色尔手写体将该字母简化为快捷的两笔，成为中世纪手写传统的一部分，并将在日后（约一四七〇年）启发早期的欧洲印刷商，从而设计出小写字形。

大写的 G，为中世纪的"黑体"（black letter），
又称"哥特体"（Gothic）。公元十三世纪到十五
世纪期间，这种字体大盛于北欧，反映出当时某
些教堂建筑的尖塔、尖形拱顶和直上直下的支
柱——这种建筑风格同样称作"哥特式"。形容
词"哥特式的"（Gothic）原本意指"日耳曼的"
（German），如今在世界上也用于青少年音乐、电
脑奇幻艺术和个人修饰，表示一种黑色的风格。

G
光彩照人

光荣（glory）。宏伟（grandeur）。魅力（glamour）。盗尸者（ghoul）。贱妇（slag）。G 的声音发自肺腑，大有语不惊人死不休之感。它在"gargantuan"（庞大的）中格格地叫了两回，在"gnat"（小蚊虫）里却一言不发，实在是恰如其分[1]。无论好字还是恶词，G 都是精力充沛，雄心勃勃，应对自如。

有了 G，我们就来重新考察一下浊塞音的确切分类。英语中另外两个浊塞音是 B 和 D。它们三个总的语音特点，已在 B 和 D 的分章中有过表述。G 的硬音"g"属软腭浊塞音（voiced velar stop）——所谓的"浊"，指声带振动，"软腭"

1　gargantuan [gɑːˈɡæntʃuən]，源于法国讽刺作家拉伯雷《巨人传》中的饕餮巨人 Gargantua；gnat [næt]，词首的 g 是不发音的。

则指口腔上膛。硬音"g"亦可归入一个不太精确的类别,即"喉音"(gutturals,亦称 throat sounds)。

我们英语中的形容词"guttural"(喉咙的),乃经由中世纪法语,从古代拉丁语的名词 guttur 得来,它意为"咽喉"。在拉丁语和希腊语中,有两个相关联的词根,gurg- 和 garg-,把一些词遗赠给了我们,如"gorge"(狼吞虎咽)、"regurgitate"(反刍)、"gargle"(漱口剂)、"gargoyle"(怪兽形滴水嘴。一种通常从喉咙向外排水的雕刻喷嘴)。此类词根的"g"——还有另一个喉音字母 R——所显示的喉音特性,好像并非纯属偶然:早在字母表出现之前几千年,史前印欧语言便开始在一定程度上,围绕这个合适的"g"音形成"喉"字了。

或是拿这种原始特性与喉音的现代吸引力做个比较,想一想凯洛格(Kellogg)牌干麦片的招牌形象东尼虎(Tony the Tiger),想一想他在描述霜麦片(Frosted Flakes)时那全然的喉音:"G-r-r-eat!"G 和 R 的搭配简直就像,嗯,就像糖霜和玉米片那样自然。

与朴实直率的同党 B 和 D 相比,G 是个更为复杂的字母。令人心动的"g"音也许掩饰了它脆弱、无常的天性。G 实际上有五种可能的发音,包括一种哑音。在禁酒令时代风格的短句"mighty rough garage gin"[1]里,这五种发音都有体现。

---

1 大致可译作"又狠又劲的车库制杜松子酒",每个词发音如下:mighty ['maiti];rough [rʌf];garage [gə'rɑ:dʒ];gin [dʒin]。

　　"Gin"里面的软音 G 和我们的 J 发音相同。这是 G 的另一种个性。根据英语的拼读规则，当 G 置于元音 E、I 或 Y 之前时，那么大多数（并非所有）情况下，它要发此音。G 在硬音和软音之间变来变去时，当然很像另一个英语字母 C。C 在 E、I 或 Y 之前也要变为"s"。

　　G 和 C 独有的这种怪癖，是它们在中世纪法国度过青少年时代时留下的遗存。公元一〇六六年诺曼人征服英格兰之后，软音 G 和软音 C 从古法语进入英语，也带来了法语的词汇和拼读规则。

　　由于这一历史背景，现代英语里的软音 G 主要出现在源自中世纪法语的词汇中，如 gentry、pageant、giant 和 engine，这样的例子有好几百个。在以传统方式英国化的拉丁语或希腊语借词中，也可以见到这种情况，如 genius、gymnasium。但在来自不同语言的英语单词里，G 也可以坚持发硬音，古英语亦在此列，我们的"get""give""girl"和"gelding"就是这么来的。硬音 G 的其他源语言还有圣经希伯来语（Gideon、Gethsemane）、冰岛语（geyser）、盖尔语（gillie）、日语（ginkgo tree）和马来语（gecko lizard）[1]。

1　gentry ['dʒentri]，绅士；pageant ['pædʒənt]，盛装游行；giant ['dʒaiənt]，巨人；engine ['endʒin]，引擎；genius ['dʒi:njəs]，天才；gymnasium [dʒim'neiziəm]，体育馆；get [get]，得到；give [giv]，给予；girl [gə:l]，女孩；gelding ['geldiŋ]，骟马；Gideon ['gidiən]，基甸，《圣经·旧约》中犹太人的英雄；Gethsemane [geθ'seməni]，客西马尼，耶稣的蒙难地；geyser ['gi:zə(r)]，间歇泉；gillie ['gIli]，随从；ginkgo ['giŋkəu]，银杏树；gecko ['gekəu]，壁虎。

在中世纪以来英语借用的一些法语词汇中，软音 G 保留了明显的法语发音，听起来更像"shj"，而不是"j"。例如：corsage、garage、rouge 和 luge[1]。

字母 G 和 C 的共同点不仅是容易软化。字母表上有某些字母是非正式地组合配对的——包括 B 和 P、M 和 N，以及 S 和 Z——最接近的一对就是 G 和 C。他们外形相近；他们发音相近（参见第 107 页）；他们的历史更是盘根错节，紧密相连……尽管并不总是名正言顺。

如果非要长话短说，我们也可以讲，是 C 窃取了 G 的身份。在字母表上，最早的三号字母是 G，这要比 C 的出现早上好几百年。后来呢？变了。G 消失了，C 成了三号字母——它与 G 外表相近，却没有 G 的发音。真正的 G 又到哪里去了呢？它没有死，而是被进化中的字母表放逐了。G 在地狱边缘流落了四个半世纪，直到其作用终于被人想起并得到重视，又被召回了字母行列，位列老七（赶走了另一个字母）。今天，G 仍然待在那儿，不知道怀着一种怎样的心情，凝望着它身前四位的 C 的背影。

G 可以追溯到最早的闪米特字母，如公元前一○○○年的腓尼基字母表。腓尼基人的二号、三号和四号字母是三个浊塞音，相当于我们的 B、G 和 D。字母 G 称为 gimel，意思

1　corsage [kɔːˈsɑːʒ]，胸衣；garage [gəˈrɑːdʒ]，车库；rouge [ruːʒ]，胭脂；luge [luːʒ]，短雪橇。

是"回飞棒",gimel 里的硬音"g",也是该字母的发音。今天，gimel 仍然是希伯来字母表的第三个字母。

在大约公元前八〇〇年从腓尼基袭用而来的希腊字母表上，gimel 变成了希腊人的伽马（gamma），仍然是个硬音"g"，也仍然排行老三。如今，gamma 依旧是现代希腊字母表上的第三个字母。

早期的 G 之不幸，始于公元前七〇〇年左右，当时，意大利的埃特鲁斯坎人将希腊字母借为己用。如字母 C 那一章里的详述，埃特鲁斯坎人因为其语言中没有浊塞音（因此不再需要一个 G 字母），就将第三个字母的发音从"g"重新定义为"k"，于是炒掉了 gamma，并以新创的 C 取而代之。

正是这个无 G 的埃特鲁斯坎字母表，在大约公元前六〇〇年被罗马人继承，用于拉丁语的书写。与埃特鲁斯坎语不同，拉丁语乃印欧语系的一员。拉丁语和希腊语是亲戚，同现代英语也有（远亲）关系，因而存在印欧语言里常见的发音"g"。然而，拉丁语口语里的"g"，在袭得的字母表中却没有代言人。

毫无疑问，早期的罗马人接触过在意大利的希腊商人和希腊文字，一定知道有 G 这样一个字母存在，它就位于希腊字母表的第三位。几百年来，罗马人都在使用自己的字母 C，根据其前后的文字关系，要么用以表示"k"音，要么表示"g"音。这种权宜之计在晚期拉丁语中仍有少许残留，例如：用 C 来缩写罗马男名 Gaius（不是 Caius），用 Cn 来缩写名字

Gnaeus。C 仍然一身二用，但不当之处已明显为人所知。变革就要来了。

在从希腊人传给埃特鲁斯坎人、再传到罗马人的字母中，位列第七的字母被证明在书写拉丁语时是多余的。该字母形如I，表示发音"z"，此音为希腊语和埃特鲁斯坎语所用，却偏巧在拉丁语中无用武之地。这个希腊字母叫作 zeta（发音同"zayta"），而埃特鲁斯坎字母可能叫作 ze（音同"zay"）。经过几百年戏剧性的曲折演进，zeta 最终成了我们的字母Z——但明摆着，它不是我们的七号字母。

埃特鲁斯坎语的 ze 进入了公元前六〇〇年的罗马字母表，代表着罗马人甚至说都说不清楚的一个声音。如果罗马人非得用它，那也是把它用作表示发音"s"的第二个字母（他们用以表示"s"的头号字母是 S）。这样一来，罗马人的第七个字母就浪费了，它仅仅是一个重复的 S 而已。

公元前二五〇年左右，罗马人想出一个主意，把这个无用的字母与发音"g"配在一起，这是个他们需要，但罗马字母表中没有的发音。罗马人世代相传，把这一突破归功于斯普里乌斯·卡维利乌斯·鲁加（Spurius Carvilius Ruga），此人是个获得自由的奴隶，据说开办了罗马的第一所文法学校。七号字母被重新分配，表示"g"音，并改名为 ge（发音同"gay"）。名称 ge 便是我们现代英语中 G 名称的直系祖先。

罗马人很快让 G 改头换面。它那不合适的形体（与字母 I 的 I 过于近似）得以改变，数易其稿后，成了一个改头换面的

（1）埃特鲁斯坎人的第七个字母，源自希腊字母 Zeta，表示发音"z"。大约公元前六〇〇年，它进入了新生的罗马字母表，却是个不为书面拉丁语所需的字母。（2）大约公元前二五〇年，罗马人重新定义了该字母的发音，即他们不可或缺的"g"，并开始赋予该字母更为独特的外形。（3）大约到公元前二〇〇年，罗马的 G 已在体貌上达到成熟，即 C 加一个短横。G 与 C 的形似大概是有意为之，以利于新字母的记忆。

C：𝒞。于是 G 诞生了。

新字母与 C 在外形上的相似，想来是罗马人有意为之。某种诱因起了作用：因为 C 在发音上与 G 相近，并且在过去一直兼做 G 的工作，所以罗马人显然感到，他们新创的 G 如果在形体上近似于 C，便更易于学习和记忆。

数百年间，罗马人的 G 一直都是个功能单一的字母。西塞罗或塞涅卡的经典拉丁语只知道一个硬音 G，不管它后面跟的是哪个字母。在拉丁语单词 gemma（宝石）中，G 的发音与它在我们的单词"gum"中一样。同样，诗人维吉尔本来姓 Vergilius（Wer-gill-ius），我们却管他叫 Vergil 或 Virgil（Vur-jil）[1]。再比如这些可以识读的拉丁语词汇：

1　gum [ɡʌm]，树胶；Vergil / Virgil ['vəːdʒil]。

religio、generosus、generalis 和 vestigium，都包含有硬音
G。古典拉丁语没有"j"这个发音，也没有相应的字母；我
们的字母 J 是中世纪以后出现的。今天，软音 G 存在于无数
源自拉丁语的英语词汇中——religion、generous、general、
vestige[1]——主要是由于中世纪法语的介入。

软音 G 兴起于罗马帝国后期的拉丁语口语。大约从公元
一五〇年开始，当 G 置于 E、I 或 Y（它们属"前元音"，发
音方法有相同之处）之前时，其发音便开始越来越含混。现代
学者有时是通过分析各种手稿中的拼写差异，来追踪这种含
混现象的：拉丁语单词 gemma 显然经历过一个讲成"dyemma"
的阶段，之后才在罗马帝国崩溃（约公元五〇〇年）时，变
成了"jemma"。

此后，当各地的拉丁语方言演变成早期的中世纪罗曼诸语
言时，软音 G 也随之出现了。今天，软音 G 是罗曼语族的一
大突出特征：在现代意大利语中，它仍然发"j"音，在法语
和葡萄牙语中，它要更为含糊，已近于"shj"，而在西班牙语
中，它已沦为喉音"h"。

我们英语的软音 G 是中世纪法语的舶来品，如前所述，
此乃一〇六六年诺曼人入侵英格兰的遗产。说来也巧，我们
与意大利语相似的"j"音，比现代法语发音（比如"rouge"）

---

1 religion [ri'lidʒən]，信仰；generous ['dʒenərəs]，慷慨；general ['dʒenərəl]，普遍；
vestige ['vestidʒ]，遗迹。其中所有的 g，均发软音 j 或 "dʒ"，而非其拉丁语
源词里的硬音 "g"。

更忠实地保留了中世纪法语软音 G 的发音。到一三〇〇年左右，中世纪法语的"j"便在中古英语中永久地固定下来了，而在法语中，它朝着"shj"继续含糊下去。

由于运气不佳，软音 G 的变化无常甚至累及该字母的大名。我们对 G 的称谓，可以追溯到发音为"gay"、拼写为 ge 的拉丁语名称：即字母本身加长音 E——G 和 E 要用古拉丁语的发音拼读。名称"gay"后来日益含糊，到早期法语时代，就变成了"jay"，于是，"jay"随着诺曼人的征服，抵达英格兰，变为它在中古英语，同时也是法语里的名称。

"Jay"不会与字母 J 发生混淆，原因有二：（一）直到十七世纪，J 才开始在英语文字中系统地出现。（二）在英语中，J 的早期名称叫作"jye"。

从中世纪的"jay"开始，G 在通往现代英语和法语名称的道路上分道扬镳。在法国，"j"音软化成了"shj"，产生出它在现代法语中的名称："shjay"，而其拼写仍为 ge。在英国，情况正相反，"j"音得以保留至今，而相连的元音却发生了变化：在十五世纪到十六世纪的英语元音大变动中，长音 E 从"ay"变成了"ee"，也把 G 的现代英语名称"jee"带给了我们。虽然经历了古代拉丁语、中世纪法语和现代英语（虽然为清晰起见，我们可能更喜欢有两个 E 的拼写："gee"）中不同的发音，但该名称的拼写：G 加长音 E，仍保持不变。

在现代法语中，G 的名称是"shjay"，J 的名称却读作"shjee"。因此在法语中，"J"为 G 之名，"G"则为 J 之名，这些细琐之处，一直让英法两国的学生在学习对方语言时大感头疼。

在"sigh""night""tight""enough""slough"[1] 等词汇中不规则的 GH 拼写，是为了纪念某些英语词汇的中世纪发音。例如，"night" 在中世纪的发音大概近似"neehkt"，相当于现代德语里的 Nacht，或苏格兰方言中的 nicht——如经典的苏格兰低地短句："'Tis a bra' [brave], bricht, moon-licht nicht, ta-nicht"[2]。虽说 GH 的拼写对这种气息声和喉音的表现相当准确，但是，到了中世纪末期，此类英语发音还是发生了变化，只留下 GH 的拼写。今天的某些词，不管是"tough"，还是"light"，其中的 GH 既不准确，也不一致[3]。

GH 让语言纯正癖者如鲠在喉，爱尔兰剧作家、哲学家、一九二五年诺贝尔奖得主萧伯纳（George Bernard Shaw）便是其中之一。他涉猎甚广，也是英语拼写改革的终生鼓吹者。而他最为今人熟知的，或许是其一九一三年的剧作《皮格马利翁》（*Pygmalion*[4]，后于一九五六年改编为音乐剧《窈窕淑女》

1　sigh [sai]，叹气；night [nait]，夜；tight [tait]，紧的；enough [i'nʌf]，足够；slough [slau]，泥潭。

2　现代英语可以写成 "It's a brave, bright moonlit night tonight"：今夜是个美丽、明亮的月光之夜。

3　tough [tʌf]，坚韧的；light ['lait]，光。

4　林语堂一九四七年的汉译剧名为《卖花女》。皮格马利翁是希腊神话中的塞浦路斯国王，在雕出一尊女像后，竟深爱之而不能自拔，幸得爱神赋予雕像生命。《皮格马利翁》也讲了一个类似的故事：希金斯教授将一粗俗无知的卖花女加以训练，改造为震惊社交界的淑女名媛，而后与之坠入爱河。对这个故事，中国观众更熟悉的或许是奥黛丽·赫本一九六四年主演的电影版《窈窕淑女》。

〔*My Fair Lady*〕），主人公是一位卓越的语音学家亨利·希金斯。萧伯纳于一九五〇年去世，生前遗赠奖金，设立竞赛，以期为英语拼写创造出一份改良的字母表：竞赛于一九五八年举办，获胜的字母表有四十八个新"字母"，每一个都精确地代表着一个发音。萧伯纳有生之年，便喜欢通过对词汇的观察，证明英语拼写存在种种不一致的地方，比如"fish"一词，从逻辑上讲是可以拼成 ghoti 的——也就是说，"rough"的"gh"，"women"的"o"和"nation"的"ti"[1]。

二十一世纪的 G，由于经常用作"global"（世界的）或"group"（集团）的缩写，因而在商标名称和国际关系中小获声望。"G-7"之名是"七国集团"的缩写，指七大工业国：加拿大、法国、德国、意大利、日本、英国和美国。而"G-8"——如被大规模抗议所中断的二〇〇一年热那亚 G-8 会议——则有俄罗斯加入。

小写的 g 代表一个重力单位，指太空船和超音速飞机高速飞行时产生的额定加速度。飞行员或航天员可以穿上"G-suit"（抗压衣），以帮助他们承受多个 g 的压力。

"G-man"（联邦警探）一词让人联想到二十世纪三十年代的黑帮片，其中的 G 代表"government"（政府），特指联邦调查局和类似的联邦执法机构。据说这一字眼儿的发明人，是现实生活里的头号公敌"机关枪"凯利（"Machine Gun"

1　fish [fiʃ]，鱼；rough [rʌf]，粗野；women ['wimin]，女人们；nation ['neiʃən]，国家。

Kelly），他在一九三三年被捕时叫道："G-men，别开枪！"有些罪犯在被 G-man 捕获时，没准还带着一百个 G（指 100 grand，100,000 美元）呢。

G 点（G spot）——女性的一小块性感区，与阴蒂不同，它位于阴道前壁某处——以德国妇科医生恩斯特·格拉芬贝格（Ernst Grafenberg）命名，他于一九五〇年撰文宣布了它的存在。从那时起，一代又一代的丈夫和男友总也弄不清它到底在哪儿。

歌舞表演中的 G 带儿（G-string），是通常为女性的脱衣舞表演者或舞蹈演员所穿的一种兜裆布条，用料小巧吝啬，有时饰以亮片。G 带儿本身在现代歌舞表演和摄影作品中仍然存在，但其名称的由来已遭人遗忘。G 也许代表 "genital"（生殖器），但比这种思路更具挑逗性的，是十九世纪七十年代最早提及 "gee 带儿" 或 "G 带儿" 的报道，这两个词均出自美国西部，讲的是美国印第安各部落的男性着装。一八九一年十二月，《哈珀杂志》（*Harper's Magazine*）刊文写道："有些男孩子只穿 'G 带儿'（此乃北美大平原地区对兜裆布的俗称，原因不明）。"所以，这个 G 也许是为了纪念平原印第安语中某个相关的单词，其发音类似 "jee"。

约翰·塞巴斯蒂安·巴赫大约在一七二三年创作《G 弦上的咏叹调》（*Air on a G String*[1]，此标题实际上出于后来的编曲

---

[1]　G 弦和 G 带儿都是一个词。

者之手）时，脑子里想的肯定是别的。《G弦上的咏叹调》是一部更大的弦乐四重奏作品的一部分，其中的小提琴独奏可以完全在小提琴四根琴弦中最低的G弦上奏出[1]。

十九世纪以来，有些学者认为，字母的形貌与人类集体精神的无意识表达有关。按照这一（不足为信的）的思路，几百年来字母形貌的进化，实乃人类天性使然，而非仅仅为了方便书写。在一九六一年的一本奇书《符号与图案：字母表的心理学起源》（*Sign and Design: The Psychogenetic Source of the Alphabet*）中，神秘兮兮的英国学者艾尔弗雷德·卡利尔（Alfred Kallir）把字母表解释为一种性意盎然的图形密码，一种人类"为了保卫族群生存，而预先设定的一组奇妙的生殖符号链"。例如，从外形上看，直入云霄、历史上又与公牛双角有关的A，必为勃起的阳具之象征。D的曲线是孕妇丰盈的子宫。G则是最露骨的字母，通过一个女性的圆圈，加一根男性的杠子，直接表现了就是那种事儿。《芝麻街》讲到它的时候，可得小心啊！

---

1 巴赫一生写有四部管弦乐组曲，其中《第三管弦乐组曲》的第二乐章《咏叹调》，于一八七一年由德国小提琴家威廉米（August Wilhelmj）改编，主旋律从D大调改为C大调，从而完全移至G弦上演奏，成为流传更广的小提琴独奏曲《G弦上的咏叹调》。

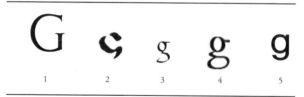

（1）石刻的罗马大写字母 G，出自公元一一三年的图拉真碑铭。这一完美的罗马字形成了日后所有印刷体大写字母 G 的母本。（2）安色尔手写体的 G，出自公元五世纪中期的一份拉丁文手稿。安塞尔字体本质上就是适于手写的大写字形。此安色尔字母也像大写字母一样，位于文字基线之上。（3）漂亮的加洛林行书体小写字母，出自公元一〇一八年英格兰的一份拉丁文文献。现代印刷体小写字母的 g，无论形貌，还是下探至基线以下的设计，均明显源自加洛林体。（4）加拉蒙体的小写字母 g，源自十六世纪的法国传统样式。像所有的"罗马体"一样，加拉蒙小写体也脱胎于数百年前的加洛林行书体。（5）弗图拉体——一九二八年德国设计的一种引领潮流的无衬线字体——的小写字母 g，看上去不同于加拉蒙体等罗马式字体的 g。小写 g 的形貌可见于很多（并非全部）无衬线字体和斜体字。只有我们的 G 和 A 如此特立独行，各自拥有两种不同的小写印刷字体，这是由于它们源自不同的中世纪手写传统。

中世纪的字母表

罗马帝国覆亡后，罗马字母得以存续，
并继续发展，与新生的欧洲诸语言结缘，英语亦在其中

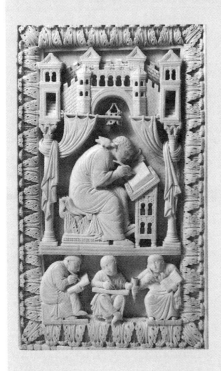

笔与墨。在这块九世纪晚期美丽的法国牙雕上，圣灵化身为鸽子，向正在笔录的罗马教皇格雷戈里一世（St. Gregory the Great）口授。格雷戈里一世于公元五九〇年至六〇四年在位，是中世纪教会的塑造者，并因改革罗马天主教的弥撒礼而被载入史册——"格雷戈里圣咏"（Gregorian Chant）因此得名。这一场景描绘了他正在为弥撒创作新的拉丁文经句（其中一节就刻在格雷戈里的象牙书页上，要用放大镜才能看清）。图中三位书吏象征着教会的上传下达，他们将圣谕誊写下来，分发至基督教西方世界的全境。请留意画面的细部，尤其是文具：书吏们用角杯装墨水，笔亦非鹅毛，而是骨制或兽角雕成的空心工具，而且，羔皮纸书页采用侧边装订，而不是过去那种莎草纸或兽皮卷轴。（羔皮纸乃磨制过的兽皮，好于一般皮革，多取羊皮。）中世纪长期处于野蛮与动荡，而教会使罗马的知识经典得以存续——他们像对待早期教父的作品一样，抄录和保存下了维吉尔和西塞罗这些异教作家的著作——并促使罗马字母与新生的北欧语言（如德语和英语）结合。

未来初现端倪[1]。此乃公元四五〇年前后一份拉丁文手稿中的一页，以安色尔手写体写成，显示出某些字形变化的早期阶段，再过一千年，到十五世纪后期，欧洲印刷商的小写字体将从中得到启发。图中新出现的字形包括：a、d、h、m、p、q和u。该手稿写成于意大利，为主教和学者凯撒里亚的优西比乌斯（Eusebius of Caesarea）[2]所著《世界史》（World History）的译文与续写，原作是希腊文，著于公元三二五年前后。此页文字述及古代波斯王大流士（文中第二行等处的"DARII"字样）的统治时期。

在罗马字母表的漫长历史中，安色尔手写体代表着罗马帝国石刻大写字母之后的下一个重要阶段。拉丁文的安色尔字体源自一种希腊文手写体，兴起于公元三〇〇年左右的罗马帝国晚期。这是一种快捷而易于辨认的笔书字体，适于柔软的羔皮纸面，尤其是以新式图书装订法来扎起来的羔皮纸。（彼时之图书，如第171页"圣格雷戈里里与书吏"图中所示，常常先装订再书写。）安色尔体的字母作为一个群体，不同于两种老式的罗马标准手写体："方正体"（square）和"俗体"大写字体，落笔方式亦与之不同。以往的字需要一笔一画，细心书写，一般用莎草纸或兽皮，或为单张，或成卷轴，平铺于硬物表面。

---

1 原句为"Shapes of things to come"，语出 H. G. 威尔斯一九三三年的科幻小说 The Shape of Things to Come，一九七九年曾由好莱坞搬上银幕。

2 凯撒里亚的优西比乌斯（约公元二七五～三三九），巴勒斯坦地区凯撒里亚主教，因所著早期基督教会史，而被视作教会史著的奠基人。

安色尔字体更适于新式的图书材质，作为工作标准，也更有效率。

安色尔体成了古罗马晚期拉丁文"书写"字体的首选（所谓"书写"，乃相对日常"记事"而言）。公元五〇〇年左右，帝国覆亡，罗马天主教会保存了罗马的文化要素，安色尔体亦因此存留于世，且继续成为中世纪早期最重要的拉丁文书写字体，几乎独占了《圣经》和基督教著作的书写。甚至今天，安色尔体字母亦可见于我们的产品标签，借以表示"中世纪传统"。在美国，爱尔兰主题的茶楼酒肆也钟爱安色尔字体的招牌。

"安色尔"之名是十八世纪学者的发明，由 litterae uncials，即"一寸高的字母"推演而得，语出圣哲罗姆(St. Jerome)[1] 所著的一份拉丁文参考文献(约公元四〇〇年)。与公元一一三年图拉真碑铭的大写字母(详见第 127 页)相比，安色尔体的某些字母变化不大，如 N、O、S 和 T，其他字母看上去已发展到相当成熟的阶段，如 A、D、E 和 H。不管怎样，所有安色尔字母都被视作大写，其变化是为了便于书写。◊这样的字母被视作 D，而非小书写体或小写的 d。大体而言，当时任何文本中的字母都只有一种字体。直到九世纪，文本中才开始融入不同的书写风格，从而使字母得以有多种字体并存。

此前的罗马字母，如大写的俗体，其高度是相同的。安色尔字体首次有规律地突破了这种成规，大约有九个字母错落于其他字母，或上或下，拉长了身形：D、H、K 和 L 得到了"高升"，而 F、G、P、Q 和 Y 则"下了基层"。如今，上述字母，再加上其他几个，构成了普通的印刷体高阶（ascender）和低阶（descender）小写字母。同样，安色尔体将章节开头字母加大的做法（见对页手稿中加大的 E 和 Q），也是迈向我们使用句首大写字母的现代两重字母体系的第一步。

安色尔字体一统天下六百年，直到九世纪晚期。从中至少派生出两种拉丁文手写字体：一是流传甚广、今称半安色尔的日用字体，九世纪期间用于不太重要的文书和日常书写。二是装饰性的"工笔安色尔体"（artificial uncial，乃今日之称谓），它极尽雕琢，常人难以轻易为之，但可见于手稿标题，或用于华丽的篇首字母。在法兰克国王查理曼的推动下，清晰易读、便于书写的加洛林小书写体取代了安色尔和半安色尔字体。

1　圣哲罗姆（三四七？~四一九或四二〇），公认最博学的拉丁文学者，于四〇六年将《圣经》译成拉丁语，其中《旧约》系首次由希伯来语译得。

公元五〇〇年到一五〇〇年的一千年——即所谓的"中"世纪，接续着古典时代的终结和现代欧洲的诞生——见证了我们的罗马字母表最后发展阶段的大部分。当此时代之初，字母表尚由二十三个字母组成，用于拉丁文书写。而到一五〇〇年时，同一份字母表已经用于大约三十种不同的西欧和中欧语言；视乎所表示语言的不同，其字母此时达到了二十四个或更多；约翰·古登堡一四五二年在德国发明的实用印刷术，全面而彻底地改变了欧洲的"书写"领域。

中世纪早期开始使用罗马字书写的语言中，有一种便是古英语。到一五〇〇年，经过与中世纪法语的结合，英语已大为丰富与发达，在几代人的时间里得到了最出色的表现，其代表是莎士比亚的舞台剧（一六〇〇年前后）和詹姆斯王《圣经》译本（一六一一年）。

如此巨大的发展，本书仅能概述二三。下文历数了中世纪时代与字母表发展相关的一些重大事件：

● **罗马帝国的覆亡**。到五世纪时，由于日耳曼部落的不断入侵，罗马皇帝及朝廷的威权分崩离析，不仅各行省如此，意大利本土亦然。传统上认为，帝国终结于公元四七六年，在这一年，罗马最后一个皇帝被叛乱者废黜。然而，帝国血脉犹存：罗马城未遭毁灭；东都君士坦丁堡的统治者继续使用"皇帝"称号；罗马的一些社会特征得以延续，尤其是农村的庄园结构。拉丁语附体于各种方言，依旧是莱茵河以西欧洲的主要口语，拉丁语亦成为罗马天主教会的宗教和行政语言。建立在二十三个字母的罗马字母表之上的拉丁语文字，因教会主办的教育而得到保留，其中最重要的是修道院学校（尤其是本笃会）和主教学校（episcopal school），后者往往设在城市，与某位主教（拉丁语：episcopus）及其教堂合办，既接纳富家子弟，也招收有志成为教士的学生入学。

● **欧洲新版图**。西罗马帝国分裂为众多王国，多由日耳曼新人统治。公元四五〇年之后，罗马不列颠的大部分落入了来自日耳曼北部的海上入侵者之手：盎格鲁人、撒克逊人和朱特人（Jute），他们在不列颠岛上创建了新的"盎格兰"（Angleland）。六世纪时，意大利的大部落入了日耳曼人的一支——伦巴第人（Lombard，米兰所处之伦巴第〔Lombardy〕大区的现代名称即由此而得）之手。而从易北河到比利牛斯山的疆土，则全为骁勇善战的法兰克部落所夺占——其名称至今犹存，如法兰西（法国）、德国西部城市法兰克福

（Frankfurt，意为"法兰克人的浅滩"〔Franks' ford〕，位于美因河畔）、英语名词"franchise"（意为"特权"，最早用来表示法兰克人的公民权）、英语形容词"frank"（意为"直率的""真诚的"，原意为公民可以畅所欲言）、英语动词"to frank"（意为加盖橡皮图章以示批准，常用于表示邮资已付），以及意大利语中表示邮票的单词 francobollo。之所以与邮务相关，是因为过去有个法兰克贵族，以蜡封或签封来保证沿途的信函递送。最伟大的法兰克国王当属查理曼，或称查理大帝（Charles the Great），七六八年到八一四年在位。

● **罗曼语言的诞生。**现代欧洲有五种主要语言直接源自拉丁语：从西向东，依次为葡萄牙语、西班牙语、法语、意大利语和罗马尼亚语。（形容词"罗曼"〔Romance〕系由古法语进入英语，其意所指，当然是古罗马人[1]。）到了罗马帝国中期，公元一五〇年左右，百姓所讲的拉丁语口语已经出现了某种变化。帝国覆亡后，这种变化在某些地域加剧了，混杂于西欧的拉丁语方言便不止五种。其中少数几种，属于巴黎或卡斯蒂利亚（Castile）等重镇，在数百年的立国进程中，不断向外扩张，并蚕食掉其他方言。今天，在五大罗曼语言之外，尚有少数小的罗曼语种得以存留，如巴塞罗那地区的加泰罗尼亚语（Catalan），或瑞士东南部阿尔卑斯山区的雷提亚－罗曼语（Rhaeto-Romance）。

关于拉丁语向罗曼语转化的细节，只需指出其变化涉及语言结构、发音和词汇，不同的罗曼语之间也存在差异。拉丁语富有表现力，却有一套复杂的系统，包括名词、形容词或动词结尾（依词汇在句中的用法而发生词尾变形），此时大大地简化了；新语言限制了词尾的变形，使之主要用于动词，并更多地依赖于词序和专用介词。例如，在拉丁文短语 mater Dei，即"mother of God"（圣母）中，介词"of"是用 Dei 的特殊形式（相对于 Deus、Deo 等）来表示的，现代意大利语和西班牙语则以单词来表示介词关系：madre di Dio, madre de Dios。

现代罗曼语大多数词汇的发音，都已变生了不同于拉丁语的变化，但仍

1　众所周知，romance 还有另一重意义，如罗曼史、罗曼司、浪漫传奇，或爱情冒险等。

能从中辨出拉丁语的内核。例如，拉丁语单词 rota（轮）进化成了罗马尼亚语的 roata、意大利语的 ruota、葡萄牙语的 roda、西班牙语的 rueda、法语的 roue（出自古法语的 ruede），以及英语的外借词 "rotate"（旋转）。拉丁语表示"睡"的动词 dormire，变成了意大利语的 dormire、罗马尼亚语的 dormi，以及葡萄牙语、西班牙语和法语的 dormir。

现代罗曼语中，与古典拉丁语在语法上最为接近的，大概就是罗马尼亚语了，而意大利语应该算是在书面词汇上最为接近的。进化得离拉丁语最远的语言是法语，之所以有如此发展，一部分原因是法兰克入侵者带来了早期日耳曼语音，另一部分则是由于中世纪法国生机勃勃，扮演着商业和知识中心的角色，对外来影响敞开了大门。在英语发展史上，法语所起的作用最大，远在其他外语之上，因而具有特殊意义。

公元一三〇〇年之前的法语早期阶段，称古法语。古法语脱离拉丁语而自立门户的时间，一般认为是在八四二年。此年代之晚近和精确难免令人产生误解，却代表着我们拥有的用法语而非拉丁语写成的最早一份笔书文件——事实上，这是我们所有罗曼语文献中最早的一份；早期的意大利语和西班牙语文本要到十世纪才出现。这份法语文献记录的，是分疆而治的两位法兰克国王之间的一份盟约（他们是兄弟俩，即秃头查理和日耳曼人路易[1]）。条约史称《斯特拉斯堡誓约》，于法国东部城市斯特拉斯堡宣誓立约，并由同时代一位法兰克历史学家保存于拉丁文著述中。该条约乃全民文告，为使两王之军队都可理解，因而以双语订立，即法语和日耳曼语（对德语研究而言，亦有重大意义）。其法语文本提供了一个良机，让我们一窥古代拉丁语和现代法语之间的一种过渡语言。其开篇辞如下：Pro Deo amur et pro Christian poblo et nostro commun salvament, d'ist di in avant（为上帝之爱，并为信仰基督之万民的安危，以及我们的社会，从即日起……）。

尽管这种语言以传统的二十三个罗马字母写成，却非同拉丁语，而更像某种新生的语言，第一眼看上去，似乎是西班牙语。不仅大部分单词变得与

---

1 秃头查理是西法兰克国王，八四三年至八七七年在位，日耳曼人路易是东法兰克国王，八四三年至八七六年在位。两人于八四二年二月十四日在斯特拉斯堡交换三条誓言，共同反对长兄洛塔尔。双方都以对方语言发誓，而两种方言的分离成为日后帝国分裂的征兆。历史学家尼萨德记录了这份文献。

拉丁语中的对应词不同，就连某些字母本身的发音也发生了变化，法语和英语的现代发音从中已现端倪。例如浊擦音"v"，古代罗马人所讲的拉丁语口语中从无此音，此时很可能就是 salvament 和 avant 这两个词里的发音了。《斯特拉斯堡誓约》订立之后的数百年间，古法语的词汇和发音借武力输入了英格兰（见下文），由此成为现代英语的构成要素。

● **天降大任于新字体**。大约在公元七八九年，作为更广泛的教育和行政改革的一部分，法兰克国王查理曼开始创建一种新的拉丁文手写字体，以取代各种不易辨清的日用手写体。新字体要易于读写，并将成为辽阔的查理曼王国的通行标准[1]；该项目由英格兰牧师阿尔昆（Alcuin）主持，此人是查理曼宫廷学校的校长，坐镇法兰克都城亚琛（Aachen，今处德国西部）。阿尔昆大概选择了当时已有的一种较好的半安色尔字体，并加以美化，从而创造出了新的官方手写体，即现代学者所称的加洛林小书写体——"加洛林"（Carolingian）用作形容词，指查理曼王朝，"小书写体"（minuscule）则通常意为"较小的"或"次要的"。新字体更清晰易读，但小于其他日用字体，也小于其他正式的书写体，如安色尔体或方正体大写字母。它是"次要的"，因为在文字的等级体系中，日用字体的地位自然低于安色尔体和其他书写体。

在查理曼所有的文明功业中，一直有人认为，加洛林小书写体最能彪炳史册，因为从中发展出了我们今日所用的小写字体。安色尔字体采用了七个字母的改良体，半安色尔字体又采用了七个，加洛体字体承继了这一传统，并发扬光大，令几乎所有字母都有了独特的、易辨认的字体，并发展为日后的印刷体小写字形。

九世纪期间，查理曼的新字体凭借自身的优势大获成功。它在空间和用材上更为节省，写起来得心应手——大部分字母都能连续地一笔书成——读起来亦赏心悦目，其品相高贵，足以得到举荐，同时用做正式的书写字体。很快它便取代了安色尔体，成为西欧主要的拉丁文书写字体。（我们现存最早

1　尽管如此，查理曼本人却似乎是个文盲。艾因哈德（约七七〇～八四〇）如此记载查理曼："他还努力学习书写，为了这个目的，他常常把用来写字的薄板和纸张带在身边，放在卧榻的枕头下面，以便在空闲的时刻使自己习惯于写字。但是他对这项陌生的工作开始得太晚了，因此几乎没有什么进展。"（《查理大帝传》，商务印书馆，一九七九年）

的德语图书，是一本《福音书》的诗体译文，约成于八六五年，恰好以加洛林字体写成。）

风水轮流转，十一世纪和十二世纪期间，加洛林字体也成了明日黄花，让位给了数种新兴字体。但是，到了十五世纪早期的意大利，它又戏剧性地从故纸堆中东山再起，继而启发了一种全新的意大利书写风格，称人文主义流派，它早在古登堡的印刷所之前三十年便已出现。十五世纪六十年代后期，意大利的早期印刷商选择人文主义字形，作为新生的"罗马"印刷体中第一代小写字体的设计模本。

加洛林小书写体便这样东山再起，成了印刷时代的头号"书体"（可以这样讲吧）。如今在我们的图书、报纸和杂志中，这种古老的字形是传文达意的日常载体。很快我们就会在第 184 页看到一页加洛林体手稿的图片。

● **英语的诞生。**大约公元四五〇年到五〇〇年之间，人称盎格鲁人、撒克逊人和朱特人的一些日耳曼部族侵入了罗马治下的不列颠，占据了福斯湾（Firth of Forth）[1]以南的大部分疆土，只有西部山区的一些武装飞地得以幸免。入侵者讲的是一种日耳曼语，与现代荷兰语、德语和丹麦语等语言有远亲关系。一俟盎格鲁人及其他部落在不列颠立足，出于史学研究的目的，其语言便被称为"古英语"了。我们可以把它想象成现代英语的"日耳曼爷爷"。

公元六世纪时，侵入罗马治下高卢（今法国）的日耳曼部族法兰克人却被同化，采纳了战败原住民的拉丁方言（未来的法语），但这种情况未发生在盎格鲁-撒克逊人身上；他们的语言虽为新客，却入主了英格兰。这种语言学上的夺权之所以发生的原因之一，是罗马不列颠人在战败后的全面撤退：他们或渡海到了高卢，或退避今称威尔士的西部高地，其凯尔特语元素在传统的威尔士语中至今犹存，在威尔士北部的许多家庭和公共场合，它仍然是第一口语。

盎格鲁-撒克逊人——或如我们今日所称，英国人——也许带来了他们自己的字母表：古代北欧的鲁纳字母（runes）。鲁纳字母表未必（像现代电影和电脑游戏所表现的那样）充满了魔力或邪恶，它由大约二十四个字母组成，契合日耳曼语音，字形棱角分明，便于刻木而书（在森林密布的欧洲，

---

1 福斯湾位于不列颠岛东北部，爱丁堡即临福斯湾。

木头就像"便条纸"一样）。每个字母都是一个"鲁纳"——此乃日耳曼词汇，现代学者将其解读为"秘密"或"划刻"。有理论认为，鲁纳字符可能是公元前三〇〇年前后，由阿尔卑斯山区的一个部族从埃特鲁斯坎字母表改编而来。鲁纳字母似乎用于商业和通信，并偶尔用于巫术，这一点与其他早期字母表颇为相像。对现代研究而言，由于木材易朽，几乎所有的鲁纳字母文字都已不复存在。大约有五千份铭文得以幸存，主要是石刻碑铭，以及划刻在金属器物上的物权宣示，年代约为公元一〇〇年到一六〇〇年之间。其中大部分出自瑞典；一千件出自挪威；约七百件出自丹麦；其余主要出自德国、不列颠群岛和爱尔兰。盎格鲁－撒克逊人的英格兰有七十件。

与盎格鲁－撒克逊人的鲁纳字母表并行——但很快取得统治地位的，是始自公元六〇〇年前后的盎格鲁－撒克逊罗马字母表。尽管罗马治下的不列颠属民已经使用了罗马字母，但盎格鲁－撒克逊征服者看来要等到基督教传教士从欧洲大陆到来后，才学会了ABC。（英国的盎格鲁－撒克逊人最初是异教徒。）英格兰最早的罗马字母表有大约二十七个字母，包括四五个附加符号，用于某些超出传统罗马字母表达范畴的英语语音。附加字母中，有两个是鲁纳字母：一个叫thorn，表示英语语音"th"，另一个是wyn，表示发音"w"（罗马字母表中此时还没有W）。因此，thorn和wyn便在古英语的鲁纳字母表和罗马字母表中双双现身了；它们也将与其他字母的历史纠缠不清，比如Y和W。

现存最古老的英语文献出自公元六〇〇年前后，是以罗马字母写成的数段《圣经》，当时译自拉丁文。而后是七世纪后期的一些宗教和法律文书，以及诗歌。长达三千一百八十二行的史诗《贝奥武甫》（*Beowulf*，意为"熊"〔bear〕，主人公的名字）是古英语文学的精品，显然写成于七二五年左右——尽管故事发生于六世纪早期，而我们现存唯一的一份手稿大约出自一〇〇〇年。

一〇六六年诺曼人的征服，彻底改变了英格兰社会及其语言。英格兰接纳了一个讲法语的诺曼统治阶级；诺曼人及其后裔把持着财富和权力，人数却远远少于盎格鲁－撒克逊人，后者只能务农、做工，有些人进入了中间阶层。在这种境况下，古英语没有死掉，也没有一成不变地继续前行。它逐渐混入了诺曼法语的特点，并从十二世纪开始，实质上变成了一种新的语言，我们称之为中古英语。这是伦敦诗人杰弗里·乔叟（约一三八〇年）所用的语言。中古英语再进化为现代英语，学界通常将其开始年代定在一五〇〇年，并在约一六六〇年进入成熟期。

中古英语混合了英语和法语词汇，以及英语和法语的语音；法语拼写规则和法语字母的用法，为英格兰的诺曼僧侣和教师所用，因而居于统治地位。不仅仅是词汇在变，英语字母本身也经历了变化，其前进的方向，我们或可称之为越来越摩登了。

例如，到一三〇〇年前后，鲁纳字母 wyn 便从英格兰的罗马字母表中消失了，驱逐它的是诺曼字母 W。还有古英语字母 U，本来常用于书写，且有多种发音，此时在一些拼写中，已被更具诺曼色彩的 O 或 OU 所取代——因此，古英语的 sunu（发音为 "sun-uh"）变成了中古英语的 sone，继而变为 "son"（儿子），而 hus（发音为 "hoos"）则变成了 hous，继而变成 house（房子）。不过，古英语的 sunne 独独得以保留，最终发展成了 "sun"（太阳）。

与此同时，诺曼法语将本来不为盎格鲁–撒克逊人所知的数种发音也引进了英语。其中包括法语元音的某些变化（例如，A 和 O 已将日后的发音集于一身），以及罗曼语音 "j"（如英语的 "jolly"〔愉快的〕，来自古法语的 jolif，意为 "活泼的" 或 "漂亮的"）。中古英语将发音 "j" 写成字母 I（辅音）或 G（软音），但是再过一百年，"j" 将催生出字母表中一个全新的字母 J。与 J 同时出现的还有另一个新字母：V。J 和 V 一起，紧随在 W 之后而来，并作为最后几个字母，让古罗马字母表的二十三个字母壮大成我们的二十六个字母。W 在十六世纪晚期进入我们的字母表，但 J 和 V 要获得完全的承认，还得等到十九世纪中叶。

从理论上来说，现代英语包含大约五十万个单词，其中至少有五万个在现代出版物中定期出现。这五万个单词里，包括来自多种语言的外借词——日语、意第绪语、古代希腊语等等——但最大的两个组成部分是古英语和古法语，两者所占的比重不相上下。中世纪期间，由于混合了法语，早期英语的词汇数量猛增了一倍，从大约一万二千词增至当时的二万四千词。在我们的现代词汇中，大部分拉丁语源的词都是经由中世纪法语而来，但也有少数词汇（如 momentum〔动量〕、apparatus〔仪表、装置〕）是后来借用的，以用作科学或其他技术类词汇。

（作者按语：此处所讲的古英语中，还有少量词汇并非 "纯正的" 英语，而是公元八〇〇年到一〇〇〇年左右，通过维京人在英格兰的定居和贸易活动，由古诺尔斯语〔Old Norse〕借用至古英语的。在此类斯堪的纳维亚词汇中，有我们许多带 "sk" 的单词，如 "skill"〔技巧〕、"skin"〔皮肤〕和 "bask"

〔晒太阳〕。）

　　若就法语语源和英语语源的单词做一番比较，我们便可领悟中古英语的社会背景。正如苏格兰小说家沃尔特·司各特（Walter Scott）爵士在所著《艾凡赫》（*Ivanhoe*，一八一九年）中所观察到的那样，牲口们活着的时候，往往都是英语名称，因为饲养它们的都是英格兰农民，而它们一旦上了餐桌，就是法语名了，因为吃吃它们的是诺曼主子。于是英语的"sheep"（羊）、"cows"（牛）、"calves"（牛犊子）和"swine"（猪），一旦被宰杀，做成了菜，就变成了法语的"mutton"（羊肉）、"beef"（牛肉）、"veal"（小牛肉）和"pork"（猪肉）。罗伯特·克莱本（Robert Claiborne）在所著《我们的绝妙母语》（*Our Marvelous Native Tongue*，一九八三年）一书中，举出了其他例子。盎格鲁-撒克逊人住的是"cottage"（农舍，小屋），诺曼人住的是"mansion"（大厦，官邸）、"manor"（庄园）和"castle"（城堡）。盎格鲁-撒克逊人租种"croft"（薄田）；诺曼人则拥有"farm"（农庄），可将其田地"lease"（出租），以供"rent"（承租）。盎格鲁-撒克逊人干"work"（活儿），诺曼人拿"profit"（利）。不过，诺曼人也会"劳动"（labor）一番，从事某些"appropriate"（适当的）"pursuit"（工作），如"war"（战争）、"government"（政府）或"study"（研读）。

　　虽有某些例外，但我们用以表达生活必需品和其他基础经验的词汇往往来自古英语，而源自法语的词汇所表示的活动，往往更知识分子化、更休闲、更专业，或是更有利可图的活动。古英语给我们提供的有：heaven（天堂）、hell（地狱）、life（生命）、death（死亡）、love（爱）、hate（恨）、day（日）、night（夜）、food（食）、sleep（睡）、summer（夏）、winter（冬）、mother（母）、father（父）、husband（夫）、wife（妻）、earth（地）和home（家）。而法语给我们带来了这些例子：president（总统）、parliament（议会）、council（委员会）、rule（规则）和state（国家）。baker（面包师）和shepherd（牧羊人）都是英语；banker（银行家）和doctor（医生）则是法语。法国美食的优势在下面这些词中得到了承认：boil（煮沸）、broil（烤）、fry（油炸）、grill（烤架）、roast（炒）、sauce（酱）、soup（汤）、stew（炖）、toast（敬酒）、dinner（晚餐）和table（餐桌）（而cuisine〔烹饪〕和menu〔菜单〕是中世纪以后的外借词）。

　　英语中某些法语词汇的意义与古英语词义相同；语言学家称这种词对儿

为"骈词"（doublet）[1]。早就有人注意到，骈词中的法语词通常比古英语词更超然，或更具普遍意义。对比一下下面这些词对儿，源自古英语的单词居前：freedom 和 liberty（自由）、love 和 affection（爱情）、lust 和 desire（欲望）、glee 和 joy（欢乐）、insight 和 vision（见识）、truthfulness 和 veracity（诚实），以及（前面提到过的）work 和 labor（劳动）。英语词也许与物理状态更为契合（如"deep water"〔深水〕），而法语词更重精神状态（如"a profound essay"〔一篇深刻的文章〕）。古英语长于个人或内在效果，据统计，也更受诗歌或演说辞的偏爱。例如，富兰克林·罗斯福总统一九三三年对大萧条时期的美国如此说道："The only thing we have to fear is fear itself."（我们不得不恐惧的只有恐惧本身。）句中所有单词都源自古英语。

骈词造就了英语最大的优点之一：词汇量的 richness（"丰富"，源自法语）或 wealth（"丰富"，源自古英语）。单词事先已各具轻重缓急的不同，从中选择时，英语往往能立刻捕捉到其意义上的细小差别。它还可以变换用词，以避免重复。

英语这两大不同语源，对其语音和字母亦有影响。独一无二之处在于，我们的语言将西欧两大语族——日耳曼语和罗曼语的因子集于一身。作为日耳曼语的一种，英语却采纳了某些罗曼语源的发音，如日耳曼语中不存在的"j"。（大部分德国人一开始读英语的"Germany"〔德国〕时，都说不利索，老是要把它说成"Chermany"。）字母 K 和 C 也是个问题，德国和北欧语言在拼写中对简简单单的 K 青睐有加，对 C 却不理不睬。而在罗曼语的拼写中，情况却正好相反：C 足以满足法语和意大利语的大部分需要，而 K 几乎是多余的，它主要用于外语借用词。英语却能脚踏两只船。我们喜欢带 C 的拼写，而且像中世纪法语教给我们的那样，也在 E、I 或 Y 之前使用软音 C。但我们对 K 也十分倚重，与法语不同，我们有许多词，都在 E、I 或 Y 之前有"k"音——kennel、kin、picky[2]——而 K 是表示此音的唯一方式。

1　doublet，《英华大词典》解作"（同源异形或异义的）同源词"，《牛津英语字典》（OED）对此的解释是，（同一种语言中的）两个词词源相同，但形式有别，如 cloak 和 clock、fashion 和 faction。观文中词例，未必同源，为免生歧义，故暂借旧称"骈词"代之。

2　kennel ['kenəl]，狗窝；kin [kin]，亲戚；picky ['piki]，吹毛求疵的。

● **印刷术的传播**。实用印刷术由德国美因茨的金匠约翰·古登堡发明于公元一四五二年，这是世界历史的一座里程碑。古登堡的发明，与一四五三年奥斯曼土耳其对君士坦丁堡的占领一起，通常被历史学家视作中世纪结束，以及文艺复兴成熟期或现代时期开始的标志。关于早期印刷术的话题，可见第 213~216 页的史实部分。

现代英语的诞生可回溯至公元一〇六六年十月的一个下午，发生在英格兰南部海岸的一场血战。在布赖顿（Brighton）以东三十英里的黑斯廷斯战役中，一支操法语的侵略军，约五千人马，在诺曼底公爵威廉（Duke William of Normandy）的率领下，击溃了英王哈罗德（Harold）的七千英格兰守军，威廉因此赢得了英格兰王位。这是入侵行动中仅有的一场大战，却是最具深远意义的历史事件之一：随着此后诺曼法国人和盎格鲁–撒克逊人两大社会的融合，一场国家和语言的变革也即将出现。

本图出自著名的巴约挂毯（Bayeux Tapestry），表现战役开始时，马背上的诺曼骑士逼近英军的盾牌防线。英军尽管装备落后，准备不足，却直到诺曼人佯装撤退，诱使他们自乱队形，陷入埋伏，且哈罗德国王也已死于混战之后，才输掉了战斗。

这幅挂毯——从技术上来说，不能算作织毯，因为画面是绣上去的，而非编织而成——与该战役同一时代创作，传统上一直保存在法国西北部的巴约，那里曾经是诺曼人的中心。一条七十米长的亚麻布幔上，用染色的羊绒线绣着七十余幅生动的场景，描绘了入侵的背景和主要事件，尤其是此次战役；上下两条边亦有装饰图案或附加的图形；连续排列的字母，系以拉丁文做简要陈述。图中所示之拉丁文为：contra Anglorum exercitum（最后一个字母 M，用了 V 形字母 U 中间的一横来表示）；此乃下面这个整句中的最后几个字，翻译过来便是："威廉公爵鞭策其人马，鼓足勇气，提高警惕，以备与英军一战。"

一个迷人的、华丽的大写字母 H，位于《格朗瓦尔圣经》（*Grandval Bible*）之《出埃及记》的开篇。详见第 186~187 页补白。

H
一息尚存

H 能迈进字母的行列，真可谓如履薄冰！ H，我们的第八个字母，也是我们"最微不足道"的字母。问题就在于它的发音。

其他所有字母表示的声音，都是通过呼吸与声带、喉、舌、齿或唇等器官的相互作用而发出的。试想一下 A、K 或 M 的发音。H 也可以声称自己经过了呼气的步骤，但也仅此而已；与众不同的是，它的声音与其他发音均无关联。

由于语音之弱，随着时间的流逝，H 便逐渐从英语和其他语言的词汇中黯淡下去了。数百年来，H 还成了语法学家争论的主题，这争论令它蒙羞，甚至谈到了它到底算不算字母表中的一员。尽管我们把 H 归为辅音字母，但它也可同时被视为一种非字母的东西：一个"送气音"（aspirate），或是出声的呼气。

字体的座次

这个迷人而华丽的大写 H，是《出埃及记》的头一个字母，出自中世纪的手抄本《格朗瓦尔圣经》（因曾经拥有它的一座瑞士修道院而得名）。此珍贵手稿于公元八四〇年前后，笔录于法国中西部图尔（Tours）的圣马丁修道院，现藏伦敦的不列颠图书馆，乃加洛林小书写体的典范。大约公元八〇〇年到一〇五〇年间，这种字体是西欧最重要的拉丁文手写字体。加洛林小书写体为法兰克国王查理曼所督创，注定要在数百年后，为我们现代的印刷体小写字母提供灵感。（参见第 177 ~ 178 页和第 213 ~ 216 页。）

并非每一页用的都是加洛林体，而是分出了字体的座次，并各归其位。标题的三个词——意思是"《出埃及记》由此开始"，乃传统的罗马方正体大写字母，模仿古罗马石刻字母的外观。在它下面，紧接着段首的大写字母 H，第一章的第一节以安色尔体书成（参见第 172 ~ 173 页）。

开篇一句为 Haec sunt nomina filiorum Israhel qui ingressi sunt in Aegyptum，"以色列的众子来到埃及，他们的名字记在下面。"（在中世纪的拉丁文手书中，词尾的 M 可以用它前面元音上方的短横来表示。）Israhel 一词里有个安色尔体的 H，样子不同于篇首的方正体大写 H。安色尔体 h 的形貌，代表着我们现代小写字母 h 发展过程中的最初阶段。

安色尔体的这一段很短，第二节以后的文本便转用加洛林小书写体。尽管字形很小（既节省空间，又节约纸张），但非常明晰。请注意某些字母，如 B、G 和 N，其加洛林体和安色尔体的不同，加洛林字形普遍更接近现代的印刷体小写字母。（有个例外，加洛林体长长的 S 与 f 的样子颇为相像，很容易混淆。）再留心一下句尾，看看句号和空格的系统化使用，以及下一句第一个单词加大的起首字母。

H 的古怪名称也无助于其边缘地位。为什么叫 aitch 呢？大多数英语字母都以其发音命名；辅音字母的名称，往往由其本身的发音再加一个元音组成，如 bee、jay、en、ar。照此说来，H 应该叫 "hee"，或是 "hay" 才对。可是不然，aitch 的名称里甚至连 "h" 这个音都没有。其他字母中，只有加大的字母分三类。最常见的是"放大"（writ large）的加洛林小书写体——其字母与其他文字一样，但笔画略大。不过，也有相当一部分大字（第二类）是安色尔字母，夹杂在小书写体中。还有几个（第三类）是方正体大写字母。在这一时期的《圣经》中，每一章新经文的篇首字母通常都要写成单个的大写方正体：实际上，"chapter"（章）和"capital"（大写字母）这两个词之间是有关联的。同样，安色尔字母也用于每章经文内新一节的节首。

因而，在此图中，第一章第二节（大号 H 的正下方）的开头，便是一个安色尔体的 R，Ruben（流便）的 R——与四个单词之后加洛林小书写体的 r 样子不同[1]。再往右上方看，在右边一栏，有个大写的 E 赫然出列，宣示着第二章的第一个词：Egressus（出去）[2]。再过两行，其正下方有个安色尔体的 E，表示第二章第二节由此开始。这个安色尔体的 E 与方正体大写的 E 和邻近的加洛林体的 e 都不一样。

字母的三种大小，代表着三级座次。安色尔体比加洛林体大。但更大的还得属方正体大写字母，其中最大个的是此书的篇首字母——如图中的 H。

从这种层次结构中，我们看到了现代文本处理方式的雏形：每个字母可用的都不只一种形貌和大小，依据特定规则，在一页之内可有多种变化。现代出版物主要使用两类：大写和小写。在《格朗瓦尔圣经》中，句子开头加大的加洛林体或安色尔体字母，正是我们现代句首大写字母的开端。

---

1 Ruben Symeon Levi Iuda Isachar……：有流便、西缅、利未、犹大、以萨迦……

2 Egressus est post haec vir de domo Levi accepta uxore stirpis suae：有一个利未家的人（出去）娶了一个利未女子为妻。

一两个的名称里没有相应的发音：W 的名称，至少从外观上看，还算是那么回事儿，而 Y 的名称虽然缺少辅音"y"，却恰恰包含了该字母的元音发音"i"。H 的名称用意何在呢？

首先是分类的问题。大约公元五〇〇年，在宏伟的君士坦丁堡城中，权威的拉丁语语法学家普里西安（Priscian）判定，H 不能算真正的字母。在所著《语法基础》(*Principles of Grammar*) 里，普里西安借鉴了此前几个世纪积累下来的拉丁语学术成果，仅仅把 H 定义为一个词汇拼写符号，用以表示前后相邻字母的呼气音。普里西安（及其前辈）已经掌握了 H 最迷人的特质：它好像一视同仁，既要料理自己的声音，也关心相邻的发音。

所有的辅音，均在一定程度上对相邻的字母有所依赖。辅音通常要倚靠着元音，方可表现自己的声音。例如 T 的发音，它本身模糊不清，但若把它与某一元音，或是一个适当的辅音连缀（如 "put next to" 句中诸词），它自会发音清晰。H 是最极端的一个：它自身几乎是无声的。要想清晰可闻，H 便需要 A，组成 "hat"，或 E，组成 "adhere"，或 W-E，组成 "when"（此词在在古英语中拼作 hwenne，发音也是 hwenne，更清晰地显示出 H 的功用 [1]；现代英语中大多数以 WH- 开头的词，最早都是拼作 HW- 的）。

然而在 "hat" "adhere" 或 "when" 中，你也可以说，H 只不过修饰了另一个字母的发音，给它增添了少许气息。就此而论，H 确实没有必要被视为正儿八经的字母。在一份与我们所用略有不同的字母表中，H 完全可以表示为音质记号，加在另一个字母头上。

拿 "hill"（小山）这个词来说吧。要是把 H 变成一个音

1　hat [hæt]，帽子；adhere [əd'hiə]，黏附；when [hwen]，何时。

质记号，放到 I 头上，我们大概也不会觉得有什么不便。我们仍然可以把这个词读作"hill"，只不过要写成类似"îll"的样子。同样，"rehab"（修复）一词也可写成"reâb"。而"when"可以写成"ŵen"，或是"wên"。

现代希腊语差不多就是这么做的。希腊文字没有把"h"音表示为字母，而是一个音质记号，置于应加重呼气音的另一个字母的头顶或一侧。此重音是常规用法，即便音译自希腊语且包含 H 字母的英语词汇，如"Heracles"（赫拉克勒斯）[1]或"Rhodes"（罗得岛），也是如此。这些词汇的希腊语拼写没有 H 字母，只有音质记号。

很久以前，古希腊人确曾有过一个 H 字母，它是我们 H 的先祖。不过，古希腊人最终发现，把这个音从字母行列中拿掉，并给符号 H 重新分配一个不同的发音，会更为经济。

勿需惊奇，H 在罗马人和希腊人眼中的卑微地位，对后世的观念产生了影响，尤其是欧洲那些狂热的希腊语和拉丁语爱好者。文艺复兴时期的法国学者和字体设计师若弗鲁瓦·托里（本书第 58 页有述）便是其中之一。在他一五二九年论及字母表的精彩著作《字母的科学与艺术》中，托里对 H 的论述虽语气温和，但观点坚定："此送气音非字母也；尽管如此，它还是破格得到了字母的地位。"

---

1 Heracles 在古希腊语中写作 Ἡρακλῆς，读音近似"埃拉克赖斯"；现代希腊语为 Ηρακλής，读音近似"伊拉克利斯"。

这种情绪一直蔓延到二百年后，至少迈克尔·梅泰尔（Michael Maittaire）这样的老派学者依旧耿耿于怀。他是英国的希腊语和拉丁语专家，写有一七一二年的《英语语法》（*English Grammar*）。引人注目的是，在绪论一章，梅泰尔没有将 H 与其他字母一起叙述；相反，他把 H 单挑出来，放进了随后一章。他对此傲慢地解释说："H 实非字母；其用法将在'音节书写符号'中，与其他记号一并讲授。"

尽管如此，H 仍有其卫护者。英国剧作家、诗人和学者本·琼森（本书第 106 页已述及）即其中之一。琼森一六四〇年的《英语语法》对 H 不偏不倚。一方面，他回避了 H 是不是字母的问题：在对诸字母的介绍性综述中，琼森没有按照字母表顺序来讨论 H，而是把它留到最后，放在 Z 后面，这也等于承认了 H 身上的疑问和问题。然而他的说法还是肯定性的：不管名分如何，H 对我们其他字母——所有元音和部分辅音——的正确发音来说，都是必不可少的。

"H，不管它算不算字母，已尽受古人研究，又遭某些希腊人极力诋毁，被逐出字母表，原因在于它仅仅是个送气音……然而，无论它是字母还是幽灵，都在我们的语言中用处巨大，在元音之前如此，之后亦然。尽管我不敢说她（就像我听到有人对她的称呼那样）是'辅音的王太后'，但她源自希腊语的送气音 rh，正是 c、g、p、s、t、w 和 r 生气与活力的由来。"

琼森在此处所指，是 H 在与其他辅音形成七种组合——

CH、GH、PH、SH、TH、WH 和 RH——时所起的作用，包含上述组合的词汇大多源自古英语，也有些来自古希腊语，如 cheat、sigh、telephone、shape、that、what、rhapsody。这七种组合有着各不相同的复杂历史；在古代，它们当中的"h"音普遍比今日更为明显。至于现代英语的发音，我们可以说，H 丰富了相伴的辅音（如 what、rhapsody），或与之一起成为哑音（如 sigh），或与之组合成一个全新的发音（如 enough、cheat、telephone、shape、that）[1]。

在理想的情况下，像"sh"这样的发音，应该有属于自己的单个字母。（例如，希伯来语中就有，俄语中的"ch"也有自己的字母。）不过，对 SH、CH 或 OI 这类双字母组合的依赖，是书面英语的一个基本特性，也是英语得以"节约"字母的一种方式。即使有二十六个字母，我们的字母表在涵盖大量的英语语音时，也显得捉襟见肘。

多亏有这种字母组合，H 才得以高居(high)使用率的前列。在英语出版物中，它大概排在最常用字母的第九位，与 R 差不多，略高于 D。然而，根据一份对英语口语所作的分析，"h"音的排名便很低了。它在英语口语发音中所占的份额还不足百分之一点五。显然，H 的大部分作用在于书面的字母组合。

H 并不总是如此复杂。在公元前一〇〇〇年的腓尼基字母

1　what [hwʌt]，什么；rhapsody ['ræpsədi]，狂想曲；sigh [sai]，叹气；enough [i'nʌf]，足够；cheat [tʃi:t]，欺骗；telephone ['telifəun]，电话；shape [ʃeip]，外形；that [ðæt]，那。

表中，这个排名第八的字母发喉音，类似德语"Bach"（溪流）里的"ch"。和所有腓尼基字母一样，这一发音也见于其字母名称的起首音。该字母叫 khet（读音类似"kate"，其中 K 带呼气声，且浓重有力。）此名称在腓尼基人的闪米特语言中，或许意指"围栏"。

与此同时，腓尼基口语中的"h"音，是由一个不同的字母来表示的。它名叫 he（发音同"hay"），排在字母表的第五位。今天，he 已变成我们的字母 E，仍是第五个字母，khet 则成为我们的 H，仍然是第八个字母。

公元前八○○年左右，希腊人袭用了腓尼基字母表，he 和 khet 经过修正，都成了希腊字母。希腊人把不常用的 he 改成了他们的元音 E，称之为 epsilon。然后，为了表示"h"音，希腊人转而求助于腓尼基人的第八个字母 khet，因其发音至少还与"h"相近。希腊人给 khet 重新分配了"h"音，并把它的外国名字改为听上去更希腊化的名称。这一古希腊字母传统上叫作 eta（发音为"eight-a"），但它最早的名称无疑是heta（音同"hate-a"），表示发音"h"。上述两个名称在希腊语中，除了代表两个字母之外，均无实际意义。从字形上看，这一早期希腊字母与腓尼基人的 khet 颇为相像。

希腊人表示发音"h"、排在字母表第八位的 heta，约在公元前七○○年传到了意大利，最终进入了埃特鲁斯坎人和罗马人的字母表。与此同时，在希腊文字的一个远方支系，小亚细亚西海岸的"东希腊文"（East Greek）中，也在发生着变化：其中的 heta，将被重新定义为元音字母 eta，用以表示希腊语中的长音 E。东希腊字母表，连同其元音 eta，在公元前四〇〇年左右被文化勃兴的城市雅典采纳，之后逐渐通行于全希腊。使用"h"音的希腊各方言，后来便通过一个音质记号对此加以表示。这一体系也为现代希腊语所继承。

公元前七〇〇年，西希腊文表示"h"的字母，所用字形如日。传到意大利之后，它便为埃特鲁斯坎字母表袭用，仍然位列第八。此后，到公元前六〇〇年左右，此埃特鲁斯坎字母又被新生的罗马字母表袭用。随着时间的流逝——或许是为了模仿所见希腊字母表中字母 eta 形体的进化——罗马字形去除了头顶和脚下的两条横杠，变得好像日了。罗

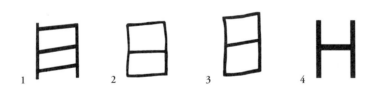

（1）腓尼基人的 khet，意为"围栏"，出自大约公元前一〇〇〇年的一份铭文。Khet 是腓尼基字母表上的第八个字母，发硬音"ch"，一如其名称的起首音。该字母的形貌表示的也许是一段围栏，如畜栏：两根立柱，中间加几条横杆。（2）到公元前九〇〇年，腓尼基 Khet 的形貌变得愈加简单。（3）早期的希腊字母 heta，或 eta，出自大约公元前七二五年的一份铭文。公元前八〇〇年左右，希腊人袭用了腓尼基字母表，作为其中的一员，该字母保留了腓尼基 Khet 的"日"字外形，以及第八位的排序，但表示的是新的发音："h"。（4）大约公元前四〇〇年的雅典式希腊字母 eta。在哲学家柏拉图等人书写所用的"古典"希腊字母表中，eta 形同我们的 H，但用作元音，即希腊语的长 E（音同英语的长 A）。例如第 86 页所示，公元前三三四年的大理石刻"亚历山大国王"碑铭中，可以发现三个这样的元音 eta。在现代希腊语中，eta 表示的是一个更近于"ee"的元音。

马人对他们这一字母的称呼近似 ha（请不要哈哈笑啊），并善加利用。

罗马人的拉丁语中，以"h"音打头的词占有相当的比例。但除此之外，罗马人还开始着手插入 H，把它用作一个"加厚"相邻字母的符号；在把希腊语借词音译为拉丁语时，他们更会如此行事——在基督时代之前的数百年里，希腊的技术和文化思想对罗马社会有着决定性的影响，这些外来词的重要性因此不断增长。

某些希腊字母在拉丁语中没有对等的发音。这样的希腊字母有四个，对此，罗马人感到，他们可以通过写出最接近的拉丁字母，加上一个后附的 H，作为更具喉音或送气音特征的发音符号，来模拟希腊语的发音。如此一来，发音类似送气的 K 或 C 的希腊字母 khi，到了拉丁语中，便不会写成一个单独的 C，而是 C 加 H。这样，便诞生了我们的硬音 CH（如 chrome、chronic、psychic[1]），在现代英语中，它几乎总是出现在源自古希腊的词汇里。

同样，罗马人用 T 加 H 来模仿希腊字母 theta，其发音（对拉丁语而颇为陌生）即该字母名称的起首音。用作送气音的希腊字母 rho，被罗马人写成 RH。希腊字母 phi 则变成了 PH。今天，在"Philip""photo"，或"Anglophile"[2]中，这

---

1 chrome [krəum]，铬；chronic ['krɔnik]，慢性的；psychic ['saikik]，精神的。
2 Philip ['filip]，菲利普；photo ['fəutəu]，照片；Anglophile ['æŋɡləfail]，亲英者。

个希腊化拉丁语的 PH 发 F 音，可是在古代，情况一定不是这样的，否则功利主义的希腊人早把它写成 F 了，他们本来就有这个字母。更确切地说，希腊语 phi 的发音介于 P 和 F 之间，结合了 P 的爆破音和 F 的摩擦音，用的是一种我们现已失传的方式。

有了与上述四个希腊字母相对应的书写方式，西塞罗时代的罗马绅士便可以去听 philosophia（哲学）演说或 rhetorice（辩论）竞赛，观看 theatrum（剧院）的演出，出外欣赏某些 architectura（建筑），或是参与其他上百种泊自希腊的活动（及其用词）——并且用拉丁语写下来。

时间快进到大约公元一二〇〇年。在诺曼人统治下的英格兰，诺曼族裔的僧侣和教员，面临着将本地英语词汇音译为纯正罗马字母的任务，于是借用了昔日罗马人使用 H 的窍门。在单词拼写时，他们给另一个字母加上 H，以此表示发音"更为厚重"。

传统的盎格鲁-撒克逊文字在所接受的罗马字母之外，还使用着大约四个特殊字母，以表示某些特定的英语发音。诺曼当局力图阻止并根除这些英语字母，于是倚重 H 来进行替换。这样一来，英语里大量存在的"th"音（如"thus""the"等等），此前常常写成单独的、名叫 thorn 的英语字母[1]，这会儿便要由那双字母的 TH 来表示了，这与古罗马将希腊语转为

1　即古英语、古诺尔斯语、古瑞典语和冰岛语中的 Þ / þ。

拉丁语的过程一模一样。

　　同样，英语里带送气音的"g"或"y"音（一度由英语字母 yogh[1] 来表示），也在拼写时换成了 GH。然而，此后英语发音上的全面变化，给 GH 带来了霉运，它被遗落了。本来，在"sight""although""cough"或"enough"这些词中，诺曼人的 GH 拼写还是反映了中世纪的发音的。可是，这些发音后来都发生了不同程度的变化，今天，英语里整个的 GH 词汇家族，其拼写都是出了名的音形不一——这也让爱尔兰作家萧伯纳这样的语言纯化论者感到无能为力（详见第 138 页）。

　　我们其他的 H 组合，SH、WH 和软音 CH，同样发明于中世纪。软音 CH（如 cheese、latch）代表着古英语的一个发音，最初用 C 的一个变体来书写。诺曼当局为了让英语拼写向法语看齐，引入了 H，就像它在法语词 char（两轮马车）里面一样。诺曼人的 CH，不管在英语还是在法语里，都注定要在软音 CH（如 cheer）与硬音 CH 之间引起混淆，后者多为有希腊－罗马背景的词汇（如 choir、chorus）[2]。

　　含混不清的 CH 要算英语拼写中最令人讨厌的特点之一了。举个例子，你该怎样读航空术语"Mach number"[3] 呢？（提

1　即古英语中的 ȝ / ʒ。
2　cheese [tʃiːz]，乳酪；latch [lætʃ]，插销；cheer [tʃiə]，欢呼；choir ['kwaiə]，合唱团；chorus ['kɔːrəs]，合唱。
3　Mach number，马赫数。但在英语中，Mach 的发音是"马克"：[mɑːk]。

示：这是个 hard〔硬 / 难〕问题）。

    H 最大的特色，也许便是发音易于衰退，尤其是在词首。这一点在罗曼诸语言中表现得非常明显：早期拉丁语曾大量存在的"h"音，在拉丁语后辈语言中几乎已消失殆尽。在现代西班牙语和法语里，H 只剩下一个空壳，仅见于 honor 和 honneur 等词汇，但完全不再发音——尽管"h"这个音（我们仍称之为"h"）确实存在于西班牙语中 J 和软音 G 的发音。在大多数继承下来的拉丁语词汇前面，意大利语的拼写则将 H 完全略去，因此才有了 orribile、onore 和 eròico[1] 这些意大利语单词。法国人或意大利人讲英语时，在口音上的一大特点，不是漏读"h"音，就是很难发出此音。

    显然，这些词首的"h"音，甚至在罗曼诸语言诞生之前很久便消失了。在罗马帝国治下，平民百姓的拉丁语口语发生了全面变化。现代学者通过研究碑铭上词汇拼写的不同，已将"h"的没落追溯到了公元二〇〇年之前。

    英语词首"h"的流失程度有轻有重——在正式发音和拼写中较轻，在日常口语中较重。词首的"h"是古英语的一个重要特征。今天，古英语的此类遗产在无数词汇中得以存留，如"happy""heart"和"hearth"，其中的 H 可谓永留"home"（家

---

1 orribile、onore 和 eròico，分别对应着英文中的 horrible（可怕的）、honor（尊敬）和 heroic（英雄的）。

园）。不过，在那些法语－拉丁语起源的词汇中，英语还是继承了一个有时弱化的 H。我们所有以哑音 H 开头的词汇，均来自中世纪法语：heir、honest、honor、hour，以及（美国的）herb 和 homage[1]。

在中世纪的某一阶段，词首的 H 实际上从古法语拼写中取消了，这一趋势也影响到诺曼人统治下的英格兰，此地当时也在说着、写着法语词汇。尽管 H 后来又普遍回归，但仍有少量现代英语词汇的拼写，一直没有寻回原来打头的 H。这些词包括 "able"（最早出自拉丁语的 habilis）、"ostler"，意思是马夫（出自 "hostler"，或是 hostel、hotel 的 host）[2]，以及 "arbor"，意指一种花园，出自古法语的 herbier（而非拉丁语的 arbor，意思是 "树"）。

与此同时，在英语口语中，H 经受了更大的冲击。例如，我们很多人在自然地说出 "an historian who has written a history book"（一位写过一本历史书的历史学家）时，也会自然地读出 "history" 的 H 音，对 "historian" 却不然。之所以如此，是因为如果 H 处在一个非重读音节之首（如 "historian"），我们会下意识地对其 "阻滞力" 心生疑虑：我

1　happy ['hæpi]，快乐的；heart [hɑːt]，心；hearth [hɑːθ]，炉边；heir [ɛə]，后嗣；honest ['ɔnist]，诚实；honor ['ɔnə]，荣誉；hour ['auə]，小时；herb [əːrb]，英音 [həːb]，香草；homage ['(h)ɑːmidʒ]，英音 ['hɔmidʒ]，尊敬。
2　这几个词的意思都与 "客栈" 有关，ostler 意思是（客栈的）马夫，hostler 也是马夫，而 hostel 和 hotel 均为客栈、旅馆之意，host 原意为旅馆业主或招待，后来才有主人、主持人之意。

们往往认为这个 H 不在其位，而是否如此，要看这个以 H 开头的词前面，是不是由一个冠词"a"这样的元音来引导。在出版物中，正确的形式是"a historian"[1]。

美国有些方言，往往会吞掉词首的 H，尤其是那些 H 加长音 U 加 M 一类的词，如：human、humid、humor[2]。纽约城区的口音会把"I saw him"缩减为"I soaw'm"，或是把"I said to him"说成"I sed doer"。

当然，英语口语中词首 H 的消失，最有名的要数伦敦工人阶层的口音，传统上称之为"伦敦土话"（Cockney），它跟伦敦城的东区（East End）联系在一起。从演说家约翰·沃克（John Walker）开始（一七九一年）[3]，英国作家在著作中对此多有记录——对大多数美国人而言，则以萧伯纳一九一三年舞台讽刺喜剧《皮格马利翁》里的伊莱扎·杜利特尔（Eliza Doolittle）最为形象，此剧曾改编为音乐剧《窈窕淑女》，搬上舞台（一九五六年）与银幕（一九六四年）——漏掉词首的 H（如"ello"），正是伦敦土话与伦敦中产阶级口音相比最显著的特征。此外，某些操伦敦土话的人，也会在元音前面加上一个本来没有的 H，听起来就显得矫枉过正了。大约在一九〇〇年一篇没有署名的文章中，字母 H 抱怨伦敦东区佬

1　history ['histəri]，历史；historian [his'tɔ:riən]，历史学家。两者重读音节的位置不同。

2　human ['hju:mən]，人类；humid ['hju:mid]，潮湿的；humor ['hju:mə]，幽默。

3　所指应为一七九一年出版的 *Critical Pronouncing Dictionary* 一书。

把它弄没了，成了"'ouse、'ome、'ope、'eaven；又叫你们这些才高八斗的人放进了 Hexile、Hanguish 和 Hanxiety"[1]。

十九世纪和二十世纪，在阶级界限泾渭分明的英国，口语里的 H 成了广阔的社会分化的一个小小标志。说话时如何使用 H，代表着你属于铁道的哪一边。一九三三年的完整版《牛津英语字典》（*The Oxford English Dictionary*）在 H 条目中有如下释义："在晚近时期，对口语中词首 h 的正确使用，已被视作社会地位的一种示播列。"（名词"示播列"〔shibboleth〕意指"暗语"，见本书 352 页）。

因此，一个英国形容词"缺 H 的"（H-less 或 aitchless）便出现了，它以一种屈高临下的姿态，意指伦敦的工人阶级，或与收入无关的工人阶级出身。伦敦《泰晤士报》一八九四年三月刊出一封来信，对一位太太"把一些'缺 h 的'社会主义者作为客人，带进她丈夫府邸"的政治激进举动嗤之以鼻。一八九三年七月，伦敦法律业的《坦普尔巴杂志》（*Temple Bar Magazine*）刊登了一篇文章，其中有句话令人难忘："卖奶酪的百万富翁让缺 h 的住进穷人的封建城堡。"[2]

萧伯纳的《皮格马利翁》讲了这样一个计划：将伦敦东

---

1 house，房子；home，家；hope，希望；heaven，天；exile，流放；anguish，痛苦；anxiety，焦虑。引文出自 Carolyn Wells 编选的 *A Whimsey Anthology* 一书（一九○六年），以字母 H 的抗议口吻写成，要求东区佬归还它原来的位置。

2 《坦普尔巴杂志》于一八六○年由萨拉（George Augustus Sala）创办于伦敦，至一九○六年停刊，系当时著名的文学月刊，曾刊出狄更斯和柯南·道尔等人的作品。引文出自 Mary Cholmondeley 所著小说 *Diana Tempest* 的第二十二章。

区的卖花姑娘伊莱扎改造成淑女，冒公爵夫人之名，进入上流社会，首先要教会她上流社会的谈吐方式——这一过程需要在她的 H 上下很多功夫。在一九三八年版的电影《皮格马利翁》（并未完全依照萧伯纳的原作）中，伊丽莎必须一遍又一遍、辛苦地练习这句话的发音："In Hampshire, Hereford, and Hertford, hurricanes hardly ever happen."（在汉普郡、赫里福德和赫特福德，从未刮过飓风。）《窈窕淑女》也有类似的情节。

在这咬文嚼字、不亦乐乎的角落之外，H 似乎对现代文化影响甚微，也许原因在于痔疮药"H 剂"（Preparation H）将它占为己有（在青少年电影的对白或类似场合里，该产品的名称始终都是个大笑料）。在化学元素表上，H 代表氢：有了 H-bomb（氢弹）的存在，你能很容易记住这一点，尽管这会让人感到不安。

再来说说 H 奇特的名称。像大多数字母一样，其英语名来自中世纪法语，在公元一〇六六年诺曼人征服英格兰之后传入。其古法语名称是 hache 或 ache ——虽然两种写法并行，但其发音都类似"ah-cheh"，其中的"ch"发软音。今天，其古音与 ache 的拼写，仍在西班牙语 H 的名称中得以存留。

古代法语的"ah-cheh"又是从何而来的呢？有现代理论认为，小写的 h 看起来像一把头朝下的斧子（hatchet），因此在法语里叫"hatchet"（hache，更早时发音同"ah-cheh"）。但还有一种貌似更合理的解释，认为其法语名可追溯到晚期

（1）早期的罗马字母 H，出自大约公元前五〇〇年的一份石刻铭文。该字母由埃特鲁斯坎人袭用自希腊人（公元前七〇〇年），再由罗马人袭用自埃特鲁斯坎人（公元前六〇〇年），依旧排在第八位，并发"h"音。（2）到公元前三世纪晚期，罗马的 H 已经去掉了上下两横。无论就字形、发音，还是字母表排序来看，这个罗马字母此时都与我们的 H 一样了。（3）公元二世纪时石刻的罗马 H。该字形加入了衬线，并将中间一横微调至中线以上，因而效果颇佳——现代字体设计保留了这些细节。（4）安色尔体的 H，出自一本拉丁文福音书，公元七〇〇年前后写于英格兰北部。该字形仍然很像大写的 H，只是其右侧一竖的上半截不见了，但这个安色尔字是我们小写 h 的先声。（5）加洛林小书写体的 h，出自九世纪上半叶，清晰地预示着我们小写的 h。

拉丁语中 H 的叫法，此名虽被人挂在嘴边，却没有留下文字记录。

如前所述，在早期拉丁语中，H 的正式名称或许是 ha。不过，在公元前的数百年间，此名称或许已经非正式地变成了 ahha——第 153 页对此过程有所述及。此后，其拉丁语名称也许又变成了 accha（音同"ah-cha"）。在公元九世纪的古法语中，它渐渐成了 ache（"ah-cheh"）。随着诺曼人的征服，此名称也在英格兰登陆，并变为英语化的发音"aitch"。

小 i 的形状巧妙地融入了画面。此乃
一八六五年一套法国雕版字母画中的一幅。

I

忙忙碌碌小蜜蜂

Imagine the I as a pillar, supporting its substantial share of English in writing and print. （请把 I 想象成一根柱子，支撑着它在英语书写和印刷中所占的重大分量。）现在，数数前一句话里有多少个 I（十六个单词，十二个 I），你便会明白 I 的意思——I 能做什么，I 可能有多忙，不，不是俺，俺指的是 I……算了，别提这茬了[1]。

I 是我们的五大元音字母之一，有统计显示，它在英语出版物最常用字母中排名第四，位居 E、T 和 A 之后。（另有统计数据将它放在第六位，前面还有 O 和 N；这三个字母的数据大致属于同一区间。）I 之所以频繁亮相，应部分归因于

---

1 字母 I 作为单词，意思是"我"或"俺"。

它在动词"is"，以及英语现在分词和动名词词尾的位置。此外，I 还不断出现在与其他元音，特别是 E 的组合里。I 和 E 放在一块所形成的发音，是出了名的又多又杂，比如这些词：varied、sieve、dried、friend、rein、receive、height。就其本身而言，I 有两个主要的英语发音，一短一长，比如它在"tin mine"中的发音 [1]。

短音 I 在各种语言里的发音大体相同，所以我们英语中的长音 I，便显得特立独行：长音 I 在英语里的作用，不同于任何其他欧洲语言。例如，西班牙语、德语或捷克语里长 I 的发音，均如"sea"的尾音（如西班牙语中的 si），而不是"sigh" [2]。这些语言也许用得上"sigh"里面的元音，但不是把它写成"I"，而通常是"EI"的组合。例如德语的 drei（发音同"dry"），意思是"三"。

长 I 的"ee"音是最早，也是最正宗的，可以回溯到希腊语、埃特鲁斯坎语和拉丁语这些古代欧洲语言。英语之所以与众不同，盖因公元十五世纪到十六世纪期间，英格兰出现了英语元音发音的神秘变动。在此之前，中古英语里的长音 I，发音明显更接近"ee"。"life"这个词通常拼写为"lif"，发音或同"leaf"。同样，中古英语里 I 的名称——源自古法语，

1　varied ['vɛərid]，各种各样的；sieve [sieve]，筛子；dried [draid]，干燥的；friend [frend]，朋友；rein [rein]，缰绳；receive [ri'si:v]，收到；height [hait]，高度；tin [tin]，锡；mine [main]，矿。

2　sea [si:]，海；sigh [sai]，叹息。

效仿该元音的长音——更像是"ee",而非"eye"[1]。现代法语中,此名称的发音仍然是"ee"。

I 的大陆式发音"ee",是中世纪以来,通过主要借自意大利语和法语的词汇,渗透到现代英语中来的,例如:pizza、piano、clique 和 liaison ;也有 ski(挪威语)和 Fiona(盖尔语)。在 I 的其他诸多发音中,还包括它位于 R 前面时的有趣效果。在"fir"或"nadir"这些单词里,短音 I 弱化成了一个模糊的元音,一个非重读中央元音(schwa);R 之前的长音 I 则明显地拉长,几乎成了两个元音,如"hire"和"fire"中与"liar"相同的尾音。在另一个名词之前的某些位置上——如 million、union[2]——I 可能会采用大陆的"y"音,下一章对此还有详述。

但是,I 最显著的特色或许是其形象:质朴无华的外表。它是我们最苗条、最简洁的字母。古往今来,大写的 I 始终是字体设计师的工作基础,是创作一种新字体时的起点。设计者笔下的 I 提供了字体的基本直线,并将与其他大多数字母相结合:A、B、N 等。还是德国的艺术大师丢勒说得好——他在一五三五年一篇关于字母设计的论述[3]中写道:"几乎其他所

---

1 life [laif],生命;leaf [li:f],叶;eye [ai],眼睛。

2 pizza ['pi:tsə],比萨饼;piano [pi'ɑ:nəu],钢琴;clique [kli:k],派系;liaison [lje'zuŋ],联络;ski [ski:],滑雪板;Fiona [fi'əunə],菲奥娜;fir [fə:],冷杉;nadir ['neidə:],最低点;hire [haiə],雇用;fire ['faiə],火;liar ['laiə],骗子;million ['miljən],百万;union ['ju:niən],联盟。

3 丢勒生于一四七一年,卒于一五二八年。

有字母，均在此字母之基础上形成，虽然总是对它有增有减。"

　　I 完全是直上直下的，所以有些设计师提出了第二个基础设计字母——完全是曲线的 O。"任何字母表，只要给我一个 O 和一个 I，我们便能对其他字母的样式猜个八九不离十。"著名的英国设计师爱德华·约翰斯顿（Edward Johnston）在其《文字与启发及字体》（*Writing and Illuminating, and Lettering*，一九〇六年）一书中这样写道。

　　小写的 i 是字母表中最小的字母。就易辨认性而言，这是一种潜在的"短"处（请原谅我的双关语），千百年来，一直影响着 i 的命运。例如，中世纪的 i 原本是没有圆点的，后来才有，这是因为在写满了字的纸上，很难看清一小截光秃秃的竖线。到公元一〇〇〇年前后，有了这样一种习惯，大致就是随写字者的意思，在小书写体字母的头顶上，加一条短斜线，写成 í 的样子。十五世纪晚期，随着印刷术的传播，在很多字体中，短斜线普遍简化为一个小圆点，不过今天，在以草书字体印制的婚礼请柬等物事上，还是能看到这个短斜线。此外，i 的圆点也已成为表示重视细节的谚语，按我们的说法，便是"to dot the i's and cross the t's"[1]。

　　中世纪的书写者解决"看不清 i"（i-legibility）问题的另一个办法，是用一个小写字母 y 来代替，因为它更易识读。例如，"his"便可照此写成"hys"。这一权宜之计让字母 Y 的受欢

1　可直译为"给 i 加上圆点，给 t 划上短横"，意指一笔一画、一丝不苟。

迎程度不断增长，使它在中世纪和文艺复兴时期的英语拼写中，成了 I 的挑战者（更多内容请参见 Y 的一章）。

大写的 I 也会让人头疼，至少现代的图形设计师会感觉棘手。例如，二十世纪八十年代，纽约杂志《名利场》（*Vanity Fair*）的编辑便接到指令，不能让定稿后的文章以任何词首为 I 的单词开头。原因是：该杂志文章的篇首大写字母通常要加大，并做下沉处理，若用《名利场》偏爱的无衬线字体，大写的 I 看起来便像是 l 了。这个样子置于文字页的左上角，便不大容易看出是个字母，而更像一种美术装饰。所以编辑部才对篇首的 I 下了禁令。

最近这个字母颇有些化短为长的意思。今天，有"电脑联网"之意的小写 i，已和 e、X，以及其他几个字母一道，成了数字革命的标志性符号。一九九八年，苹果电脑公司推出了漂亮时髦的 iMac 机型。"i" 在此代表互联网（Internet），iMac 的设计也明显出于此意，但这一样式——i 抵着 M 而立，所蕴含的真正信息，暗示着一个优秀的有机组合中，出现了某种别具一格的特色。此名称传达出"高科技和时髦"的信息——iMitation（仿制品）迅即出现。如今，iVilliage、iHome、iTime、iPower、iPlane 等几十个这样的品牌，都在暗示将利用电脑搜索或远程控制的力量，来为你效命。

与历史上大多数字母的形貌不同，I 从最早出场开始，便越来越不鲜明，而不是日趋自成一格。公元前一〇〇〇年左

Yod 小小的 jot（一笔）。像其后辈——我们的 I 一样，希伯来字母 yod 在其字母表中也是身形最小的一个。

右，它在腓尼基字母表上排名第十，名叫 yod。像所有腓尼基字母一样，它也是辅音，发音即其名称的起首音，也就是"y"。Yod 之名，在古代闪米特语中意指"臂与手"，其字形有点像中间加了一横的 Z，表示着连为一体的肘－腕－手。

约在公元前十世纪中叶，腓尼基的 yod 已被新生的希伯来字母表袭用，用于书写后者的语言。如今，第十个希伯来字母仍然叫作 yod，也仍然发"y"音。但其字形已经有了相当大的变化，短得只剩下小小的一笔——所以，yod 也就成了今天最小的希伯来字母。

希腊人随后在公元前八〇〇年左右袭用了腓尼基字母表，并将数个腓尼基字母重新指定为元音字母，以适应希腊语书写所需。大概是因为 yod 的"y"音，很自然地代表着元音"i"，所以希腊人把 yod 改成了他们的元音 I。该希腊字母既表示短音"i"，也表示长音"ee"。

由于同腓尼基人表示"臂与手"的词已无关联，希腊人便把它的名称改为 iota——听起来更希腊化，但在希腊语中没有实义。不久，他们又把这个字母的形体抻直，让它变成一条小小的竖线，这或许是为了让 iota 与他们的 S 字母 sigma 有所区分，后者也是个之字形的符号。

（1）腓尼基的 yod，其名称的意思是"臂与手"（公元前八〇〇年）。像所有腓尼基字母一样，yod 是辅音；它发"y"音，一如其名称起首音所示。（2）早期的希腊字母 iota——此例出自公元前七四〇年前后的一份铭文——大致模仿了 yod 的形貌。希腊人的 iota 袭用自腓尼基字母，但将其重新定义为元音 I。（3）到大约公元前七二五年，iota 的形貌已经变成了一条简洁的直线。希腊人之所以把它弄直，大概是为了避免与其之字形的字母 sigma 混淆。（4）大写的罗马字母 I，出自公元一一三年的图拉真柱，其衬线效果之美观，简直无可出其右。在这份大理石刻碑铭中，罗马人赋予该字母的形体以稳重和尊贵。罗马人亦将其中间部分收紧，以免通体全粗的直线导致外形臃肿。（5）用加洛林小书写体写成的字母 I，出自十世纪的一份手稿。该字形参考了罗马大写字母，但亦可从中看到我们小写 i 的发端。（6）加点的小书写体 i，出自十六世纪早期意大利的一份手写拉丁文祈祷书。抄录者那形似重音符号的一笔，日后最终演变为印刷体中的圆点。

　　当时的希腊诸字母，都只有一种字形，没有大小写之分。但是，iota 这一笔是如此之短小，已足以生出隐喻，到了最后，在希腊语中，iota 一词终于衍生出了第二种含义——小不点儿，抑或特指一群大家伙当中最小的一个。我们熟悉的成语"not one iota"（一点也不能），便由希腊语舶来，尤其是出自《圣经》里的《马太福音》（五章十八节）[1]，此乃公元一世纪时以希腊语写成。在一六一一年的詹姆斯王版《圣经》中，iota 一词被译

---

1 《新约·马太福音》五章十八节："我实在告诉你们，就是到天地都废去了，律法的一点一画也不能废去，都要成全。"

作"jot"。我们的"jot"，也是得自希腊语的 iota，有着相同的引申意义。

与此同时，在古代意大利，希腊字母表被埃特鲁斯坎人袭用（公元前七〇〇年），埃特鲁斯坎字母表又被罗马人袭用并加以改编（公元前六〇〇年）。小竖线 I 由此进入了罗马字母表，排行第九，此位置一直保留到了我们今天的字母表。罗马人对它的称呼近乎"ee"，让它同时表示短音"i"和长音"ee"。罗马灭亡（公元五〇〇年）之后，罗马的 I 传入了新兴欧洲语言的字母表，如法语和西班牙语，最后也进入了英语。

"I"表示"我"，是公元一一五〇年前后开始在英语中出现的，它来自古英语的代词 ic，与现代德语里的代词 ich（意为"我"）有亲戚关系。英语代词"I"——其发音从"ee"逐渐变为我们的长音 I——可以写成"i""y"或"Y"。随着十六世纪印刷术的传播，它最终固定下来，成了"I"。

印版上的字母

印刷术影响深远，它的出现让我们的字母表最终成形

这很像印刷品，可是再看看。这是手写的拉丁文，出自公元一四七七年那波利一位僧侣笔录的祈祷书，乃人文主义字体的绝佳范本。除了无点的 i 和 "长" s（形似 f，出现于头一行和段落中间），这些字形与今天早晨报纸上的字母并没有太大的不同。

术语 "人文主义"（humanist 或 Humanist）指的是后中世纪时代的启蒙精神，包括对非基督教的古希腊罗马文学的尊崇，尤以文艺复兴时期的意大利最盛。人文主义书写风格出现于十五世纪早期的佛罗伦萨，将两种不同的传统字体集于一身：一是古罗马石刻大写字形，其遗迹在当时意大利的许多地方都可以见到，二是九世纪到十一世纪加洛林小书写体的小体字母，由人文主义学者发现于古旧手稿。（关于加洛林小书写体，可见第 177 ~ 178 页，以及第 186 ~ 187 页。）人文主义大写字体照搬了古罗马的大写字母；人文主义小写字母则大致以加洛林字母为基础；在行文时，这两种字体的使用，已经很像我们今天的大写和小写字母了。

随着印刷术的出现，人文主义字形被袭用进了最早的一批活字字体，称 "罗马体"，今天，它仍然是我们的图书、报纸和杂志的常用字体。

实用印刷术发明于十五世纪中叶的德国，从此改变了世界。印刷术促成了快速且成本相对低廉的文字复制，对知识传习的革命性影响，可与公元前一两千年时字母表最初的传播相提并论。由于印刷术的出现，富裕阶层以下的整个社会都获得了拥有或借阅图书的机会。一四〇〇年，一本手抄本图书得一个抄写员忙活两个月；而一五〇〇年，一台印刷机一个礼拜便能印出五百本书，售价也相应大减。

印刷所即景，乃某位范费尔德（J. van Velde）所作的版画，出自一六二八年的一本荷兰图书。画中有三个工人，按照印刷流程的前后顺序，分别是坐在右侧的排字工、左侧的上墨工和中间的印刷工。排字工从右手边的字匣里捡完字，正在往一块排字版上码放金属字母。他（以镜像方式）排出待印页面上的文字。排字时有原稿比照，或为手写，或为印稿，摊放在他的桌面上。与此同时，印刷工已经排好的字版上铺好长条大纸，字版大概有两块，嵌在架子里，面朝上，放在"印台"（下层）上，已经上好了墨。接下来要将"压盘"（上层）放下，使纸平压在上过墨的印版上。再用空白纸张替换印好的纸，这样的过程可能要反复进行数百次。此后，印好的同一张纸还要再印另一面，两面都有字，再往后便是装订成书。

受益的不只是书。印刷术也带来了新闻业、广告业和公共宣传的真正开端。例如，一七七六年的《独立宣言》虽以手写而成，却随即付诸印刷，分发至十三个殖民地，在城镇广场上宣读和张贴。印刷术让中间阶层获得了权力，带来了欧洲近代早期的巨大变化，首当其冲者，便是新教改革（十六世纪）。

印刷术对语言特色产生了巨大影响。有了出版物的加持，巴黎、伦敦、科隆、罗马和威尼斯这些商业中心的影响力不断得到增强，所用的语言也日益趋同，其作用如同电视，但略有不及。以出版物为载体，巴黎人所用的法语，或伦敦人所用的英语，其词汇和用法开始对其他方言产生更大的影响。

英格兰的第一位印刷商威廉·卡克斯顿（William Caxton）之所以在伦敦开店（一四七六年），便因为这里才是兴业之地。但是，伦敦的市场环境在很大程度上左右了卡克斯顿选书和做书：卡克斯顿书中所用的英语，非得是伦敦人能够读懂的英语不可。因此，伦敦英语便随着图书而通行全国。我们听说过这样一件事，一四九五年前后，卡克斯顿生意上的继承人重印一本老版的英语图书，便要校改其语言，以与当时的伦敦口语相一致；他要把 twey 改成"two"，把 wend 改成"go"，凡此种种。出版物里的这些变化加速了标准英语的形成。各地方言逐渐趋同，一如二十世纪二十年代以来，在广播和电视影响下，地方口音出现的同质化现象。

印刷术的技术细节和早期历史在此只能简而言之。纸上印刷的大体观念在古登堡之前很久便已出现。在一四○○年之前的很长时间里，中国和朝鲜一直采用上墨木版进行文字印刷，而其木版或为整页雕制。与之类似的是，十五世纪初的欧洲工匠也以木版或金属雕版来印制图画。（今天，我们仍然将复制而得的图画称为"印刷品"。）然而，灵活的文字印刷方式仍然没有出现。要达成这一点，需要某种形式的活字。

理论上的解决办法——当时显然已广为人知——是做出单个的字母，将它们置于小型印模上。（字母应为凸版镜像。）你需要许多字模，这样才不会在同时准备多页文字时用光任何字母。为求耐久及清晰，字模须为金属而非木制。有四大难关：（一）要找到合适的金属，集硬度与可铸性于一身；（二）要找到一种铸字方法，以使所有字模的尺寸完全一致；（三）要找到一种不产生污渍的油墨；（四）要找到一种将上墨字母均匀平坦地压印在纸上的方法。

这些问题在大约一四五○年得以解决，建功者是德国西部美因茨的一位中年金匠：约翰·根斯弗莱施（Johann Gensfleisch），人称古登堡（Gutenberg，意为"金山"），因其富裕家族的庄园而得名。他选用的金属是铅、锡与锑的合金；他的压印方法，也就是今天世人所知的木制螺旋平压印刷机，灵感无疑来自美因茨附近莱茵兰葡萄园的葡萄压榨机。

有关古登堡生平和工作的详细情况仍然不太清晰。大约一四五五年，他印出了一份杰作——拉丁文《圣经》，今天尚存四十七册——此后，古登堡陷入了与其投资人约翰·富斯特（Johann Fust）的讼战，结果失掉了自己的印刷所。富斯特可能使用了古登堡的设备和图纸，很快印出了有史以来最精美的书籍之一，《美因茨圣咏经》（*Mainz Psalter*），见本书第 80 页插图。

与此同时，其他金属匠人照搬了古登堡的设备和工艺，成了欧洲第一代印刷商。在古登堡印出《圣经》之后的十五年间，斯特拉斯堡、科隆、巴塞尔、罗马、威尼斯和巴黎都有印刷机在工作了。

印刷术进军意大利，对字母表而言意义重大，因为意大利市场需要与德语印刷品不同的字体（后者是以德国中世纪手写体为蓝本的）。意大利读者想要的字体风格，是罗马和佛罗伦萨那种漂亮的人文主义手写体（见第213页）。人文主义字体因此定型于出版物中，其风格称作罗马体，以及一种倾斜的、体形更瘦的变体，叫 italic（斜体）——从这两个名称可见，它们出身于十五世纪的意大利，并继承了古罗马的一部分遗产。大约一四七〇年，一位开业于威尼斯的法国印刷商尼古拉·让松创造出了臻于完美的早期罗马字体。今天，罗马体是我们最具代表性的字体。

印刷术的到来也以其他方式确定了字母表的面貌。小 i 此时得到了小圆点；在英国，古英语字母 yogh 和 thorn 的使用大为减少，因为其形貌在欧洲大陆的字模中根本就不存在；还有其他一些变化。最重要的是，印刷机械在技术上要求铅字字母大小统一，风格一致。尺寸不一、样式奇特的字形必须慎用，其原因显而易见：字母此时要费劲巴力地以金属铸成，而非随手一写。

协调一致的新要求，使某些字形的模糊用途成了问题。例如，J 和 I 两种形貌可互换使用，既能表示元音，也可以表示辅音（在英语中，其辅音发音为"j"），类似的还有 U 和 V，其形貌亦可互换使用，表示元音"u"或辅音"v"。在十六世纪和十七世纪印刷商的手中，J 形和 V 形逐渐专用于辅音。日后，J 和 V 又作为我们最晚的两个字母，即第二十五和第二十六个，正式加盟了字母表。

这个优雅的 J，系著名的美国字体设计师
弗雷德里克·古迪（Frederic W. Goudy，
一八六五～一九四七）所作，其蓝本是在
公元十三世纪欧洲手抄本中发现的装饰字
体。我们 J 的形貌源自中世纪手写体，亦即
带钩子尾巴的字母 I。

J
一个字母的诞生

　　水往低处流，重力使然，字母也是如此，主导其流向的是语言。字母的作用是呈现语音。如果语音有了变化，字母最终也会以某种方式随之改变。

　　如果一种语言发展出新的语音，其字母表必得与时俱进，要么给现有字母添加新的发音，要么（更进一步）发明一两个全新的字母。

　　J 的故事便是如此。追本溯源，在我们字母表上排行第十的这个字母，原本是罗马字母表中最后加入的两个字母之一（另一个是 V）。公元一〇〇年时的古罗马人只有二十三个字母：没有 J、V 和 W。古拉丁语没有"j"的发音，因而也不存在表示它的字母。"J"音是后来，伴随着拉丁语转变为中世纪罗曼诸语言时的反复磨合，才在欧洲语言中出现的。

　　此发音虽已通行于世，代表它的字母却姗姗来迟。直到公元十六世纪，在印刷术所带来的规范化影响下，J 才开始系统地在法语和其他欧洲语言的拼写中出现。

　　在英语拼写中，J 在一六四〇年就出现了。然而，在此后的二百多年里，J 并未被公认为单独的字母，而是（原因容下文再述）被某些人视作字母 I 的变体。只是到了十九世纪中叶，在诺厄·韦伯斯特（Noah Webster）等人编纂的新式字典（一八二八年）影响下，J 和 V 才得以在 W 之后，完全进入我们的字母表。

　　I 可谓 J 之母，也是在字母表上排在 J 之前的字母。这孕育和生产的过程耗时千年，从大约公元五〇〇年到一五〇〇年，贯穿整个中世纪。此前，在罗马帝国的拉丁语口语和书面语中，I 已有了红杏出墙的苗头。

　　古代拉丁语没有"j"的发音，与之最近似的是辅音"y"。此音写成字母 I。因此，拉丁文的 I 既是元音，也是辅音。我们英语里的 Y 或可与之比照，Y 在"fly"和"cycle"这样的词里是元音，在"yes"和"canyon"[1]里则是辅音——有经验的读者不难区分这两种身份。Y 如果在元音字母之前，多半便是辅音，发音为"y"。拉丁语里 I 的作用与此颇为相似。

　　拉丁语的 I 只有在元音字母，通常是 A 或 U，之前时，才用作辅音，如 iam（现在）一词，发音为"yahm"或"iy-yahm"。

1　fly [flai]，飞；cycle ['saikl]，循环；yes [yes]，是；canyon ['kænjən]，峡谷。

但即便是在元音之前，字母 I 也未必总是辅音。罗马人名 Claudia 便把 I 用作元音，构成一个独立的音节："Cloud-i-ah"。

Claudia 的名字表明，处在辅音位置上的 I 可被视为元音 I 天然的一面。仔细念一下这个名字，你会听到一个微弱的"y"，不请自来地横亘在 I 和 A 之间："Cloud-i-(y)ah"。这是因为元音 I 能够在跟随它的元音之前，创造出一个"y"音。在英语里，你也能听到它：triad、I am、lazier、lion[1]。毫无疑问，大约公元六〇〇年左右袭用字母表的首批罗马人留意到了字母 I 的这一特性，于是让它兼任辅音符号。希腊人和埃特鲁斯坎人的书写系统是罗马人的范本，而它们早已在这样使用自己的字母 I 了。

英语里 J 的很多现代用法，都可以回溯到拉丁语中用作辅音的 I。我们称之为 Jupiter、Juno 和 Janus 的罗马神祇[2]，其拉丁名实际上是 Iupiter、Iuno 和 Ianus（发音为"Yupp-piter""Yoono"和"Yahnus"）。Janus 是护门（ianua）之神，亦与罗马人的"守门人"（ianitor）一词同源，我们的"门房"（janitor）也由此而来。罗马月历开篇便是 Ianuarius，也就是 January（一月）。

Julius Caesar（凯撒）之名实为 Iulius（发音为 Yoolius）。

1　triad ['traiæd]，三合一；I am [ai/æm]，我是；lazier ['leiziə]，更懒；lion ['laiən]，狮。
2　汉语通译朱庇特、朱诺和雅努斯。朱庇特为主神，相当于希腊神话中的宙斯，朱诺为其妻，相当于希腊神话中的赫拉。

皇帝 Trajan（图拉真）则为 Traianus（Trah-yahn-us）。在罗马，如果你把别人弄 iniuria（injury，伤），便可能会被拽进 iustitia（justice，审判）的公堂，面见 indices（judges，法官）。你可能会以皇帝 maiestas（majesty，陛下）的名义，当庭起誓喊冤，你也可能要求传召证人，其中有你的 coniunx（spouse，配偶），还有比你 iunior（younger，年轻）的兄弟。不管将来在英语里，字母 J 对这些词汇怎样偷梁换柱，反正它们都发端于拉丁语时代，且在读音和拼写上相当不同。

"J"的发音也未潜藏在字母 G 之下。不管后面跟着哪个字母，拉丁语的 G 一直是硬音。罗马人把宝石叫作 gemma，其中的 G，一如它在英语"gum"里的发音。

然而，在罗马帝国于大约公元五〇〇年覆亡前的数百年间，拉丁语口语已经开始出现了变化，此后，这种变化越来越快。随着拉丁语涌入后来发展成法语和其他罗曼语言的各地方言，发音也起了变化，而拉丁语传统拼写的变化较为缓慢。现代学者通过分析晚期拉丁语著述中各不相同的拼写，以及早期罗曼语作品中通行的拼写，如八四二年的古法语《斯特拉斯堡誓约》（见第 176~177 页），来追踪发音的变化。研究结果显示出了辅音 I 的"y"音，随着更加放松的舌位，而逐渐弱化成新发音的过程。

在中世纪西班牙语中，这个新发音是"h"。而在中世纪的法语、意大利语和葡萄牙语中，该辅音的发音变得与我们的 J 颇为相似。例如，justice（正义，审判）一词，在古拉丁

在耶稣受难的故事里，罗马官员在十字架顶部放置字板的细节，让古罗马文字中的辅音 I 得到了戏剧性再现。德国画家丢勒所作哀悼基督的木刻（约一四九六年）也描绘了这一场景。耶稣（Jesus）生前的希伯来名字可能是耶书亚（Yeshua，英文作"Joshua"，约书亚），罗马人读作"Yay-sus"，并音译为 Iesus。耶稣所属的族群自称为 Yehudim（Jews，犹太人），大致相当于拉丁语词 Iudaei，发音为"Yewd-eye-ee"。耶稣受刑场景中的罗马字母 INRI 是词首缩写，代表嘲弄他的拉丁语封号：Iesus Nazarenus Rex Iudaeorum（拿撒勒的耶稣，犹太人之王）。

语中是 iustitia（yus-tih-tia），而在早期西班牙语著述中出现时，就成了 iusticia，发音类似"hoos-tee-see-a"。由同一个拉丁语词根，还产生出古法语的 iustice，发音类似"joos-tee-seh"。

这些变化也影响到了字母 I 的含义。在其元音和辅音的发音之间，不再像古罗马时代那样，存在着逻辑上的必然联系。此时，它们成了两个不相干的发音。字母 I 已经彻底变为两种发音，却使用着同一个字形：这是它朝着分裂出第二种形体迈出的第一步。

古法语的种种演化，与一〇六六年后英语的发展历程高度相关。诺曼人在那一年入侵英格兰，将诺曼法语的词汇和拼写规则（还有许多别的东西）带给了盎格鲁–撒克逊人。很明显，古英语原本是没有"j"音的。借自法语的这个发音，此时汇入了英语的大川。

如前所述，古法语的"j"在发音上类似我们现代英语的 J——事实上大过它与现代法语 J 相似的程度，后者的发音类似英语"measure"里的 S[1]。现代英语保留了古法语的这一发音，而在法国本地，此音还在继续变化，中世纪期间变得越来越柔滑。

像我们其他的辅音一样，"j"在语音学上要比我们所认为的更复杂。你要将舌端抵住上齿龈，就像要发"d"音或"t"

1　measure ['meʒə]，尺度。

音时一样，不过接下来，你要向前送气，让声带振动，并伴随着"sh"或"f"那样的摩擦音。这一过程让"j"音背负上了一个沉重的头衔：舌端齿龈塞擦浊辅音（voiced palatal-alveolar affricate）——其中的"舌端齿龈"，指舌的初始位置，"浊"，意指要使声带振动，而"塞擦"音，则表示让气流冲破阻碍、经由狭小缝隙摩擦而出的辅音。英语只使用两个塞擦音："j"和"ch"。两者在语音学上同源，"ch"是与"j"成对儿的清辅音。

许多现代语言像古拉丁语和古英语一样，没有"j"音。德语和斯堪的纳维亚语言便没有"j"。以上述语言为母语的人学习英语时，往往会把"j"音换成"y"——因此，在二十世纪四五十年代的好莱坞电影里，便能听到片中的瑞典移民兴高采烈地说："*Yumpin' Yimminny*"[1]。

在杰弗里·乔叟时代的英格兰，大约一三八〇年，"j"音遍及中古英语，广布于主要源自拉丁语的法语借词中。表示此音的是两个不同的字母：辅音 I，如中古英语的 maiestie（majesty）和 iustice（justice），以及软音 G，如"gem"和"Geoffrey"[2]。用这两个字母表示发音"j"，是法语传给英语的

---

1 应为"Yumpin' Yimminy!"语出一九四一年一部美国同名歌舞喜剧片。片中的一大笑料便是主人公的瑞典口音，尤其是这一句标志性的"Yumpin' Yimminy!"原句为惊叹语"Jumpin' Jimminy Crickets!""Jimminy Crickets"或"Jiminy Crickets"是为避耶稣基督（Jesus Christ）名讳的曲写。

2 majesty ['mædʒisti]，王权；justice ['dʒʌstis]，正义；gem [dʒem]，宝石；Geoffrey ['dʒefri]，杰弗里。

特色。时至彼时，此发音仍未拥有专属的字母。

但它需要自己的字母。在将拉丁语用作书面语的同时，欧洲的口头语言也纷纷找到了自己的书写形式，正在各得其所，因此，字母 I 的兼职用法，在表示英语和法语的"j"，或西班牙语的"h"这些常用发音时，已日益显得捉襟见肘。一个能够表示新语音的专用新字母的出现，已大有必要。

此时，在欧洲人的书写体中，小写的 i 还有一种变体。数百年来，抄写员工作时——通常是抄写中世纪拉丁语的宗教或法律文书——依照某些书写传统，一直将 i 拉长，画出一条尾巴，垂挂于所在一行的基线之下。尾巴或垂直向下，或成左弯钩状（后者日益得到垂青）。如果按照通常的写法，在 i 头上加一个圆点或短划，那么这个带尾巴的 i 也该照样加上一笔，成为 j。

拉丁语词 iusti，"正义者"，以安色尔体写成，里面有两个带尾巴的 i 字母，出自公元五世纪的《圣咏经》。这一时期的有尾字形只是一种装饰，并无发音上的区别。还要再过一千年，j 的形貌才会用于特定发音，出现在西班牙语、法语、英语、德语和其他欧洲语言之中，其发音亦不尽相同。

最初，这种长着尾巴的身形于发音而言毫无意义。尾巴纯粹是个样子，是一种要将小小的 i 从满纸文字中区分出来的装饰。像当时所有的 i 一样，j 的身形也兼用于元音和辅音。执笔者经常把它拿来，用在词的首尾两端。拉丁语单词 filii（儿子们）可写成 filij，iusti（正义者）亦可写成 justj。但是，大多数传统的书写体，在 i 需要大写时，都避免使用带尾巴的字形，比如在正式名称中，或是图书章节的起首位置，仍会改用大写 I 的字形。

拉丁文短句 ignis in aqua（水中火），句首是带尾巴的小书写体字母 i，出自著名的《格朗瓦尔圣经》，公元八四〇年前后写于法国。（此版《圣经》乃加洛林小书写体的绝佳范本，详情请见第 186 ~ 187 页。）这一句出自《次经·所罗门智训》（十九章十九节）。

接下来，从一五〇〇年开始，不同的字形和发音逐渐各归其类。变体 j 渐渐为法语和英语的辅音"j"（或西班牙语的"h"）所专有，即便这并非此字形的本来功用。

大约一四七〇年之后，印刷术在西欧的传播促成了此次结合。一般来说，印刷术要求字形清晰易辨，且在数量上有所限制。铅字都是小小的金属铸件，印刷工的箱子里只能装得下那么多。异体字过去象征着书法家的才艺，此时却变得不切实际。如果字形 j 被收作字模，便得承担一项特殊的工作——满足与辅音 I 相配的迫切需要。

最早固定使用 j 的是西班牙。我们发现，在印刷术于十五世纪七十年代传到该国之后不久，辅音 j 和元音 i 的小写字形，便已同时在西班牙语中得到了应用。大写字形 J 随后，于一六〇〇年之前出现于西班牙语印刷品中。因此，在发音没有变化的情况下，圣名 Iesus（西班牙语读"Hay-soos"，耶稣）便写成了 Jesus。单词 iusticia（hoos-tee-see-a，正义）则变为 justicia。现代西班牙语仍然用 J 来表示"h"音，西班牙语的 H 则是哑音。

西班牙的出版物促进了 J 在其他语言中的传播。在德语地区，用于本土"y"音的辅音 I，最终在拼写上被 J 取代。因此，德语的 J 得到了一份在英语中已因其他原因被指派给字母 Y 的工作。德语的 J 至今仍在代表发音"Y"：瑞士心理学家 Carl Jung（卡尔·荣格）可以永保"young"（年轻）了。

在法国，由辅音 I 表示的"shj"音，此时也受到了 J 形字母的追求。大约在一五七〇年后，J 开始在法语印刷品和笔书中取代辅音 I。在发音未变的情况下，法语的 iustice 变成了 justice；maiesté 则变为 majesté；源自罗马帝国 Iulius 的法语名 Iules，此时也写成 Jules（朱尔）了。

与此同时，意大利语在稍做尝试之后，却将 J 拒之门外，转而以软音 G 入替，用以表示发音"j"——G 要么放在后跟 A 或 U 的旧 I 之前，要么干脆将其他元音前的 I 取而代之。今天，在以"j"音打头的意大利语词汇中，Jesus 写成 Gésu，justice 写成 giustizia，Julius 则成了 Giulio（朱利奥，姓氏 Giuliani〔朱利亚尼〕即由此而来）。意大利人仅将字母 J 用于已通行坊间的外来词，如"jazz"（爵士乐）。

在英格兰，从 I 到 J 的转变，部分原因在于相似的法语词汇所起的示范作用，如"justice"。但英语的这一转变既缓慢又没有章法，从一五八〇年前后，一直进行到了十七世纪三十年代。当时出版的两本巨著,詹姆斯王版《圣经》（一六一一年）和莎士比亚戏剧集第一对开本（First Folio，一六二三年），仍然以老办法使用 I，而没有用 J——虽然"对开本"的目录和次级文本中确有大写的 J，但这显然是出版商对 J 举棋不定的一个迹象。同时代的其他英语出版物，在表示该辅音时，也会用大写的 I,而 j 则只用小写。在 J 和软音 G 之间也有交融，例如，maiestie、magestie 和 majesty 的拼写，都是同一个词。

甚至在 J 成为英语出版物的标准用法之后，仍有很多人将其视作字母 I 的附庸，而非一个独立的字母。（在 V 与其源字母 U 的关系上，也伴随着类似的争议。）一六四〇年左右的英语字母表有二十四个字母。此后，为了 J 和 V 是否应被正式确认为另外两个字母，并在字母表的排序上列在它们各自的元音字母之后，几代学者们争论不休。伦敦教育家托马斯·戴奇（Thomas Dyche）所著语法书《英语指南》（*A Guide to the English Tongue*，一七〇七年）开列了二十六个字母，但塞缪尔·约翰逊不朽的《英语字典》（*A Dictionary of the English Language*，一七五五年）仍然坚守二十四个字母，他将 J 视作 I 的变体，V 则是 U 的变体。

约翰逊在其字典通篇上下，均用到了 J 和 V 的拼写——

The life and death of King Iohn.

Actus Primus, Scæna Prima.

Enter King Iohn, Queene Elinor, Pembroke, Essex, and Salisbury, with the Chattylion of France.

King Iohn.

OW say *Chatillion*, what would *France* with vs ?
Chat. Thus (after greeting)speakes the King of France,
In my behauiour to the Maiesty,
The borrowed Maiesty of *England* heere.
Elea. A strange beginning : borrowed Maiesty ?
K.Iohn. Silence (good mother)heare the Embassie.
Chat. Philip of *France*, in right and true behalfe
Of thy deceased brother, *Geffreyes* sonne,
Arthur Plantaginet, laies most lawfull claime
To this faire Iland, and the Territories
To *Ireland, Poyctiers, Aniowe, Torayne, Maine,*
Desiring thee to lay aside the sword
Which swaies vsurpingly these seuerall titles,
And put the same into yong *Arthurs* hand ,

Which none but heauen, and you, and I, shall heare.
Essex. My Liege, here is the strangest controuersie
Come from the Country to be iudg'd by you
That ere I heard : shall I produce the men ?
K.Iohn. Let them approach :
Our Abbies and our Priories shall pay
This expeditious charge: what men are you ?
Enter Robert Faulconbridge, and Philip.
Philip. Your faithfull subiect, I a gentleman,
Borne in *Northamptonshire*, and eldest sonne
As I suppose, to *Robert Faulconbridge*,
A Souldier by the Honor-giuing-hand
Of *Cordelion*, Knighted in the field.
K.Iohn. What art thou?
Robert. The son and heire to that same *Faulconbridge.*
K.Iohn. Is that the elder, and art thou the heyre ?
You came not of one mother then it seemes.
Philip. Most certain of one mother, mighty King,

十七世纪早期的英语在用不用 J 的问题上举棋不定（它毕竟是欧洲大陆发明的舶来货），这种犹疑可见于一六二三年，即莎士比亚死后七年，伦敦出版的莎士比亚戏剧集第一对开本。字母 J 从未出现于主文，而仍然印作老式的 I 和 i。上图：悲剧《约翰王》（*King John*）的开篇页中，"John"（约翰）和"majesty"（陛下）均作"Iohn"和"Maiesty"。不过，J 还是现身于斜体的次级文本，如页眉——但只有大写形式，没有小写，而且从未出现在莎士比亚的舞台说明里，即便斜体字也没有。

包括用 J 写出他本人的姓氏——但在编者评注中，他拒绝改革，反对把它们名正言顺地收入字母表。他既未给 J，也未给 V 以字典内的分章标题，而是像这样分章："H、I、K、L"，以及"T、U、W、X"。词首为 J 的单词置于标题"I"之下，V 亦如此归入 U。约翰逊在标题"I"之下的第一个词条，是代词"I"（我），紧随其后的便是词条"Jabber"（喋喋不休）和"Jabberer"（饶

The life and death of King John. 3

What woman poſt is this ? hath ſhe no husband
That will take paines to blow a horne beforeher?
O me, 'tis my mother : how now good Lady,
What brings you heere to Court ſo haſtily ?

Enter Lady Faulconbridge and Iames Gurney.

Lady. Where is that ſlaue thy brother? where is he?
That holds in chaſe mine honour vp and downe.
Baſt. My brother *Robert,* old Sir *Roberts* ſonne :
Colbrand the Gyant, that ſame mighty man,

Scæna Secunda.

Enter before Angiers, Philip King of France, Lewis, Daul-
phin, Auſtria, Conſtance, Arthur.

Lewis. Before *Angiers* well met braue *Auſtria,*
Arthur that great fore-runner of thy bloud,
Richard that rob'd the Lion of his heart ,

---

62 **The Tragedie of Romeo and Iuliet.**

French ſlop : you gaue vs the counterfait fairely laſt
night.
Romeo. Good morrow to you both, what counterfeit
did I giue you ?
Mer. The ſlip ſir, the ſlip, can you not conceiue ?

Nur. Out vpon you : what a man are you ?
Rom. One Gentlewoman,
That God hath made, for himſelfe to mar.
Nur. By my troth it is ſaid, for himſelfe to, mar qua-
t ha : Gentlemen, can any of you tel me where I may find

The Tragedie of Romeo and Iuliet. 79

I married them ; and their ſtolne marriage day
Was *Tybalts* Doomesday : whose vntimely death
Baniſh'd the new-made Bridegroome from this Citie :
For whom (and not for *Tybalt*) *Iuliet* pinde.
You, to remoue that ſiege of Greefe from her,

And then in poſte he came from *Mantua*
To this ſame place, to this ſame Monument.
This Letter he early bid me giue his Father,
And threatned me with death, going in the Vault,
If I departed not, and left him there.

注意看右页最上图中 King John 和 Iames Gurney（詹姆士·葛尼）的不同。即便是斜体的页眉，也并非一以贯之。如中、下两图中，《罗密欧与朱丽叶》（*Romeo and Juliet*）的"朱丽叶"分别印成了 Juliet 和 Iuliet。显然，出版商不想让莎翁本人的文字沾染上新潮的 J，而在别的地方他们用起来就没那么前后一致了。但是，到了第一对开本的下一代人中，J 便成了标准的英语拼写，取代了辅音的 I。

舌者），后面还跟着 "Jackal"（豺）、"Jam"（拥塞）、"Iambick"（抑扬格的诗）、"Jangle"（刺耳声）、"Ibis"（鹮）、"Ice"（冰）、"Idiot"（白痴）和 "Jealous"（嫉妒的）。

约翰逊字典的权威影响所及，使 J 和 V 的正式登场又推迟了至少七十五年。而它们的等待，直到另一部划时代的著作——康涅狄格人诺厄·韦伯斯特编纂的《美国英语字典》（An

（1）晚期罗马的手写字母I，约公元四五〇年，安色尔字体。（2）带尾巴的i，出自《格朗瓦尔圣经》，写于大约八四〇年，加洛林小书写体。尽管有尾的i不表示任何特殊发音，但日后欧洲的印刷商在发明我们的字母J时，还是选用了这一字形。（3）小写的、法语印刷体的j，大约一六一五年。从中可以看出，字体设计者借鉴了包括加洛林手写体在内的传统。（4）大写字母J，乃流行的Helvetica字体，设计于二十世纪五十年代末的瑞士，映衬着喷气机时代（Jet Age）的热情。有了这根加长的大钩子，字母J的底部似乎达成了令人满意的平衡。

American Dictionary of the English Language，一八二八年）出版之后才告结束。对英国人的拼写规则和用法，韦伯斯特抱持全面质疑的态度，他将J和V视为资格齐备的字母，并通过其著作日后的影响力，为年轻的美国提供了二十六个字母的字母表。英国仍然固执己见，查尔斯·理查森（Charles Richardson）的《新英语字典》（*New Dictionary of the English Language*，一八三六年）亦未收入J和V。不过，到了十九世纪中期，它们总算得到了完全接纳。

　　J有一个秘密，现在要公之于众：其名称并非一直与K有相同的尾音。尽管"jay、kay"听起来合辙押韵，朗朗上口，但在十九世纪晚期之前，与J的名称押韵的原本是I。从J的出身来说，这确系理所当然：本来就是"J-I"嘛。不过最终，由于长音 A 更强大的魅力，J 的名称还是被吸引到了 K 的一方。在苏格兰和英国其他一些地区，直到二十世纪五十年代，名称"jye"还存留于日常言谈。

　　像我们大多数的字母名一样，"jye"的名称也一定是从中世纪法语进入英语的。现代法语中 J 的名称，发音为 shjee，就是由中世纪的"jye"进化而来。

　　J 在其他语言中的名称，反映出了该字母的不同用法。在西班牙语中，字母 J 表示发音"h"，名叫"hota"，写成 jota，此名称意指"发 h 音的 iota"（iota 即字母 I，见前章所述）。在德语中，J 表示发音"y"，名叫"yot"，写成 jot，意为"发 y 音的 iota"。

　　J 的独特字形对英语词汇贡献甚微，这无疑是"hook"（钩，钩状物）一词的竞争使然。我们有"J 型曲线"（j-curve），还有"J 型弯管"（j-bend）[1]，不过能称得上家喻户晓的，也就这些了。谈到二十世纪的美国文具，"J"牌自来水笔可以提上一笔，可它与钩子形状无关；J 牌仅仅是一款便宜但广受喜爱的钢笔，由埃斯特布鲁克（Esterbrook）制笔公司于一九四八年到一九五五年间出产。J 的特定含义（如果有的话）仍然说不清道不明。"Jaywalk"（乱穿马路）是个听起来分外悦耳的术语，一九一七年首次在美国报刊上出现，用的是"jay"古老的"傻

1　J 型曲线用于金融图表。J 型弯管则是常见的家庭卫浴零件，用于防臭。

瓜"含意，这一层意思得自一种叽叽喳喳、让人心烦的鸟 [1]。

我们的大多数字形均得自石刻的古罗马大写字母，而 J 是通过中世纪的书法，以小写写体出现的极少数字母之一。大写的 J 基本上是十六世纪欧洲印刷商的发明，并无古代蓝本可以仿效。某些人因此瞧不起大写的 J。字母表学者达维德·迪林格称它"与其他字母相比，设计低劣，缺乏不朽的古典罗马字母的平衡、醒目和高贵。"然而，在我们很多人眼里，J 不论大小，总是一副活泼的样貌，让人油然而生一种垂钓时的惬意，或是维多利亚时代曲棍球场上的欢愉。

1　指松鸦，亦作 jaybird，叫声嘶哑，且声音极大。

大文字家

英国诗人、报人和学者塞缪尔·约翰逊（一七〇九～一七八四）。这幅油画肖像由其友人乔舒亚·雷诺兹（Joshua Reynolds）作于大约一七七二年。约翰逊是利奇菲尔德（Litchfield）一位书商之子，博学机智，于一七五五年为英语语言编成当时最好的字典。其《英语字典》收四万词，文字生动鲜活，严谨精确，又是最早收录文学作品中的例句以示范词汇用法的英语字典。该字典虽未让约翰逊发家致富，却使他声名大噪。

　　该字典采用了老派的十八世纪字母表，只有二十四个字母，J 和 V 虽用于拼写，在字母序列中却无一席之地。作为变通，J 被视作字母 I 的变体，V 则是 U 的变体。约翰逊深思熟虑之后，选择了这种处理方式，而未顾及当时某些相反的学术观点。这一决定，通过他对后世的影响，起到了延缓作用，使 J 和 V 直到十九世纪中叶，才终于被字母表所接纳。

K 代表着 Komunismus（共产主义）吗？此图
由捷克图形设计师奥尔德里奇·波斯穆尔尼
（Oldrich Posmurny）创作于二十世纪八十年代，
K 在其中成了工业的标志，也许又是当时压抑
的象征。在英语读者看来，二十世纪的 K 同样
有一张不祥的脸。暗示着外国语言，以及东欧
和德国的极权制度。

K
在竞争中生存

由于在发音上既与 C，也与 Q 近似，好心肠的 K 不得不投入苦斗，以保住自己在英语拼写中的一席之地。本书讲 C 的一章，已对 C、K 和 Q 的竞争有所述及，这一竞争所涉及的范围，在我们的字母表中绝无仅有。通常来说，我们的字母实在是少之又少，我们本该用上更多的字母，来表示"sh""th"这样的发音，或是（如"mentəl"里的）非重读央元音。可我们奢侈地把三个字母用在同一个发音上：软腭爆破辅音"k"。

这场三军鏖战中，最大的输家是 Q，它几乎成了英语出版物中最少用到的字母。K 的遭遇也很差，使用率始终徘徊在第二十一或二十二位，排倒数第四或第五。C 大概排第十三位。从 K 的角度看，C 贪婪地攫取了他不应得的荣光——因为 C

的发音远不如 K（或 Q）那样从一而终。C 在 E、I 或 Y 之前，要变成"s"，而 K 始终都是 K。

当然，在某些拼写中，K 总算从 C 的手里捡回一条命，比如在"panic"（恐慌）变为"panicky"，或是"shellac"（殴打）变成"shellacking"的情况下，便插入 K 来表示"k"的发音，因为，若词尾是"-cy"或"-cing"时，"k"音是从来都不会出现的。

既然 K 比 C 更可靠，那我们为什么非得用 C 来表示"k"呢？为什么不换成 K 呢？我们本可以把"contract"（合同）写成"kontrakt"，把"convector"（对流式加热机）写成"konvektor"（德语拼写即如此）。并照此将 Q 也弃之不用：天佑 Kween[1]。

类似的建议，历代都有学者提出过，他们意图使音形完全一致，以此简化英语的拼写规则。K 是拼写改革长期以来的宠儿，若用以取代令人困惑的 C 和奄奄一息的 Q，堪比丑小鸭变了天鹅。从十六世纪中叶约翰·哈特（John Hart）的著述，到二十世纪英美的"新拼写"（New Spelling）运动，K 一直被奉为代表这一发音的唯一符号。所谓"新拼写"，举例来说，便是将"queen"（女王）、"collide"（碰撞）、"discover"（发现）和"kick"（踢），写成"kween""kolyd""diskuver"和"kik"。

在实际的拼写中，K 在北欧语言和使用罗马字母的东欧语

1　指 Queen（女王）。《天佑女王》（*God Save the Queen*）乃英国国歌。

言里，要远比 C 更受欢迎，如德语、荷兰语、瑞典语、捷克语和匈牙利语。所以便有了 katalog、dokument、kompakt、effektiv、Nomenklatur 和 kommandotruppe[1] 这样的德语词汇。到了德国，你可能会遇到一位 dekadenter Theaterkritiker[2]，或是穿着奇怪 Kostüm 的 Musiker[3]。过去有句谚语，讲的是已婚妇人成天忙乎着四个 K：Kinder、Kirche、Küche、Kleider，即 children（孩子）、church（教堂）、kitchen（厨房）、clothing（衣妆），德国人对 K 的偏爱，从中可见一斑。

与此同时，德语字母 C 便不那么重要了，它被放逐到了某些字母组合里，如 deutsch（德语词"德语的"）里的软音 SCH，或是 Sachs（一个与萨克森州〔Saxony〕有关的姓氏，十九世纪的移民经常将其英国化为 "Sacks"）里的硬音 CH。同样，在捷克语、克罗地亚语（该语言自称为 Hrvatska）和其他几种东欧语言中，C 主要用来表示发音 "ts" 和软音 "ch"；"k" 音几乎完全属于 K。只是在 "California"（加利福尼亚）等少数外来词里，C 才单独用以表示 "k"。

C、K 和 Q 之间奇怪的竞争，要归咎于历史。C 的那一章里已经讲到，古代意大利的埃特鲁斯坎人，如何因其语言的

1　分别对应着英语里的 catalogue（目录）、document（文档）、compact（简洁）、effective（有效的）、nomenclature（术语系统）和 command troop（突击队）。
2　英语为 decadent theater critic（颓废派剧评家）。
3　英语为 costume（装束）和 musician（音乐家）。

怪异特性，而为"k"音使用了三个不同的字母。它们是我们的 C、K 和 Q 的祖先，后来又被古罗马人的字母表袭用——后者跟我们一样，不需要三个字母，但仍然把它们保留了下来——C、K 和 Q 便传入了中世纪欧洲语言的字母表，英语也在其中。

不过，完整的故事还要从更早说起，回到公元前二〇〇〇年的埃及。在埃及象形文字里，它是一幅非写实的图形，表示一只伸出的手。埃及文字里的这只手，可与其他图形组合成多种意义，但单独使用时，它只表示"手"字。在另一种情况下，手的图形也可以表示发音"d"，因为它是埃及人间或用作字母的二十五个象形符号之一。此符号的"d"音，对应着埃及人 drt（意为"手"）一词的起首音。

大约公元前二〇〇〇年，埃及的某些闪米特侨民，可能是士兵或劳工，发明了世界上第一份字母表：大概有二十七个字母，对应着闪米特语音。正如本书前言所述，最早的闪米特字母也是图形——有人头，也有牛头，有回飞棒，也有眼睛——全部照搬自埃及象形文字的图形，对埃及图形的名称和含义则弃之不用。闪米特字母表的整体构想，无疑是受了埃及图形文字之先例的启发，特别是同时用作埃及字母、表示基础语音的二十五个图形。

埃及的手形符号既简单又独特，很适合为新的闪米特语书写系统所袭用。闪米特人创造了自己的"手"字母：一只向上的手的图形，闪米特语名称为 kaph，意为"手掌"，表示此名称的起首音"k"。这个 kaph 是我们 K 的直系先祖。今天，早期字形的那几根手指，歪歪斜斜地在我们的 K 中，以分叉的笔画得以存留。

像早期的闪米特诸字母一样，我们对 kaph 更多的了解，还要等它日后发展到另一个阶段：公元前一〇〇〇年前后的腓尼基字母表。在腓尼基人那里，该字母的手形变得更为抽象，也更便于作为字母来书写。最早的腓尼基 kaph 是三根张开的手指；后来，其字形便进化成了反写的 K 的模样。

Kaph 在腓尼基字母表中排第十一位，同样，K 在我们的字母表中也排在第十一位。Kaph 后面，依次为腓尼基字母中的 L、M 和 N，分列十二、十三和十四位，今日我们的 L、M 和 N 也处于同样的位置——这就提醒我们，在很大程度上，腓尼基字母表仍然与我们生活在一起。

腓尼基人有两个表示"k"音的字母：kaph 和 qoph，后者即 Q 的先祖。两者的关键区别在于，腓尼基人和其他闪米特人在发"k"音时，用的是两种略有不同的发音方式，涉及不同的舌位。因此，每种"k"音都有自己书写用的字母。K 与 Q 之间的这种差别，对腓尼基人无疑很重要，但对注定要继承这份字母表的印欧语言使用者，亦即希腊人、罗马人、法国人、英国人和其他人来说，则基本无用。他们都只有一个"k"音。至于字母 C，则从未出现在腓尼基字母表中。它是到后来才发明出来的。

大约公元前八〇〇年，kaph 和 qoph 传入了新生的希腊字母表，并重新命名为 kappa 和 qoppa。今天，qoppa 已因多余而从希腊语中消失很久了。但 kappa 依然作为希腊语的 K 得以留存，是其字母表上的第十个字母。

在现代英语中，kappa 扮演着一个谦恭适度的角色，用于科学术语（例如，用以表示处在第十位的某物）、美国大学生联谊会的名称，以及学术团体的名称，如 Kappa Mu Epsilon 和 Phi Beta Kappa。Kappa Mu Epsilon 是全国大学数学荣誉协会：这三个希腊字母，是该团体希腊语座右铭中关键词的缩写，翻译过来便是："学习去欣赏数学之美。"Phi Beta Kappa 的三个字母，也代表着组成其希腊语座右铭的词汇：Philosophia biou kubernetes（对智慧的爱是生活的舵手）。

（1）公元前二〇〇〇年埃及的手形象形文字。此书写符号显然启发了侨居埃及的闪米特人，从而在其字母表草创时发明了"手"形字母。（2）闪米特字母 kaph，意思是"手掌"，出自西奈半岛中西部的石刻铭文，约成于公元前一七五〇年。这一个 kaph 不像其埃及原型，但仍然有手的样子，代表着其名称起首音"k"。（3）约公元前一〇〇〇年的腓尼基字母 kaph。"三指"形貌写起来更为省时省力。（4）约公元前八〇〇年的腓尼基字母 kaph。此时它的三根手指长到了加长的腕子上。该字母朝左张开，用于从右向左书写的腓尼基文字。（5）早期的希腊字母 kappa，出自约公元前七四〇年一份从右向左书写的铭文。Kappa 尽管袭用自腓尼基字母，却更不像手了。其希腊名称不再意指"手"，除了表示该字母之外，在希腊语中已别无他义。

到了公元前七〇〇年，埃特鲁斯坎人采纳了 kappa、qoppa 和其他希腊字母，很快又用希腊语的 gamma 创造出自己的字母 C，并将其置于第三位；C 便成了第三个表示 "k" 音的埃特鲁斯坎字母。同腓尼基人一样，甚至有过之而无不及，埃特鲁斯坎人 C、K 和 Q 的发音，相互之间也有细微的不同：每一个的后面，都只能与特定元音组合使用。透过这三个字母名称的拼写，其不同之处可窥一斑。埃特鲁斯坎人大概称他们的 C 为 "kay"（写成 C-E）；称 K 为 "ka"（K-A）；Q 则为 "koo"（Q-U）。

罗马人讲的拉丁语，是一种与埃特鲁斯坎语迥异的语言。他们大约在公元前六〇〇年袭用了埃特鲁斯坎字母表。一并照搬过来的，也包括 "三个臭皮匠"（The Three Stooges）[1]——C、K 和 Q，这三个 "k" 音字母大大超出了罗马人的语言所需。最终，罗马人强订新规，把 C 作为其头号 "k" 字母，Q 只有特殊用途：总是与 U 结合，表示拉丁语发音 "kw"，如 quantum（多少）。

在这一方案中，K 抽到的是一支下签：它几乎被罗马人彻底抛弃。到了公元前三〇〇年左右，用得上它的拉丁词汇实在屈指可数，而这些词能留下来，还是因为在 C 一统天下之前占得了先机。罗马的心腹大敌，北非城邦迦太基的名字，便

---

1 二十世纪五六十年代美国一套经典的电视喜剧集，在中国播放时的译名叫《活宝三人组》。

是此类 K 词之一，拉丁语通常把它写成 Carthago（Carthage），
但有时也写成 Karthago。这个不常用的 K，在罗马人眼里一
定颇为讨厌。

公元前三〇〇年以后的数百年间，即便随着希腊的技术
和文化词汇大量涌入罗马，罗马人的 K 也未重获征召，按理
说，本该由它来音译希腊借词中的 kappa。但是，这份荣誉还
是给了罗马人的 C（当时其发音完全是硬 C）。例如，希腊神
话中称为 Kirke（鹰女）[1] 的女巫，到了罗马诗人笔下，就变成
了 Circe，发音仍和希腊语一样（kir-kay），只是用 C 替换了
K。有丰富铜矿、为希腊人所占据的东地中海大岛，希腊语
叫 Kupros（库普罗斯），到了拉丁语中，便写成 Cyprus，其
发音却（仍旧）与希腊语相同（汉语译"塞浦路斯"）——由
此发音，生成了我们的英语单词"copper"（铜），意为塞浦
路斯产的金属。同样，Arkadia、Perikles、komma、krokos、
kolossos 和 basilike 这些希腊名称或词汇，也都音译成了拉
丁语中的 Arcadia、Pericles、comma、crocus、colossus 和
basilica[2]。在这些词中，罗马人打死也不会用字母 K；他们就
是喜欢 C。

---

1 喀耳刻，太阳神赫利俄斯和海中仙女珀耳塞的女儿，曾把奥德修斯的部下变成
   全身长毛的公猪。

2 Cyprus ['saiprəs]；copper ['kɔpə]；Arcadia [ɑ:'keidiə]，（希腊地名）阿卡狄亚；
   Pericles ['perikli:z]，（雅典政治家）伯里克利；comma ['kɔmə]，逗号；crocus
   ['krəukəs]，番红花；colossus [kə'lɔsəs]，巨像；basilica [bə'zilikə]，长方形廊
   柱大厅。

在现代英语里，也能从数百个希腊语派生词中，找到替换了希腊 kappa 的罗马 C，它们要么与古希腊，要么与现代技术（如 microscope〔显微镜〕、cinema〔电影院〕）有关。中世纪时期，通过古法语进入英语的最早一批希腊语派生词，就披着拉丁化的外衣。后来在十六世纪到二十世纪期间进入英语的希腊语借词，也一直恪守着前人使用的拉丁化拼写规则：以 C 替换 kappa，用 Y 替换希腊字母 U，以及诸如此类的做法。所以，英语里便有了"acanthus"（莨苕），而不是"akanthos"，有了"cybernetics"（控制论），而不是"kubernetics"或"kubernetiks"。只有在更晚近的外借词，如"kudos"（借自希腊语的 kudos，意为"荣耀、光荣"）中，kappa 和其他希腊字母才得到了更准确的表现。

令人惊叹的是，罗马人的 K 作为使用最少的拉丁语字母，躲躲藏藏地，大约从公元前六〇〇年到公元五〇〇年，竟然存活了一千余年。它没有被逐出字母行列，固然令人称奇，却也是出于对传统力量的敬重。不过，在罗马灭亡（五〇〇年），以及新的欧洲国家于中世纪之初成形之后，K 就要时来运转了。当时，主要通过教会的传教士，古罗马字母表开始适用于新语言，如英语、德语、挪威语和波兰语。这些语言的书写需要 K，而古代拉丁语无此需求。

中世纪之初，C 是个成问题的字母（至今还是如此）。教会拉丁语和新生的罗曼诸语言所用的 C，在元音 E、I 或 Y 之前，通常发软音：要么是"ch"，要么是"s"。拼写规则反映着晚期拉丁语的发音在此前数百年里所发生的巨大变化。对于西班牙语这类源自拉丁语的语言来说，一个可变的 C 并无不妥，因为西班牙语也有创造拼写规则的条件。但是英语或德语这些偏北的欧洲语言就不一样了，它们不是源于拉丁语，并有自己的发音系统。比如德语词根 ken，意为"了解"，需在元音 E 前显示出"k"音：除了 K，还能用别的什么把它写出来吗？若用 C 来拼写，拼成"cen"，会让人误读为"sen"。所以，公元八〇〇年之前不久，当早期德语开始用罗马字母书写时，书吏和教员便将这个单纯的 K 据为己用。丹麦语和捷克语这些相邻的语言也随之跟进。

今天，K 和 C 在欧洲地图上分区而治。在词汇拼写中重 K 轻 C 的"K 语言"，如前所述，主要分布于北欧和东欧：它们包括日耳曼语族、某些斯拉夫语种，以及芬兰语和匈牙利语（两者同属第三种语族）[1]。C 的疆界则普遍偏南：西班牙语、葡萄牙语、法语、意大利语，以及偏东的罗马尼亚语。这些语言对昔日拉丁语的 C 几乎委以全权，对 K 则几乎从来不用，基本上仅见于外来词中。例如，在法语少量以 K 打头的词中，最主流的一个要算 képi 了，它指的是法军和法国警察

---

1 日耳曼语族包括德语、荷兰语、佛兰芒语、冰岛语、丹麦语、瑞典语、挪威语，以及现代英语等；而法语、西班牙语、葡萄牙语、意大利语和罗马尼亚语等属罗曼语族。日耳曼语族、罗曼语族和斯拉夫语族又属印欧语系，而芬兰语和匈牙利语则完全属于另一范畴，具体来讲，即乌拉尔语系的芬兰-乌戈尔语族。

戴的那种圆柱形、平顶、带帽舌的帽子。此词来自瑞士德语的 kappe，即"cap"（帽）。

对日耳曼语族和罗曼语族这两种传统，英语往往兼收并蓄。我们在拼写中更喜欢 C，而以 K 作为补充，两者比例大约是五比一。我们这种兼而用之的不寻常的传统，滋生于诺曼人一〇六六年征服英格兰后的数百年间。在古英语和古法语混合而成的中古英语早期词汇中，诺曼法语风格的带 C 的拼写，更为英格兰的诺曼人书吏和当权者偏爱，这个 C 与某些发音相宜的词汇配合良好，如"cat"（猫）、"cease"（中止）、"city"（城市）、"cow"（母牛）和"cut"（切割）。然而，如同在德语中一样，书吏们也要面对英语中那些跟 C 配不上的发音，在 E、I 或 Y 前面的"k"音，如"king"（国王）、"Kent"（肯特郡）、"speaker"（讲话人）、"rocky"（坚硬如石的）。这些词怎么拼写呢？办法是：用您刚才见到的 K。比如，"mackerel cakes and kegs of cider"（鲭鱼点心和苹果酒桶）这样的短句，便表现了英语的拼写规则如何把 K 拿来，表示与 E、I 或 Y 相关联的硬音"k"。

十七世纪以来，音译外来词大量涌入英语，K 在其中变得比 C 更受钟爱，原因或许正是它用法简洁，而这些词往往是英国殖民主义的副产品。它们中不仅有"ketchup"和"kiosk"这些夹带问题元音的词，也有 kangaroo、koala、karma、karate、kung fu、karaoke、kow-tow、kumquat、skunk、 polka、mazurka[1]等很多本可以使用 C 的词。

甚至在一些过去本来使用 C 的英语词汇中，也出现了 K 词。伊斯兰教圣典《可兰经》的书名，阿拉伯语意指"背诵"，最初音译为 Coran，十八世纪后期便成了 Koran（现在通常写成 Qur'an）。北美因纽特语中的海豹皮单桨小船，在十八世纪进入英语时，写成"kayak"，而不管此前已有用 C 的先例："canoe"（"独木舟"，源自十六世纪西班牙语对加勒比土著词汇的音译）。

在与另外两个字母分享同一发音的情况下，如今的 K 常用于引人注目的故意错拼，市场营销人员尤爱这一套。想想 Kool 牌香烟、Kool-Aid 果汁、Krispy Kreme 甜甜圈、Kwik Sew 服装、Kidz Korner 网站、Klean-Strip 油漆剥离剂、Kwest 管理顾问公司（可别把它和 Qwest 长途电话公司弄混了）、Kandy Korn、Krazy Kat（《疯狂猫》，George Herrimann 在一九一五年到一九四四年间为报纸所绘好斗风格的系列漫画），以及 Pontiac Aztek 运动型多功能汽车，凡

1　ketchup ['ketʃəp]，调味番茄酱（源自马来语或汉语广东话）；kiosk ['ki:ɔsk] 凉亭（源自土耳其语）。kangaroo [ˌkæŋgəˈru:]，袋鼠（源自澳大利亚土著的古古伊米ж西尔语）；koala [kəuˈɑ:lə]，树袋熊，考拉（源自澳大利亚土著的达鲁克语）；karma ['kɑ:mə]，业，因果报应（源自梵语）；karate [kəˈrɑ:te]，空手道（源自日语）；kung fu ['kuŋ'fu:]，功夫（源自汉语广东话）；karaoke [kærəˈəuki]，卡拉 OK（源自日语）；kow-tow [ˌkəu'tau]，叩头（源自汉语）；kumquat ['kʌmkwɔt]，金橘（源自汉语广东话）；skunk [skʌŋk]，臭鼬（源自新英格兰南部的阿尔冈昆语）；polka ['pɔlkə]，波尔卡舞（源自捷克语或波兰语）；mazurka [məˈzə:kə]，玛祖卡舞（源自俄语或波兰语）。

我们为什么说 "okay"

英语中有许多故意为之的误拼，都与 K 脱不了干系，对 "okay" 这一美国色彩最强的用语，K 也要负上部分责任。根据记录，该词最早见于一八三九年波士顿的一篇报纸文章，印作 "O. K."。据目前的《牛津英语字典》考证，最令人信服的说法是，"O. K." 起初是个缩写，对应的是为了搞笑而故意误拼的 "orl korrect"（"all correct"，意为 "全对"）。该字典指出，其他说法不足为信——比如，有人认为 "O. K." 乃拟音仿写，源自乔克陶语（Choctaw）[1] 的某个词，或美国南方奴隶所讲的某种西非语言。无论如何，在一八四〇年的总统大选中，"O. K." 成了在职总统马丁·范布伦（Martin van Buren）[2] 的竞选口号。范布伦生在纽约的金德虎克（Kinderhook），绰号 "Old Kinderhook"（老金虎）。虽然他在大选中被 K. O.[3] 掉了，败给了威廉·亨利·哈里森（William Henry Harrison），却也让 "O. K." 变得更为流行。

1　乔克陶人是北美印第安人一族。
2　马丁·范布伦（一七八二～一八六二），美国第八任总统，一八三七到一八四一年在任。
3　K. O.，即 knockout，指拳赛中将对手击昏在地。

此种种，不一而足。虽然看上去有点儿笨手笨脚，但 K 式拼写也可传达出时尚、反叛的风格，这对 skool（"学校"）而言，未免就过于 kool（"酷"）了。

自二十世纪六十年代起，出现在美国和其他地区政治示威标语及涂鸦上的 "Amerika"，一直是个更具攻击性的误拼。这是对 "America"（美国）一词的德式翻译，也是约一九一二年弗朗茨·卡夫卡（Franz Kafka，一位擅写政治压抑的作家）所著小说的书名，一下子就让人联想到纳粹的专治噩梦，此时用于形容美国的对外政策和执法状况。理查德·菲尔马奇（Richard Firmage）在其饶有兴味的《字母表入门》（*The Alphabet Abecedarium*，一九九三年）一书中便有如此评论。

K 自然是卡夫卡本人的姓氏字头，也代表着他最著名的主人公，小说《审判》（一九二五年）里的约瑟夫·K。卡夫卡以其特有的骄傲和自信，看待他的个人字母。正如他在日记中所写："我发现字母 K 是令人不快的，简直让人恶心。"

今天，K 的险恶特色与 Ku Klux Klan（三 K 党）相生相伴。三 K 党奉行白人至上，要求对有色人种和其他少数族裔实施恐怖统治。该团体形成于内战后的美国南方，如今更因地而异，就人数而言，也更趋边缘化了。其名称或许源于希腊语词 kuklos，意为"圆圈"，外加一个"clan"（宗族、党派）。另有说法认为，ku-klux 是在模仿扳起手枪枪机、准备射击的声音。

词首的 K 用在别处，倒颇显温良。它出自希腊语的 khilioi，意指数量一千，如"她赚得了一百个 K（十万块钱）"。10K 赛程即十千米（kilometer）。K 代表钾元素，源出于中世纪表示钾的拉丁语单词 kalium，亦与源自阿拉伯语的单词"alkali"（碱）有关。家乐（Kellogg）公司的特制 K 牌谷类早餐食品，就是简单地以 Kellogg 公司而命名。K2 是世界第二高峰，位于中国和巴基斯坦边境，因为是喀喇昆仑（Karakoram）山脉第二座被测量的山峰而得名。但 k-9 警犬队仅仅是双关语，"canine"（犬科动物）一词的谐音

（1）罗马字母 K，出自约公元前五〇〇年从右向左书写的铭文。此罗马字形基本上照搬了埃特鲁斯坎人的 K，后者则是自希腊人处袭用而来。（2）公元二世纪时成熟的罗马字母 K。将近一千三百年后，在意大利，早期印刷商袭用了这一字形，作为其罗马字体中大写的 K。（3）笔书的 k，以所谓加洛林小书体的手写字体写成，出自大约八六五年的一份德语手稿。中世纪期间，对于英语或德语这些采用罗马字母的非罗曼语而言，K 显然必不可少。（4）巴斯克维尔古旧体（Baskerville Old Face），明显借鉴了昔日的罗马字母，其字体原型由英国人约翰·巴斯克维尔（John Baskerville）设计于大约一七六八年。

而已[1]。

　　第二次世界大战中美军的 K 口粮，因其研发科学家安塞尔·本杰明·基斯（Ancel Benjamin Keys）而得名。这些重量很轻、压缩包装、无需烹煮的应急膳食，正式的名称是"K型野战口粮"，乃美国技术的一次小小胜利，其营养和便利性，都较他国士兵所用为高。K 口粮于一九四二年投入使用，很快便取代了当时较差的 C 口粮——K 又一次和 C 干上了——不过，改进后的 C 口粮还是在战后军队中卷土重来。（"C 型战地口粮"里的 C 并非词首字母，而只是序数，意指"三号研发品"。）

1　k-9 [kei-nain] 与 canine ['keinain] 同音。

　　既然说到了二十世纪四十年代……*The K* 是美国诗人查尔斯·奥尔森（Charles Olson）一首标题令人费解的诗，写于一九四五年，第二次世界大战结束前数月。在 *The K* 中，三十四岁的奥尔森宣布，他决定弃官从诗，此前不久，他刚刚辞去了战时新闻局（OWI）的工作。诗人描写了自己的性唤起或再唤起，由失败或疲惫的低谷攀爬而上，他或许是在暗指，盟军在最初几年的大溃败之后，正在迫近胜利：

> 那就听听我的回答：
> 男人体内的潮汐
> 送他去往自己的月亮，
> 却也将他推后
> 他由谷底到浪峰
> 再次启程，膨胀成
> 肿大的我……

　　诗句未完，可诗题或许在此已获解读。K 便是那个"肿大的我"。换句话说，K 代表奥尔森，就像一个棍状男形，长着两条腿和一根勃起之物，移动向前。打量一下这个 K 的比例——这还是个大写的 K 呢，连小写的 k 都没用——说实在的，我们真可以把诗人奥尔森称作乐天派了。

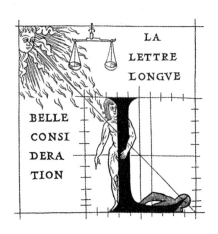

这幅奇妙的画,选自一五二九年出版的《字母的科学与艺术》——一本关于字母的书,作者是法国字体设计师和书法家若弗鲁瓦·托里——L的形体呈现于宇宙或神秘的术语之中。托里声称(显然郑重其事),古罗马人参照秋分后不久的人体投影,设计出了这个完美的L,时为九月末,太阳运行至黄道上的天秤座,比例相当。天秤座不仅是平衡与和谐的象征,还拥有正确的首字母。托里在此画出了设计理念,将人影(右下角)用作字母底部一横的基线。图中的法语题字,由左起,可译为"崇高敬意"和"长字母",亦即L。托里——后因所著《字母的科学与艺术》带来的声望,成为国王弗朗索瓦一世的御用印刷商——通常采用更为科学的字母设计方法。

L
天生诱惑

气流从旁泄出，这便是 L 的秘密。L 的发音需要将舌尖抵住上腭，部分阻塞口腔，让气流经舌的两侧泄出，同时让声带振动。（好像挺复杂？我们可是每天不假思索地这样做无数次啊。）如果你持续发 L 音，然后松开舌头，L 就变成了 R。英语的这两个辅音组成了一个小小的分类，名叫"流音"（liquid）——意指能持续发音，且在口腔中摩擦最少的辅音，但又与我们的半元音 W 和 Y 不同。

L 和 R 的亲缘关系，可在日本人的英语发音中得到证明。大量观察显示，日本人在讲话时，如未经练习，便无法说出 L 的发音。这一发音在他们的语言里是没有的。他们自然地以 R 入替。"no problem"（没问题）这句话变成了"no probrem"。"flying"（飞）则变成"frying"（煎）。

L 和 R 据信属于人类话语中最动听的发音。"Cellar door"（地窖门）的说法——最近因青春电影《唐尼·达科》（*Donnie Darko*，二〇〇一年，港译片名《死亡幻觉》）里提及它而备受关注——据说拥有特别中听的声音组合；在它的五个辅音发音中，三个是流音。对"cellar door"的赞美，至少可回溯到一九六三年，中世纪语言学家和《指环王》（*Lord of the Rings*）的作者托尔金（J. R. R. Tolkien）写了一篇论文，题为《英语和威尔士语》（English and Welsh）。"大部分讲英语的人，"托尔金写道，"都会承认 cellar door 很'美'，特别是在脱离其语义和拼写时，比别的词，比方说，sky（天空）更美，也远比 beautiful（美）更美。"托尔金解释说，作为一九一一年的牛津大学毕业生，他在对中世纪威尔士语的研究中发现，这是一种从头到脚充满了 cellar door 的语言。

单就令人感到慰藉的能力而言，字母 L 或许高居其他所有英语辅音字母之上，亦胜另一个竞争者 M 一筹。L 的慰藉功效，可在"lull"（平静）、"lullaby"（催眠曲）、"lollipop"（棒棒糖）、"lotus land"（安乐乡）和"la-la land"（梦幻之地）中听到——后两个词有时分别指美国西北部太平洋沿岸和南加州地区的梦幻情调。即便是"loss leader"（亏本甩卖的商品）这个（用于推销的）术语，也多少暗含着某种催眠般的效果。

L 的精妙发音，数百年来一直为语词行家欣赏和利用。

本·琼森在其一六四〇年的《英语语法》中，说 L "化于音中，故称流音"。在多种语言的诗歌里，L 都传达着温柔、平静、流动、童真、光滑、启程、逐渐释放或屈服，性意味亦含在其中。值得注意的是，这种种的微妙之处，大多在弗拉基米尔·纳博科夫（Vladimir Nabokov）所著《洛丽塔》（*Lolita*）一书的书名里一览无余，这本一九五五年出版的感觉主义小说写的是四十岁的男人爱上了十二岁的女孩。

在约翰·弥尔顿（John Milton）的《失乐园》（*Paradise Lost*，一六六七年）中，L 曾出手相助，描绘出一幅圣经中伊甸园的图画——

> Hill, dale, and shady woods, and sunny plains,
> And liquid lapse of murmuring streams. . .
> （有山谷、林木成荫，当阳的原野，
> 晶莹地流淌着潺潺的溪涧……[1]）

——还有托马斯·格雷（Thomas Gray）《墓园挽歌》（*Elegy Written in a Country Churchyard*，一七五〇年）里的夜幕低垂：

> The curfew tolls the knell of parting day,

---

1 引金发燊译文。

The lowing herd wind slowly o'er the lea . . .

（晚钟响起，白日将尽，

鸣牛徐徐，婉转草原……）

还有罗马皇帝哈德良在公元一三〇年左右写下的那首拉丁名诗，伤感地描写了灵魂飞离死去的躯体，我们可别忘了它的头一句：Animula vagula blandula（纤弱的灵魂游走迷离）……其中的 L 颇有从指缝间溜走的感觉。但愿这皇帝未借影子写手之力，来写他的鬼影之诗。

L 的历史也算一帆风顺。远古的 L 或许有两个字母，分别出自已知世界上最早的字母文字，即大约公元前一八〇〇年埃及中部恐怖谷的石刻铭文。其中一个字母，好像是手写的古代闪米特语单词 el 的一部分，此词意为"神"（见第 53 页照片）。不过，像其他字母一样，我们关于早期 L 的最佳资讯，还是来自古代闪米特字母表发展较为晚近的阶段，即公元前一〇〇〇年的腓尼基字母表。

这一腓尼基字母呈撬棍形，名叫 lamed，发音为"lah-med"，意为"赶牛棒"。（赶牛棒乃一粗棍，多带钩状手柄，用于放牧时刺戳牲畜。）Lamed 发其名称起首的"l"音。它在腓尼基字母表中排第十二位，与我们 L 今天的位置相同。

公元前八〇〇年左右，希腊人袭用了腓尼基字母表，并将 lamed 用作自己的 L 字母，在字母表上亦排第十二位。与所有腓尼基字母一样，希腊人调整了 lamed 的名称，使之

（1）约公元前一八〇〇年恐怖谷铭文中的闪米特字母。根据日后的闪米特字形，我们相信，这就是已知最早的 L 形字母。（2）一千年后的同一字母：腓尼基人的 lamed，意为"赶牛棒"，出自约公元前八〇〇年的一份铭文。在腓尼基字母表中，lamed 排在第十二位，发"l"音，与其名称的起首音相同。字形中的钩子大概是赶牛棒的弯头，可以挂在牧人的胳膊上。在从右向左书写的腓尼基文字中，lamed 是朝着"身后"的，指向前一个字母。（3）希腊的 lambda，出自大约公元前七二五年一份从右向左刻写的铭文。此希腊字母反向而立，朝着词尾或行尾的方向。我们现代的 L 遵从了这一传统，唯一的区别在于，我们完全是从左向右书写。（4）早期罗马的 L，此样本出自大约公元前五〇〇年，乃从右向左书写，几乎完全模仿了埃特鲁斯坎人的 L 字母，而埃特鲁斯坎人模仿的是希腊字母。（5）公元前三世纪晚期的罗马字母 L，形状已经是我们熟悉的直角了。此外，当时罗马人的书写方向已固定为从左到右。

听起来更希腊化。他们最初称自己的字母为 labda，后来改称 lambda。在转换的过程中，"赶牛棒"的意思已经消失：lambda 的名称在希腊语中除了表示该字母之外，再无他义。

希腊人也对字形做了一处改动：他们把它翻了个个儿，于是它便面对着与腓尼基字形相反的方向了。腓尼基 lamed 的脚或手柄，是朝向书写时的前一个字母的，而希腊的 lambda 正相反，它指向下一个字母。这一改变，使 lambda 得以归入最不对称的早期希腊字母之列，它们的短横和走笔朝着书写进行的方向，而非背向而行。早期的希腊文字本身，写起来既可以从右向左，也可以从左向右；因此 lambda 朝向哪一面

Lambda 协会

现代希腊语的大写和小写 lambda，即 L 字母。两者均源自大约公元前四〇〇
年的古典雅典字形。

像 delta、eta 等希腊字母一样，lambda 在大约公元前七〇〇年，转手进
入意大利埃特鲁斯坎人的字母表之后，还在希腊字母表中继续演化。在希腊
的书写传统里，lambda 的身形终于变成双腿而立（上图图左），但仍能从中
看出我们自己 L 的基本特点。

这个成熟的 lambda 也有自己的故事。出于某些尚未明了的原因，小写
的 λ 在二十世纪早期，成了表示各种波长的科学符号，且常用于短波无线电
信号。由于这一层背景，大约在一九七〇年，λ 又成了同性恋身份的标志——
之所以与此有染，盖因当时同性恋的生活方式通常需要一定的保密措施，还
要掩人耳目地互通信号；有人要找同好，得波长相同才行。今天，尽管这种
隐秘的方式在许多场所已废弃不用，但 lambda 和 λ 仍然是同性恋自我承认
的符号。例如，在大学校园里，"Lambda 协会"（Lambda Society）往往就
是同性恋团体的代名词。美国全国性的女同性恋联谊会叫作 "Lambda Delta
Lambda"；全国男同性恋协会则叫作 "Delta Lambda Phi"。

都成，但要视乎书写进行的方向。

Lambda 和其他希腊字母一起，随希腊商船来到了意大利
西部（公元前七〇〇年），很快被复制进了此地的埃特鲁斯坎
字母表。埃特鲁斯坎的字母 L 又被复制进新生的罗马字母表
（公元前六〇〇年）。罗马人进一步修改了该字母的形体，使
之得以为我们所承继。

L 的形貌所赢得的赞誉，终究比不上它的发音。大写的 L

1　2　3　4　5

（1）公元二世纪罗马帝国的 L。这一字形加上了俊秀的衬线，且粗细有致，成为现代印刷体大写字母 L 的通用范本。（2）以人称"俗体"的拉丁文手写字体写成的 L，出自大约公元六世纪的一份手稿。此 L 与俗体 I 的形貌非常相近，区别只在于前者的"脚"略大。（3）以加洛林小书写体写成的 l，出自大约九七〇年英格兰南部的一份拉丁文宗教文书。该字母清晰易辨，与加洛林体的 i 明显不同，不仅个头更高，脚也很有特色。（4）意大利文艺复兴时期的人文主义手写字体，从这一小写字形中，我们小写的 l 已见端倪——此例出自约一五四〇年罗马的一份拉丁文手稿。人文主义字形以几百年前的加洛林小书写体为基础，为约一四七〇年最早的罗马印刷体小写字母提供了范本。（5）人文主义字形通过加拉蒙印刷体的 l 存留至今。加拉蒙体的原型是十六世纪的字体设计。

看起来不错，但小写的 l 却独享我们全部五十二种字母形体中最不易辨认者的名望，对现代阅读测试的分析可资为证。一旦脱离了熟悉的单词拼写的上下文关系，l 便会与大写的 I 或数字 1 混淆不清。在手动打字机——旧日的笔记本电脑上，小写的 l 还会兼做数字 1。

　　小写的 l 也能体现衬线字体极佳的易辨性（该字体将细小笔画用于字形结尾处，所据范本出自古罗马；本页所用字体即其中之一种）。测试表明，衬线字体读起来更快，论大小，也小于无衬线字体。小写的 l 便体现了这一优点，在与相对应的光棍——无衬线的 l 对抗时，它用了三个小尖角，抓住了读者辨识的目光。这个 l 用以表示无衬线的小写 l 时，与无衬线的大写 I 外形几乎相同。"Ill"一词若置于句首——即便用的是衬线体，也挺让人心烦的——用无衬线体，便看似 Ill，形同罗马数字"三"，或是三个无衬线的小写 l。这种含含糊糊或许是现代主流印刷体的软肋，足以让你 Ill（头疼）。

这些瑕疵会拖慢读者，但并不致命，其中一个重要原因是：作为成年人，我们并非一个字母一个字母地阅读，而是整词整词地读。我们的目光扫过页面，一眼就能辨识出词汇的形貌，并捕获其意义，对单个字母则几乎不予考虑。为达此目标，最合适的词汇形貌便是小写——六分之一英寸（四点二三毫米）高的有衬线字体当属最佳。从另一方面来说，全用大写字母印刷的文字会让我们失去熟悉的词汇形貌，导致阅读速度变慢。如果你的同事喜欢发全大写的"URGENT"（急件）备忘信，那就跟他说说这些吧。

和其他字母一样，对我们文本中熟悉的词汇形貌，小写的 l 也效尽了绵薄之力。就这种意义而言，其外形缺点更多是理论上而非实践上的。通过在我们的词汇拼写中占有一席之地，它得到了回报。

毫不奇怪，小写 l 那难于辨认的字形很晚才出现在字母表中：它是最晚出现的一个。我们所有字母的小写字形，都产生于古代晚期和中世纪书法中的手写体。例如，d 或 h 的形体大约形成于公元四世纪的安色尔手写体。但是，小写 l 的形体只是到了十五世纪，才在意大利人文主义手写体中最终成形。

（有些字母从未发展出不同的小写体，如 O 和 X。）

作为我们字母表上的第十二个字母，L 排在英语出版物字母使用频率的第十一位——略高于 U，与 D 不相上下。学界认为，"should"和"walk"等词中辅音前的哑音 L，是古英语发音留下的纪念。这种缓慢的消音过程，可见于"palm"一词，在现代英语词典中，它有两种可能的发音：L 发音或不发音[1]。

在书面语中，"ell"可指建筑物的延伸部分，与主体结构成直角，故而若从空中俯瞰，整个建筑当呈 L 形。"Ell"又可指直角弯管。但是在莎士比亚和更早的英国作家看来，"ell"（厄尔）与字形无关，而是一种长度单位，约合四十五英寸（一百一十四厘米），可回溯至古英语单词 eln。只有一个 L 的"el"，是"elevated subway line"（高架铁道）的简写，如曼哈顿老旧的 Third Avenue EL（第三街高架铁道），已于一九五五年拆除。

《一 L》（One L）是斯科特·图罗（Scott Turow）一九七七年回忆录的书名，讲的是他在哈佛法学院的第一学年，所谓"一 L"，只不过用以表示一年级新生，与"二 L"或"三 L"相对。在度量单位中，L 可用作"长度"（length）、"经度"（longitude）和"纬度"（latitude，仅用小写）的缩写。令人惊讶的是，表示五十的罗马数字 L，却并非某词的缩写（拉丁语的五十是 quinquaginta），而被认为是用来纪念一个远古的

---

1 should [ʃud]，应该；walk [wɔːk]，走；palm [pɑːm] 或 [pɑːlm]，手掌。

罗马符号，一个经过标准化、变得状如字母 L 的数字。这种解释同样适用于令人费解的罗马数字 V，它表示五，还有表示十的 X，以及表示五百的 D，它们无一代表某个拉丁语词汇。不过，表示一千的 M 却是拉丁语单词 mille 的缩写，而表示一百的 C 最早显然也是个抽象符号，但随着时间的流逝，逐渐受到"吸引"，成了最适合表示拉丁语 centum（百）缩写的字形。同时，罗马数字 I 表示一，II 表示二，可谓形义相符。罗马的 IV 则意味着"比五少一"。还有，大伙儿这会儿都知道了，罗马的 III 意指"ill"（开个玩笑）。

表示英镑的传统符号 £，乃中世纪哥特手写字体的 L。它代表拉丁语的 libra，即古罗马的磅重，我们的缩写词 lb（磅）有同样的出处。（libra 另有"天秤"之意，因天秤星座而名扬千古；见第 254 页。）在公元一二八〇年前后的英格兰，这个词意指一磅重的银，是标准的大额货币单位，相当于二百四十个银便士（后来改用铜币，最终降低币值并重定为每镑一百便士）。如果有朝一日，英国也加入欧元货币体系的话，£ 也将令人伤感地走到尽头——滑落（slipping），消失（lost），当告别的钟声响起（the bell tolls farewell）。恰似与 L 道别。

一个 L 还是两个 L？

美式拼写的诞生

萧伯纳说过，英国人和美国人是被同一种语言分开的两个民族。他们不仅语音不同，词汇有异，拼写规则也不一样。

如同 "honor" 和 "honour"（荣誉）、"defense" 和 "defence"（防卫）[1] 在拼写上各具其形，词中某些位置用一个 L 还是两个 L，也是美国英语的一个明显标志。经典示例有美式的 "traveled"（经常旅行的）、"jewelry"（珠宝）、"counselor"（顾问）和 "woolen"（羊毛的），对应着英国和英联邦国家的 "travelled" "jewellery" "counsellor" 和 "woollen"。不过，美式拼写有时也会用两个 L，不仅是在 "hall"（厅堂）这样明显的情况下，在 "controlled"（控制，原型为 "control"）、"impelled"（推动，原型为 "impel"）和其他词中，亦有所见。

我们大多数特有的美式拼写规则，都来自教育家和词典编纂家诺厄·韦伯斯特，他是康涅狄格州生人，其鸿篇巨制为一八二八年的《美国英语字典》，也是今天所有"韦氏"字典的祖爷爷。韦伯斯特的两卷本大部头收有七万词条，是十九世纪美国词汇和拼写的权威之作，将美国英语引上了一条摆脱英国用法的自信道路。

韦伯斯特是美国的爱国分子，曾中断耶鲁大学的学业，短暂投身于美国革命。他本人认识乔治·华盛顿、本杰明·富兰克林，以及与他交恶的托马斯·杰斐逊。韦伯斯特期望出现一种全然不同的美国语言，借以让新生的国家团结一心，并独立于英国的出版物及其他文化影响之外。他撰文，演讲，图谋以一己之力，推动这种美国语言的建立。

彼时之英语拼写尚未固定，韦伯斯特编纂字典时，便着意构建一种稳定的拼写规则，以在美国英语和英国英语之间创造出不同之处。英国英语当时的权威著作，乃塞缪尔·约翰逊一七五五年出版的字典（见第 235 页相关介绍）。韦氏的许多拼写都与约翰逊不同。

有些韦伯斯特的拼写，可以说比英式拼写来得更为正宗：韦氏的 "color"（颜色，对应着 "colour"）和 "favor"（喜爱，对应着 "favour"），将中世纪

---

1 Honor 和 defense 是美式拼写，honour 和 defence 则为英式。

法语的干预性影响剔除在外，让这些单词复归其原初的拉丁文拼写。其他的韦氏拼写则以十九世纪二十年代既存的、通行的美式用语为准，如以"racket"取代英国的"racquet"（球拍），以"jail"取代"gaol"（监狱）。但他有些选择看起来更像蓄意为之——如以古英语单词"mold"取代"mould"（铸造），便似乎别有用心，生生要把美国人与英国人分开。一八二八年的少数韦氏词汇过于古怪，如以"aker"取代"acre"（英亩），以中世纪风格的"tung"取代"tongue"（舌头），因而遭到美国公众的拒斥，而它们也就从字典的后续版本中消失不见了。

韦伯斯特通常尽可能挑选较短格式的单词，用于美国英语，比如选用"program"而非"programme"（计划），选用"plow"而非"plough"（犁），选用"ax"而非"axe"（斧）。他喜欢拿双辅音字母开刀，将其精简为单辅音，例如，由英国英语的"waggon"简化为"wagon"（四轮马车）。辅音字母由单改双，则常见于以单辅音结尾之词汇的派生格式，如"focus"转成"focussed"的英式变化。

韦伯斯特确立的美式拼写原则为，词尾辅音若不构成重读音节，通常便无需在派生词中改为双写。因而"focused"（一个 S）便是美式。这一规则将许多一线词汇中的第二个 L 拉下了马，让其美国格式变成了"traveler"（旅行者）、"channeled"（有凹槽的）、"marvelous"（了不起的）、"duelist"（决斗者）等等，而其英式拼写仍然保留着两个 L。不过在重读音节中，韦伯斯特允许辅音字母双写，这就是为什么今天我们还有"appalling"（骇人的）、"distiller"（蒸馏器）、"beginning"（开端）等拼写的原因所在。

　　诺厄·韦伯斯特（一七五八～一八四三）像，詹姆斯·沙普尔斯（James Sharples）绘于大约一七九六年。韦伯斯特性格暴烈，既有出众的才华，又有传道士般的热情，毕六十年之力，以图锻造出一种独特的美国语言。他是康涅狄格州西哈特福德（West Hartford）一位庄稼汉的儿子，父亲为把这孩子送进耶鲁，抵押并随后失去了自家的农场。但是诺厄成了学校教员和律师，二十五岁就出版了《美语拼字书》（*American Spelling Book*，一七八三年），让他毕生衣食无忧。这本"蓝皮拼字书"出版于美国革命行将结束之际，迎合了美国学校和公众对非英国出版的权威拼写指南的需求，因而大获成功。在韦伯斯特生前，此书印行了大约四百版，成了十九世纪美国学校的必备用书。

　　令人啼笑皆非的是，韦伯斯特后来弃用并改变了其拼字课本的许多拼写。在它出版之后不久，他便醉心于改革美语拼写的梦想，意图藉此为美国的统一和身份认同效命。他认为，一种独特的美式拼写将大大促进美国出版业的发展（以此对抗英国图书和印版的进口），并在更广泛的意义上打破美国在文化上屈从于英国的可悲局面。"民族语言者，民族团结之纽带也。"他写道，"为成就吾国吾民之民族性，可无所不用……以激发人民对民族特性之自豪感。"

　　一七八三年的拼字书本已系统化地采纳了英式标准，韦伯斯特却在此时着手创立一种纯粹的美式体系。他以所著《英语简明字典》（*A Compendious Dictionary of the English Language*，一八〇六年）作为起步。尽管与他日后著名的《美国英语字典》相比，这本早期著作的重要性有所降低，但它提出了拼写法则上的创新，而且可能是世界上最早一部采用二十六个字母的字母表的英语字典：也就是说，它将 J 和 V 视作完全独立的第二十五和第二十六个字母。此前的字典编纂者，尤其是影响深远的塞缪尔·约翰逊，只承认二十四个字母，不给 J 和 V 单独分章，而是将它们视作 I 和 U 的变体。（见第 229 ~ 232 页。）

《美国英语字典》（一八二八年）有七万词条，堪称韦伯斯特的杰作，亦是其一大遗产，此书出版时他已七十高寿。为成就此书，他耗去二十二年光阴，用于研究和写作，并钻研古今二十余种语言，考证英语词源，甚至在六十六岁时远渡重洋，叩访英国和法国的多家图书馆。这本字典通俗易懂，与时俱进，即便在拼写上大搞创新，亦成为权威的工具书，将美国英语从英国字典中解放出来。它销售不错，却不赚钱，于是老韦伯斯特抵押了房产，筹钱出第二版（一八四一年），但并不成功。一八四三年韦伯斯特死后，家属将此书版权卖给了马萨诸塞州斯普林菲尔德的梅里亚姆两兄弟：乔治和查尔斯（George and Charles Merriam），其公司出版人们熟悉的美林-韦氏（Merriam-Webster）字典，直至今日。

"她最后一次看到他们的时候，他们正忙着把那只睡鼠塞到茶壶里去呢。"这句话出现在刘易斯·卡罗尔（Lewis Carroll）的《爱丽丝漫游奇境》（*Alice's Adventures in Wonderland*）中，在"疯茶会"（Mad Tea-Party）一章的最后。一八六五年的首版还配有约翰·坦尼尔（John Tenniel）经典的钢笔画插图。画里面正往里塞睡鼠的，是三月兔（March Hare）和疯帽匠（Mad Hatter）。这究竟是我们的想象呢，还是这三个家伙的位置确实在暗示着 M 的形状？在这一章的标题和两位主角的名字里，M 占据了一个突出位置，此章的对话里也神秘兮兮地提到了它[1]。

1　爱丽丝见到的这三个家伙——睡鼠、三月兔和疯帽匠，都有些疯疯癫癫的。睡鼠还讲了一个故事，说井底住着三姐妹，从水井抽取糖浆，画各种以 M 开头的东西，如老鼠夹子（mouse-traps）、月亮（moon）、记忆（memory），还有"许许多多"（muchness）。

M
母系之始

Ma-ma-ma-ma-ma。孩子说出来的这种声音，有多少父母还记得呢？大量研究证实，ma 是婴儿最早发出的基本语音之一，全世界都一样。与 B 和 P 一样（它们在婴儿词汇表中也有一席之地），M 属于辅音里的唇音（labial）类，源自表示"双唇"的拉丁语词汇。这三个唇音均由双唇发出，不需要动用舌头，也无需牙齿配合，简单得足以让小到两三个月的婴儿讲出。相形之下，"j""v"或"sh"这样的发音，可能要到孩子再大些才会出现，因为孩童在出生后六个月内，虽然能学习辨别很多成人语言的发音，但一开始能试着模仿的也仅有少数几个（见翻面后下半页）。

当宝宝说 ma-ma 时，不一定是"妈妈"的意思。它或许毫无意义，或许在孩童自己的语言里另有所指：笔者的女儿一岁大时，就会说 ma-ma-ma 来跟人交流，意思是"我饿了"。（她妈妈那会儿被叫作 da，我也是 da。）不过，由于它在儿童沟通方面非常管用，所以千百年来，在不同的语言里，ma 这个音节都表示着"妈妈"。更确切地说，是婴儿所讲的 ma-ma-ma 把自己强加给了——部分通过它那令人愉快的遐想——世界各地的成人语汇。

找几种语言，看一下其中的"妈妈"吧，这些语言互不相干，在语言学和地理上各自独立。有汉语普通话的 ma、印地语的 maa、越南语的 me、马来语的 emak、夏威夷语的 makuahine、斯瓦希里语的 mama、芬兰语的 emo、希伯来语的 ema、巴斯克语的 ama、克丘亚语（Quechua，秘鲁的土

成人童语

婴言童语可能让世界语言的各个方面平添了几分色彩

婴儿在人生头一年便学习说话——先是咿呀婴语，接下来便是真正字词的萌发——他们模仿从周围听到的语音。（说给婴儿听的这种语音，往往音调夸张，拖着长音，显然有助于宝宝学舌——"How did you sleeeep？"〔睡得好——吗？〕）但长期以来，一直有些学者认为，育婴期的语言有一部分是双向的，英语和其他语言里某些与家庭相关的词汇，也许就是在史前期模仿婴言童语的过程中形成的。这些字词，婴儿很容易发音，爸爸妈妈大概也会加以鼓励诱导——"说 dada"——这些字在语言里的位置就这样固定下来了。

都有哪些字呢？虽然因语言而异，但在英语中是"ba""da""ma"和"pa"。

婴儿口中最早发出的语音，有时可能早至出生后第二个月，一般都是纯粹的元音："啊"（ah）、"咿"（ee）、"呜"（oo），据说全世界的婴儿都爱说，

著语言）的 ma——它们的不约而同真是 re(ma)rkable（颇为显著），而其中并无什么难以说清的共同起因。

在上文提及的语言中，印地语属于印欧语系的大家庭，英语也在其中。在印欧语系里，用 ma 来表示"妈妈"极为普遍。现代学者很久以来便提出理论，认为大约公元前四〇〇〇年的原始印欧语言已有"妈妈"一词，类似 mater（音同 mah-tair）。以此为根，在历代的数十种后世印欧语言中，生出了相似的"母亲"词汇——包括英语在内，词曰"mother"。

例如，比较一下古梵语的 matr、古希腊语的 meter（音同 may-tair）、现代波斯语的 madar、爱尔兰语的 máthair、俄语的 mat（音同 mat-eh）、波兰语的 matka、捷克语的 matka、

尤以"啊"说得最早，也最频繁。婴儿的下一步通常在出生后不到四个月时开始，此时会有辅音出现在元音之前：比如 ma-ma-ma 这类纯粹的婴言童语。

然而，并非所有的辅音，宝宝都力所能及：某些发音，如"sh"或"j"，既然儿童完全能够理解，可能也要花好几年才能掌握。像其他许多语言一样，在英语中，最早连贯发出的辅音大概属于唇音、齿龈音或软腭音类——如"b""m""p""d""t""g"或"k"——加诸"ah"和"oo"等元音之前。

有语言学家从中发现了某些成人英语词汇的终极起源，如"mama""papa""daddy"和（爱尔兰语的）"da"。我们"baby"一词的正式出身，是中世纪法语的 bébé，后者也许源自晚期拉丁语的 baba。可拉丁语的 baba 又从何而来？肯定是来自对婴言童语的模仿。不过，在其他语言里，发音相仿的词各有其不同的家族关系。俄语里 baba 的意思是奶奶；在斯瓦希里语中，baba 是父亲。阿拉伯语的父亲则是 abu，听起来与 baba 差的也不是太远。而在东欧格鲁吉亚共和国的语言里，父亲却是我们的老朋友 mama……母亲反倒成了 deda。

荷兰语的 moeder、丹麦语的 moder 和古代拉丁语的 mater
（音同 mah-tair）。从拉丁语又衍生出现代的罗曼语词，如西
班牙语的 madre、葡萄牙语的 mae、法语的 mère，以及英语
形容词 "maternal"（母亲的）。我们的 "mother" 一词来自
古英语的 modor，跟上面提到的荷兰语和丹麦语词汇，以及
德语的 mutter（音同 moo-tair）有血缘关系。德语的这个词
也许还涉及一句双关语，即二十世纪二三十年代的美国作家、
"阿尔冈昆圆桌会议"（Algonquin Round Table）的才女多萝
西·帕克（Dorothy Parker）所言："姑娘最好的朋友是她的
mutter。"[1]

印欧语词 mater 的起源，或许与印欧语言中的 mamma 一
词有关，意指母亲的乳房。至于该词从何而来，我们可以做
个猜测——史前印欧语系婴孩所讲的 ma-ma-ma-ma，意思或
许是 "妈妈"，甚或 "我饿了"。以 mamma 为根词，在希腊
语、俄语、立陶宛语、爱尔兰语、威尔士语和其他印欧语言
中，衍生出了表示 "乳房" 的相近词汇。但影响最大的衍生词，
当属古拉丁语的 mamma（同样指母亲的乳房），由此形成了
我们的词汇："mammary"（乳房的）和 "mammal"（哺乳动物）。
哺乳动物即吃奶一族。

你不得不感叹，ma 与母亲的联系竟是如此紧密。的确，

1　阿尔冈昆圆桌会议是纽约的一个作家团体，成立于一九一九年，因曼哈顿的阿
尔冈昆旅馆得名。多萝西·帕克（一八九三～一九六七）是唯一的女性发起人。
mutter 在英语中意为 "嘟哝、抱怨"，故语义双关。

印欧语言中所有表示"母亲"的词汇，都出自同一个根词，这也许可以解释它们为何拘泥于相似的发音；但大多数词汇历数千年之变，由一种印欧语言到另一种，并未保持如此之大的相似。表示"水"或"家"的词汇，今天在印地语、希腊语、德语、西班牙语等语言中各不相同。相形之下，表示"母亲"的词却一直发音相仿，或 ma 或 mat，甚至多有繁衍，如法语的 maman 或英语的 "mommy""mamma" 和 "ma"——这些词显然基于咿呀儿语。

因此，字母 M 代表着人类的基础语音，于是从一开始就成了字母表中的一员。一些据信是 M 的字母，以竖立的波状线形式，出现于现存世界上最古老的文字，即位于埃及中部恐怖谷大约公元前一八〇〇年的两块闪米特语石刻铭文。学界认为，这个字母叫作 mem，在其使用者的闪米特语言中，意为"水"，发此名称起首的"m"音。像所有的早期字母一样，mem 也是图形，波状线清晰地表示着水。该字母竖立而非横躺的式样，是个非常规的选择，却为判明第一代闪米特字母表的发明日期提供了线索：详见第 52 ~ 53 页。近四千年之后的今天，原初 mem 的波浪形状在我们大写 M 的锯齿上仍然存在。

继承了古代闪米特字母表的腓尼基人，也有个在外形上更为简洁的 mem（公元前一〇〇〇年）。现存腓尼基人的字表序列显示，mem 为其字母表上的第十三个字母，正如 M 今天仍然是我们的第十三个字母一样。

后来的铭文显示，腓尼基人的 mem 在字形上出现了变化：波状线彼时转为横向，该字母与我们现代的 M 更为相似，不过它仍有一条长而竖立的支撑"腿"。也许由于这种变化，让 mem 的样貌更为与众不同。

快到公元前八〇〇年的时候，腓尼基字母表为希腊人所袭用。mem 代表的发音对希腊人而言，如同对腓尼基人一样不可或缺，它遂被引入新生的希腊字母表，保持着锯齿状的样貌、"m"的发音，以及在字母表中第十三位的排名，不过那时的它，有了一个希腊化的名称：mu。像所有早期希腊字母的名称一样，mu 之名在希腊语中，除了表示该字母之外，便再无他义。"水"的含义留给了闪米特字母。

公元前八世纪，mu 和其他希腊字母一起，由希腊商船带至意大利，不久便被埃特鲁斯坎人所袭用（公元前七〇〇年），而后，埃特鲁斯坎字母表又被罗马人袭用（公元前六〇〇年）。在罗马人手下，这个锯齿状的字母，终于固定为以两条长短相当的腿站立：状似我们的 M。这种字形在罗马灭亡（公元五〇〇年）后，便传入了欧洲文字之中。

在罗马帝国晚期，该字母的名称或许叫"emmeh"，与它在现代西班牙语中的名称几乎相同。在从晚期拉丁语到古法语，再到中古英语（随着一〇六六年诺曼人征服英格兰），以及由此再到现代英语的传承过程中，"emmeh"简化成了"em"。

我们小写的 m，不过是源自名为安色尔字体的晚期罗马手写体，它外形圆润，出现于公元三〇〇年前后。在中世纪时期，

（1）公元前二〇〇〇年埃及象形文字中的水形字。在埃及的图形文字中，它意指"水"或发音"n"，或在与其他图形组合使用时另具他义。水形符号通常横着画，但在公元前二〇〇〇年前后埃及的那一特定时代，水形符号却是竖着的。彼时侨居埃及的闪米特人袭用了该符号，作为他们新创字母表中的字母 M。我们相信，发明者将该字母称作 mem，在闪米特语里的意思是"水"。（2）恐怖谷闪米特铭文里的mem，出自公元前一八〇〇年左右，是已知最古老的字母文字。mem 在外形上模仿了埃及象形文字，却自有其不同的含义：它表示"m"音，一如其名称的起首音。（3）腓尼基人的 mem，大约公元前一〇〇〇年。其紧凑、卷曲的体形，与我们侧立的字母 m 略有几分相似。Mem 之名仍然意指"水"。（4）另一个腓尼基的 mem，约公元前八〇〇年。此时的腓尼基人已经改变了该字母的形貌，使之更简洁，也更独特。（5）希腊的 M 字母 mu，出自大约公元前七二五年的一份铭文。mu 在外形、发音、字母表排序和名称上，都袭用了腓尼基的 mem。

M & M

M & M 糖是裹着薄薄糖衣的巧克力豆，名称得自其发明者弗雷斯特·马尔斯（Forrest Mars，约一九四〇年）和他创立的马尔斯糖果公司。依照M&M 的发音重新拼写，我们就得到了"Eminem"，一位颇具争议的白人说唱歌手，而其本名是马歇尔·马瑟斯（Marshall Mathers）。"Eminem"之名显然指的是这位说唱歌手的本名缩写，但也可能表明了他的诚挚信念：他本质上就像 M & M 糖豆，内心是棕色的（换句话说，是黑色的）。

m 的这一样貌还促成了一种宗教观念，即上帝曾在我们脸上写下人类之名：鼻子、眉毛，和两边的颊骨，组成了一个 m，双眼是 m 中间的两个字母 o。于是，我们的脸便可读作"omo"，或是拉丁语的 homo，意为"人"。

如前所述，M 在语音学上属于"唇音"类。但是，像大部分辅音一样，它也属于某种第二类别。M 的另一种分类是"鼻音"（nasal）——发 M 音时，你需要由内部，向上送气流通过鼻腔，并把鼻腔当作音箱使用。（在英语中，M 和 N 是仅有的两个鼻音字母。）

M 流畅的发音一直受到诗人的青睐。约翰·弥尔顿的诗句，在第 257 页已经引用过的 "liquid lapse of murmuring streams"（晶莹地流淌着潺潺的溪涧），对 M 和 N 的作用同样倚重。在维吉尔的拉丁语史诗《埃涅阿斯纪》著名的开篇词句中，有一个更为洪亮的 M，它讲的是传说中罗马民族的创立者和英雄埃涅阿斯的征战：Arma virumque cano……（我要说的是战争和一个人的故事）[1]。

维吉尔的 M 传达出危险和庄严。在其他场合，M 也有危险和神秘的寓意，或许原因就在于 "mystery"（神秘）这个词。没有哪部电影的片名，能比 *Dial M for Murder*[2] 更让人揪心的了，此乃希区柯克（Alfred Hitchcock）一九五四年的经

---

1 引杨周翰译文。
2 通译《电话谋杀案》，由后来成为摩纳哥王妃的格蕾丝·凯利主演。

（1）早期罗马的 M，约公元前五二〇年。该字母的形貌袭用自埃特鲁斯坎字母，后者则从希腊人处袭来。（2）罗马的 M，出自公元一一一三年著名的图拉真碑铭。这一成熟的字形到一四七〇年前后，就成了早期印刷字体中"罗马体"大写 M 的范本。（3）笔书的 M，出自四五〇年前后，意大利一份以安色尔手写体写成的拉丁文手稿。安色尔将这一棱角分明的大写字母柔化为圆润的驼峰状，更易于书写，也是我们现代小写 m 的前身。它和 d、h、q 一样，是公元后第一个千年纪里，最早出现于欧洲书法中的未来小写字形。（4）以加洛林小书写体写成的 m，出自九七五年前后英格兰南部的一份拉丁文手稿。加洛林字体脱胎于安色尔体，后来启发了早期的印刷商，从而设计出了小写的 m。

典悬疑片，讲的是丈夫密谋杀害毫不知情的妻子。休·格拉夫顿（Sue Grafton）以字母序列为书名的系列侦探小说，则不仅产生出《M 代表恶谋》（*M Is for Malice*，一九九六年），亦有这些小说的女主人公 Kinsey Millhone[1]。在托尔金的奇幻三部曲《指环王》（一九五四年～一九五五年）中，邪恶的反面人物住在一个名叫 Mordor 的黑暗势力领地——这个词可不是什么巧合，它在古英语里的意思，就是"murder"（谋杀）。

---

1 格拉夫顿（一九四〇～二〇一七）是美国畅销侦探小说家，以女探金茜·米尔洪为主人公的系列作品，均以字母作为书名，如《A 代表犯罪现场》（*A is for Alibi*）、《B 代表夜盗》（*B is for Burglar*）、《C 代表尸体》（*C is for Corpse*）等等。

阿瑟·柯南·道尔（Arthur Conan Doyle）在其福尔摩斯小说《空宅历险》（*The Adventure of the Empty House*，一九○三年）里，将 M 定性为恶棍的字母。热衷于追索谋杀和欺诈行为的福尔摩斯，与忠诚的华生大夫坐在书房，查阅自编的"传记索引"，这是一份恶棍名录。编入索引 M 卷的首恶便是福尔摩斯的死敌、邪恶的天才詹姆斯·莫里亚蒂（James Moriarity）教授。然而当晚的对手另有其人，即"伦敦第二危险的人"。华生描述了福尔摩斯如何——

> 懒洋洋地翻弄着纸张，身体往后靠在椅子上，大口抽着雪茄，喷云吐雾。
>
> "我收在 M 卷里的资料可真不少。"他说，"莫里亚蒂这个人足以让任何字母出类拔萃。这是投毒者摩根（Morgan），这是让人一想起来便觉得恶心的莫里丢（Merridew），还有马修斯（Mathews），他在查令十字车站的候车室里，打掉了我左边的犬齿，最后这位，就是我们今晚见到的朋友。"
>
> 他把那本子递给我，我看到……

噢，不能再往下说了[1]。

二十世纪五六十年代，在有人发明出纯属戏仿的奥斯

1　华生看到的人名是莫兰（Moran, Sebastian）上校。

汀·鲍尔斯（Austin Powers）[1]之前很久，便有虚构的英国超级间谍詹姆斯·邦德存在了。伊恩·弗莱明（Ian Fleming）写尽阴谋和冒险的小说以他为主人公。邦德有个脾气暴躁的上司，人们只知其名为 M，不过故事某处又指认此人为迈尔斯·梅瑟维（Miles Messervey）爵士[2]。使用这一大写字头，创造出了一种谍影幢幢的神秘气氛，也暗示着一种堂而皇之的象征符号：祖国（Motherland）？使命（Mission）？人类（Mankind）？

然而，文学作品中最难以捉摸的 M，还是出现于刘易斯·卡罗尔的《爱丽丝漫游奇境》。在《疯茶会》一章快结束时，呵欠连天的睡鼠费劲巴力讲了一个可笑的故事，说的是三个小姐妹学画画。"'她们画各种各样的东西——所有的东西，只要是以 M 打头的——'"

"'为什么要 M 打头的？'爱丽丝问。"

"'为什么不呢？'三月兔[3]说。"

"爱丽丝不说话了。"

1　系列喜剧动作片《奥斯汀·鲍尔斯》，港译《王牌大贱谍》，对六十年代的间谍影片进行戏仿，由迈克·迈尔斯（Mike Myers）同时扮演来自六十年代的间谍奥斯汀·鲍尔斯及其死敌邪恶博士（Dr. Evil）。该系列的首部电影公映于一九九七年。

2　应拼 Miles Messervy。弗莱明在其第三部邦德小说《揽月者号》（Moonraker）中提及 M 名叫"M**** M*******"，后披露其名为 Miles。全名 Miles Messervy 则直到该系列最后一部《金枪人》（*The Man with the Golden Gun*）才揭晓。

3　康拉德·劳伦斯在《所罗门王的指环》（中国和平出版社，一九九八年）中，详细描述了兔子在三月里的异常习性，下结论说："三月的兔子都是疯子！"

"纽曼家制"（Newman's Own）是电影明星保罗·纽曼
（Paul Newman）创办并拥有的产业，在其沙拉调味料的瓶
颈标签上，字母 N 获得了帝王般的待遇。包围着字母的两
条橄榄枝，虽为沙拉油所用，但在古代的希腊和罗马，亦
可用作统治者佩戴的正式花环——胜出的运动员、受尊敬
的诗人和演员等也可佩戴。戴在头上的花环由桂树或橡
树的叶子组成，或来自其他适于敬神的圣树或植物（橄榄
树、桃金娘、欧芹、常春藤）。纽曼的 N，好像有意让人
想起法国皇帝拿破仑（Napoleon Bonaparte，一八〇四年
到一八一五年在位），在他的宫廷画像——包括绘画和浮
雕上，可以看到一个大大的 N，为凯撒式的花环所围绕。

N

鼻音嗡嗡响

Noses are needed for pronouncing the N（发 N 音得用上鼻子）。要证明这一点，你可以用指尖把鼻孔塞住，把前面那句话再说一遍。你听到的声音差不多是这样的："Dozes are deeded for prodowsing……"

像 M 一样，N 也属"鼻音"，即通过鼻腔发音的辅音。第 90 页提到过一个实验，可以证明 M 的鼻音特性：把鼻子塞住，然后说"My Mommy meets me"（我妈妈见我），说出来就有点像"By Bobby beets be"了。

N 和 M 是英语仅有的两个鼻音字母。要发出 N 音或 M 音，你须垂下小舌，让气流转向，由口腔进入鼻腔，鼻子因此起到音箱的作用。这种举动你每天要做数百次，完全不假思索：这是你在婴儿时代的摇篮里，大脑便学会的绝技之一，意在去模仿你从周围听到的语音。

"M"音成于双唇，非常简单，四个月大的婴儿也说得出。"N"音就要复杂些了，需要舌尖抵住上腭。令人惊讶的是，N的舌位与L基本相同，但N的发音却与M更为相近，原因就在于鼻子的作用。

自古罗马时代以来，学者便注意到，字母表上的某些字母似乎可以配对成双，它们在形貌、名称，以及 / 或是发音上两两相仿。如今，这种成对的字母包括C和G、B和P，以及S和Z。很明显，这些成对字母的发展，可以追溯到古代希腊和罗马的字母表；它们似乎反映了人类需要联想（视觉上的或语言上的），来帮助记忆字母表这样的清单。

几乎没有哪两个字母比N和M更相近了。它们在外形、名称、发音和位置上，都像是异卵双胞胎。它们共处于我们字母表的中心，两边各有十二个字母。这种形似颇为显著：说到底，N就是一个四分之三的M，而至少从三千年前的古

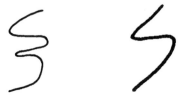

腓尼基字母mem和nun，意思是"水"和"鱼"，乃我们的M和N的先祖，出自大约公元前一〇〇〇年的一份铭文。

腓尼基时代开始，这两个字母便有了外观上的亲缘关系。

N 的大部分历史都与 M 共生共存。如前一章所述，我们 M 的先祖，是波状线形的 mem，即公元前一〇〇〇年腓尼基字母表上的第十三个字母。Mem 之名意为"水"。N 是腓尼基人的第十四个字母，名为 nun，意为"鱼"。不过 nun 的样貌是一条波状曲线，一点儿也不像鱼，顶多像条鳗鱼罢了。

现代学术研究认为，N 是（由埃及的闪米特士兵或劳工）通过袭用埃及象形文字中的蛇形图案而发明的。闪米特语的 N 也是蛇形。（见第 287 页。）如此一来，现已确证的字母名称"鱼"，便引起了疑问。

在古代闪米特语中，表示蛇的词是 nahash，其起首音为"n"。根据古代闪米特字母的命名规律，对一个形体像蛇、又发"n"音的字母来说，这本该是个完美的名称。那么，为什么早期字母者表的使用者不直接用"蛇"，来称呼他们那个曲里拐弯的字母 N 呢？

答案也许是：他们真这样叫过。一开始，大约在公元前二〇〇〇年或公元前一九〇〇年的时候，他们或许确曾把该字母叫作 nahash，但后来名字又变了——为的是 M。或许，在公元前一九〇〇年之后的几百年里，腓尼基人觉得有必要让字母 M（"水"）和 N（"蛇"）更加协调一致，原因在于它们那独树一帜的鼻音特性。这两个字母，或许从字母表刚发明时，便被一前一后地放在了一起，现在理当建立起更紧密的联系。在这几百年里，字母 N 变得越来越像字母 M。如果

N 的名称曾经是"蛇"（据推断），那么现在它变成了"鱼"，与 mem 的"水"更为相配。建立这种关联的目的，或许是为了让闪米特儿童在学习字母表时便于记忆：在字母的前后顺序上，"鱼"跟着"水"，而这两个字母在字形和发音上又相当类似。

　　大约公元前八〇〇年，希腊人袭用了腓尼基字母表之后，N 和 M 之间的紧密关联得以延续。腓尼基人的 nun 变成了名为 nu 的希腊字母，发"n"音，腓尼基人的 mem 则变成了希腊人的 mu，发"m"音。虽然闪米特语里的"鱼水"之谊，在希腊人听来必然含义顿失，但是通过给这两个字母取了押韵的名字，希腊人还是让它们建立起了自己的联系。（希腊的

早期字母表中的历史疑团

大约公元前八〇〇年的腓尼基字母 dalet，意思是"门"。可它哪儿像门啊：难道它曾经是条鱼吗？

　　如果闪米特人的 N 字母在公元前一〇〇〇年到二〇〇〇年间，确曾经历过从 nahash（蛇）到 nun（鱼）的名称变化，那么这一事实也许会揭开早期字母表的另一个谜团：为什么闪米特人的 D 字母，虽然名叫"门"，却如此不像门？如前文第 118 页的推论，在公元前二〇〇〇年前后，闪米特人的 D 字母一开始可能叫 dag（闪米特语中表示"鱼"的另一个词）。但是在公元前第一个千年纪的晚期，该字母有文献可考的名称却成了 dalet，"门"。大概在公元前一六〇〇年左右，在 N 字母得到"鱼"名的同时，D 字母也便失去了"鱼"的名称。尽管用词有别，但字母表的使用者大概不想让两个字母都以"鱼"为名。

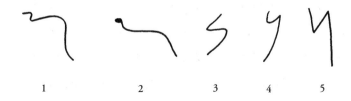

1　　　　2　　　3　　4　　5

（1）公元前二〇〇〇年埃及象形文字里的蛇。在埃及文字中，此图形意指"眼镜蛇"，或视上下文的不同，而另有他义。此蛇形符号后为闪米特人袭用（用其形，而弃其义），成为其新生字母表中大约二十七个图形字母之一。（2）腓尼基的蛇形字母，约公元前一七五〇年，出自西奈西部的一份石刻铭文。发音为"n"。从逻辑上讲，闪米特人应该叫这个字母为 nahash，"蛇"，但令人费解的是，一百年后，它唯一有案可查的名称却是 nun，"鱼"。（3）大约公元前一〇〇〇年腓尼基人的 nun，腓尼基字母表中的第十四个字母。Nun 直接承袭了更早的闪米特字母，发名称的起首音乃"n"。该字母此时的形貌，开始与我们的 N 有些相像了——若考虑到这一示例乃从右向左书写，面向左侧，便会觉得它更像。今天，在我们自己的字母表中，N 仍然排在第十四位。（4）大约公元前八〇〇年腓尼基人的 nun，出自塞浦路斯岛的一份铭文。大概就在此时此地，腓尼基字母表为希腊人所袭用。（5）早期的希腊 N 字母，出自大约公元前七四〇年一份从右向左书写的铭文。该希腊字母叫作 nu，其名称、形貌、发音和字母表排序，都仿自腓尼基人。

mu 似乎是因 nu 而得名的；要不然，为什么不干脆把腓尼基字母名 mem 简单地转换成 mema 这样的希腊形式呢？）这样，古希腊的小朋友在学习字母表时，便可受益于 M 和 N 在字母名称上的合辙押韵。

在希腊字母表于公元前八世纪抵达意大利之后，颇具实用价值的 mu 和 nu 便传入了埃特鲁斯坎字母表，再由此进入罗马字母表。在古典拉丁语中，这两个字母或许叫作 em 和 ne。

但是到了罗马帝国晚期，它们在拉丁语日常口语中的发音，或许变成了"emmah"和"ennah"——由此，经中世纪法语，我们得到了它们重新压缩过的现代英语名称。（关于罗马人对辅音中流音和摩擦音的命名规律，可参见第 151～152 页。）

在现代英语中，看似卑微的 N 却是个令人称奇的表演者：它是我们出版物中最常用的字母之一，大约位居第五或第六，排在 E、T、A，以及 O 或 I 之后。在出身于古英语的词汇中，N 作为一个常用发音，尤其得益于它在我们动词形式里的标准用法（如 seeing、seen），以及在 A 后面起到的声音缓冲器

1　　　2　　　3　　　4　　　5

（1）早期的埃特鲁斯坎 N 字母，约公元前六六〇年。它在形貌、发音和字母表排序上，都完全模仿了希腊人的 nu。该字母出自一份从右向左书写的铭文，因而面向左。（2）早期罗马的 N，出自大约公元前五二〇年的一份铭文，亦朝向左侧。该罗马字母系从埃特鲁斯坎人处袭用而来，但字形很快就变得更为简洁。（3）罗马的 N，出自公元一一三年的大理石刻图拉真碑铭。该字母用于成熟的、从左向右书写的拉丁文字，实际上就是我们的大写字母 N。（4）安色尔手写体的 N，出自公元五世纪的一本拉丁文《圣咏经》。它基本上就是罗马大写字母的纸上翻版。（5）我们的小写字母 n 是中世纪书法中最晚出现的字形之一，到公元八〇〇年前后，才以加洛林小书写体的风格成形。此例出自英格兰的一份法律文书，标定时间为一〇一八年。虽然古老的 N 字形一直将独特与简洁集于一身（这也是其长盛不衰的两大主因），但加洛林体的 n 只需两笔，用不着三笔。遗憾的是，它那漂亮的外观很容易与小书写体的 h、m 或 r 混淆不清。今天，在许多人笔下，甚至是印刷字体中，n 仍然难以辨清。

的作用，如"an ostrich"（一只鸵鸟），或"anaerobic"（厌
氧的）。此外，"and""not"和"-n't"的使用，也助了 N 一
臂之力。

由于它是拉丁语词"数"（numerus）的缩写，因而在数
学上，便有了用符号 n 来代表不定数的惯例，它可以是任何
数字，例如：$0 \times n = 0$。我们也将它用于日常谈吐，比如我们
所讲的"to the nth degree"（到了极致）。

《N：浪漫迷案》（*N: A Romantic Mystery*）是一部令人
愉快的推理小说，由美国黑人作家路易斯·爱德华兹（Louis
Edwards）写于一九九七年，以新奥尔良（New Orleans）为
故事背景。书名是一句巧妙的双关语，暗指我们最丑恶的 N
词[1]，以及"noir"（黑色格调的，如 film noir——黑色电影）
和"new"（新）。美国诗人埃兹拉·庞德（Ezra Pound）在一
篇名文中写过"Make it new"（日日求新），这也是他著作的
书名（一九三四年）。若要求新，那就让我们继续。

---

1 "最丑恶的 N 词"，指"nigger"，一个浸透了不尊重、贬低和种族歧视的称呼，
让人联想到美国的奴隶制和种族隔离，也是今日美国媒体的忌语之一。

字母 O 的漂亮形体在这幅插图中得到了很
好的体现。此画出自法国作家巴尔扎克的一
本小说集，名为《夫妻生活的烦恼》（*Petty
Annoyances of Married Life*），一八四五年出
版于巴黎。

O

O 中故事多

　　O，耶路撒冷。O，加拿大。Oh，你可看见？ O，光芒万丈的缪斯女神（O for a Muse of fire）[1]。千百年来，劲头十足的 O 在诗文和演讲中，始终在力行抒发情感、吸引注意之功用。它大概是我们最富表现力的字母，也是我们最勤奋工作的字母之一。虽然我们的五个全职元音字母对书面英语均不可或缺，但 O 作为一个得到高度倚重和备享殊荣的字母，几乎最

1　《啊，耶路撒冷！》（*O Jerusalem!*）是法国作家多米尼克·拉皮埃尔（Dominique Lapierre）和美国作家拉里·科林斯（Larry Collins）1971 年合著历史书的书名。《啊，加拿大》（*O Canada*）是加拿大国歌。"哦，你可看见"（Oh, say, can you see）是美国国歌的第一句。"啊，光芒万丈的缪斯女神"（O for a Muse of fire）出自莎士比亚《亨利五世》的开场白，原文 "O for a Muse of fire, that would ascend / The brightest heaven of invention!"，方平译作 "啊！光芒万丈的缪斯女神呀，你登上了无比辉煌的幻想的天堂"。

为重要。

O 有如下特性：（一）在英语中变化多端的发音；（二）独立成词的用法；以及（三）优美的书写形式——成圆成环，引人注目，且令人大饱眼福。O 是仅有的一个因其名而得其形的字母，它形成于说者的唇形，尽管并不完全精准。

根据对英语出版物所做的某些分析，O 的使用频率平均排在第四位，居于字母 E、T 和 A 之后。詹姆斯·瑟伯（James Thurber）一九五七年的童话《奇妙的 O》（*The Wonderful O*），妙趣横生地想象出一个没有 O 的贫弱世界。书里描写一帮海盗，登上了一座名叫 Ooroo 的小岛，可岛上居民没什么宝贝可抢，他们便大为光火，蛮横地抹去了岛民的佑护字母。"于是 locksmith（锁匠）变成了 lcksmith，bootmaker（靴匠）变成了 btmaker……Books（书）成为 bks，而 Robinhood（罗宾汉）则成了 Rbinhd。"岛上的语言和社会摇摇欲坠——"有个小情郎赞美心上人有付好 thrat（沏子），说她唱起歌来就像 chir of riles（一阵恼人的寒风），或是 chrus of vices（一阵淫行的狂喊）[1]，结果挨了一个大嘴巴"——直到最后，好人总算获得了胜利。

从理论上说，我们的字母表可以多用几个元音字母，以更好地表现语音的细微变化。这种需要在 O 身上表现得尤为明

1　分别对应 throat（嗓子），choir of orioles（黄鹂天使），以及 chorus of voices（众声）。

显。《牛津英语字典》列出了 O 的七种发音，具体表现如下：no、got、glory、north、do、son 和 word；此外，还有与辅助字母结成的组合，如：boy、now、good、fool、favor 和（视乎你是哪里人）cough[1]。

元音最能体现说话人的地方口音。O 在这方面尤为敏感。在外乡人听来，北爱尔兰人说"now"就像是"nye"，安大略[2]人的"about"像"abewt"，澳大利亚人的"notes"像"nayts"，而纽约人的"dog"好像"doawg"。萧伯纳也曾在一九〇〇年左右，令人难忘地按照伦敦土话，把"don't"一词转写成了"daownt"。

O 的许多发音，都可以回溯到公元一〇六六年诺曼人征服之后，我们的语言在中世纪英格兰所发生的演化。古英语和诺曼法语的交汇，催生了新的元音发音。O 在当时所添的新职，是诺曼人在拼写时以 O 代 U 的偏好，以使书面英语在外表上更像诺曼法语（尽管在发音上不必作任何改变）。有很多这样的范例，比如，古英语的 sum 最终变成了"some"（而古法语里一个不同的词 summe，则成为我们的 sum）。古英语的 sunu（发音为"sun-uh"）变为 sone（发音仍为"sun-uh"），后来又简化为"son"。而古英语的 lufu（发音为"luv-uh"）

1　据《牛津英语字典》，no [nəu]，不；got [gɔt]，得到；glory ['glɔːri]，光荣；north [nɔːθ]，北；do [duː]，做；son [sʌn]，儿子；word [wəːd]，词。此外：boy [bɔi]，男孩；now [nau]，现在；good [gud]，好；fool [fuːl]，傻子；favor ['feivə]，喜爱；cough [kɔf]，或（美音）[kɔːf]，咳嗽。

2　加拿大东部的一个省。

也最终成了"love"（爱）。

要理解中世纪诺曼人对此的想法，可以比较一下两个现代词汇的拼写——我们的"bun"（小圆面包）和现代法语的"bonne"（形容词"好"的一种形式）[1]，发音完全相同。这种发音上的重合，正是许多（不是所有）中世纪英语拼写可以用 O 来代替 U 的根本原因所在。

这个法语化的 O 所呈现的，正是英语拼写法则中最令人迷惑的特色之一，亦即我们用 O 或 U 来表示若干相同元音的习惯性做法。son/sun 可谓标准范例，但还有 loot/lute、cost/caustic、word/curd/bird/herd[2]——用法相同的词汇则成百上千。O 的这种半吊子作风让很多学者感到头疼，英语教育家理查德·马卡斯特便是其中之一。他在一五八二年写出语法著作《入门首篇》，里面就包含有史以来第一份英语拼写字典。"O 在我们的语言里是个有巨大不确定性的字母。"马卡斯特指出，因为"其发音既 u 又 o，前者堪称其表亲，后者则为其本职"。

严格说来，O 在英语里的正确发音，是"bob"中的短音 O 和"bone"中的长音 O[3]。语言学家根据各自情况下的舌位，称前者为低后元音，后者为中高后元音。而"son"的短音 O，

1　法语形容词分阴阳两性，bon 是阳性，bonne 是阴性。

2　son [sʌn]，儿子；sun [sʌn]，太阳；loot [luːt]，洗劫；lute [luːt]，鲁特琴；cost [kɔst]，花费；caustic ['kɔstik]，刻薄的；word [wəːd]，词；curd [kəːd]，凝乳；bird [bəːd]，鸟；herd [həːd]，兽群。

3　bob [bɔb]，短毛；bone [bəun]，骨。

则是低前元音，此音又同属于 U。

我们的感叹词"O"（总是大写）乃"oh"的异体，通常用以表达希望，引出某种观念或想象中的实体，而非某个真实的人。

莎士比亚未免对它太过偏爱了吧，看看："O，结婚的烦恼"（《奥赛罗》）；"O，新奇的世界"（《暴风雨》）；"O，但愿这一个太坚实的肉体会融解"（《哈姆雷特》）。这个字之所以进入中世纪英语，是照搬了古希腊语和拉丁语著作中的感叹词"O"。（罗马人乃从希腊人处袭得。）

在莎士比亚之前，西方文学中最广受称道的 O，也许出现于公元前六十三年十一月。罗马政治家西塞罗在拥塞的元老院发表了著名的演讲，意在揭露阴谋。阴谋的策划者是当时在场的一位元老，他图谋颠覆共和国，谋杀西塞罗，并篡夺最高权力。那坏蛋名唤喀提林（Catiline），西塞罗的演讲则是当时数天内四次演讲中的一次，有时亦称《反喀提林第一演说》（First Catilinarian）。他在开场白中，强压着怒火，说出了如下不朽的名句：O tempora, O mores...（这是什么时代啊，什么风尚啊。）

西方文学中另一个著名的 O 属于莎士比亚，尽管并非用于感叹而是描述。军事历史剧《亨利五世》于一五九九年春季或夏季，在伦敦的环球剧场（Globe Theatre）首演，其开场白，由一位称作"道开场白者"（Prologue）的角色向观众诵读。他以"O，光芒万丈的缪斯女神"开篇，但很快话锋一转；致辞者力促观众发挥自己的想象，使舞台上的宫廷、部队作战和著名的阿金库尔战役（一四一五年）的场景得到更好的再现。说到舞台周围的剧场，致辞者反问道：

> ……难道说，这么一个"斗鸡场"容得下
> 法兰西的万里江山？还是我们这个木头的 O
> 塞得进那么多将士？——只消他们把头盔晃一晃，
> 管叫阿金库尔的空气都跟着震荡！[1]

这段戏文还有一个好处，那便是给现代学者提供了证据（最近已由考古发现得到确认），证明环球剧场是个"O"形建筑，样子跟一小摞油炸圈饼差不多。其中心露天无顶，部分是舞台，部分可坐前排观众；环绕中央的，是高高的木结构观众席和（舞台后面的）景屋（stage house）。一九四四年，在劳伦斯·奥利弗（Laurence Olivier）[2]电影版《亨利五世》开场的连续镜头中，这种"木头 O"得到了很好的视觉再现。今天在南伦敦，有一座仿建的 O 形莎士比亚环球剧场，就坐落在距原址四百六十米远的地方。

1　据方平译《亨利五世》。"木头的 O"，莎翁原文作"wooden O"，方译"木头的圆框子"。

2　劳伦斯·奥利弗（一九○七～一九八九），伟大的英国演员和导演，尤以莎剧作品闻名，其中最为中国观众熟悉的，当数他与珍·西蒙斯（饰奥菲利娅）一九四八年合演的《哈姆雷特》（中译《王子复仇记》，孙道临为他配音，亦大可称道）。

关于 O 与众不同的形貌，故事要从古代埃及讲起，那时的它，是一只人眼的图画。眼睛是埃及象形文字的符号之一。它有数种变体，而最简洁的一个，是一个长而扁平的椭圆，里面还有个小圆圈。这一象形符号表示"眼睛"，或其他与视觉有关的词汇，也许还有别种含义。

公元前二〇〇〇年左右，在埃及的闪米特士兵或劳工，通过对大约二十七个象形图案的摹写，使之代表少量语音，从而发明了世界上第一份字母表。那独具特色的眼睛符号，变成了这样一个字母：闪米特人显然把它叫作 ayin，在其语言中意指"眼睛"。

像所有的古代闪米特字母一样，ayin 也是个辅音：它属喉音，一种刺耳的喉部哽塞，为闪米特语言所用，且今天仍然存在于阿拉伯语口语之中。此音虽然确系 ayin 这个名称的起首音，却很难用英语音译的办法来精确表示（我们没有与之相配的字母），而在我们对其名称的拼写中，其发音往往留作空白。

在近东地区的下一个千年纪里，也就是从公元前二〇〇〇年到公元前一〇〇〇年间，ayin 的字形得到了简化：从椭圆形的眼睛，变成了一个圆圈，中间有一圆点，继而又变得只剩下一个圆圈。在公元前一〇〇〇年的腓尼基字母表中，ayin 是第十六个字母。其字形就是一个简单的圆，与我们的 O 基本相同。

公元前八〇〇年左右，希腊人袭用了腓尼基字母表。他们不需要 ayin 的喉音。对他们而言，它太外国化了。就像对其他多余的腓尼基字母一样，希腊人沿用了 ayin 的字形和它在字母表中的位置，但是把它重新定义为元音（腓尼基文字不显示元音，而希腊文字需要元音，这样才能让人理解）。圆圈 ayin 得以表示希腊语的元音"o"。很有可能，O 形和"o"音的结合，得益于该字母的形体，因为它让人联想到说"o"时的口型。

该希腊字母在字母表上排第十六位，既表示长音 O，也表示短音 O。在最初的一百五十来年里，它可能只叫作 o。

大约到公元前六六〇年，希腊文字发明出了第二个 O 字母，专门用于长音 O；其形貌是个底部"开裂"的 O：Ω。希腊人把这个新来者放到了字母序列的最后，称之为 o mega 或 omega，意思是"大 O"。他们的第十六个字母，此时则局限于短音 O，人称 o mikron，意指"小 O"。（在英语中，此名通常写成 omicron。）

今天，omicron 和 omega 依然存在于现代希腊字母表中。这两个名称也都为英语的市场营销和商标名称所用，不过两

另一个 O。作为古代希腊人发明的最后一个字母，omega（意为"大 O"）位于希腊字母表的最末端。它在希腊字母表中的位置如同"Z"，《圣经·启示录》中有文为证，如第 67 页所引的一段："主神说：我是阿拉法，我是俄梅戛，我是初，我是终。"自罗马帝国时代起，希腊字母 alpha 和 omega 便结成了对子，A Ω 由此成为基督教的宗教符号。

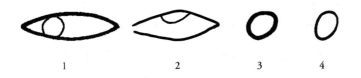

（1）公元前二〇〇〇年埃及象形文字中的眼睛。在象形文字中，此图形表示"眼睛"，或其他相宜的词义。眼睛符号引人注目，让闪米特人从中受到启发，从而发明一个用于字母表的图形字母，它有闪米特名称，以及新的、表音的意义。（2）闪米特字母ayin，意为"眼睛"，出自大约公元前一七五〇年西奈半岛西部塞拉比特·哈德姆的一处砂岩铭文。该字母是我们现存最古老的ayin样本之一，清晰地显示出与埃及象形文字之间的传承关系。ayin表示一个刺耳的喉音、一个辅音，也是其字母名称的起首音，但在音译为英语时，往往将其省略。（3）腓尼基的ayin，出自公元前一〇〇〇年的一份铭文。该字母的腓尼基名称仍然意指"眼睛"，但字形已简化为圆圈，没了虹膜。Ayin是腓尼基字母表上的第十六个字母。（4）希腊字母O，后来称作o mikron（小O），出自大约公元前七二五年的一份铭文。虽然这一希腊字母袭用了腓尼基的字形和第十六位的排序，但希腊人已将该符号重新定义为元音"o"。

者之中，还得数omega的人气更为突出。omega形体优雅，又有"最后一字"或"终极手艺"的寓意，故而用来代表昂贵的瑞士系列手表、野营装备、营养保健品和画笔。

与此同时，在公元前八世纪，omega诞生之前，希腊字母表已经传到了意大利，其中只有一个O字母。意大利的埃特鲁斯坎人袭用了这份字母表，以此发明了自己的字母表（公元前七〇〇年）。埃特鲁斯坎字母随后又为罗马人袭用和改造（公元前六〇〇年及以后）。同时表示长短两个音的单一的O，也变身为罗马字母，并最终传给了我们。今天，O是我们的第十五个字母。像大多数元音字母一样，它的英语名称来自其基本的长音。

O那简洁、悦目的形体，从早期腓尼基开始，三千年来几乎从未改变。公元前一世纪时，罗马人通过石刻的纪念铭文，发现了让这一字母的某些部分精巧地收紧或加粗的办法，从而赋予它一种优雅的缎带状外观，亦为我们今日所常用。在中世纪，某些书法样式也使O的形体变得更加四四方方，或呈钻石状，又或（在用于词首大写时）给它加上一道装饰性的横杠。然而这些变体都不长久。没有哪种变体，能胜过朴素的圆圈所独具的那种美与便捷，所以，在中世纪的手写字体，如安色尔体（大约始于公元三〇〇年）和加洛林体（约始于公元八〇〇年）中，古老的大写罗马字母的样貌基本上原封未动。它也没有什么简化形体可供开掘，以用作早期印刷体小写字母的蓝本；大写的O最终入替，以此为小写字形。今天，C、S、V、W、X和Z，都和O具有同样的特性，在大多数印刷字体中，它们的大小写字形几近相同。

O与我们表示零的数字0相仿，但这纯属偶然。0在中世纪早期，最先出现于印度和阿拉伯等地，那时它是一个小圆圈或圆点，比其他数字都小，在计算时用来占一个数位。到了大约一四〇〇年，更大一些的0才出现于欧洲人的文稿中，当时的习惯是把所有字符的大小都写得大体一致；到十五世纪晚期，字母大小的零才成为印刷字体。在现代印刷体中，比起O来，0符号往往更为修长。

由于 O 所具有的视觉联想——大门、舷窗、努起的嘴唇、按钮——使它在产品名称、广告招牌等处备受青睐。二十世纪二十年代到六十年代，有个游乐场车游节目"爱情隧道"（Tunnel of Love），可以穿过"Love"（爱）里面那个巨大的字母 O，把你一路送进黑暗深处。二十世纪八十年代初，曼哈顿有家著名的剧场餐馆（Odeon，因杰伊·麦金纳尼〔Jay McInerney〕一九八三年的小说《灯火通明大城市》〔*Bright Lights, Big City*〕的封面画和故事情节而为人熟知），它之所以名噪一时，确曾有部分原因出自其霓虹灯装饰的店名，其中包含着两个诱人心动的 O。还有些别的例子，如 Veg-O-Matic（切菜机，其广告词是"又切片儿呀，又切块儿"）和 Ice-O-Matic（制冰机）这样的用品，其名称虽然模仿的是"automatic"（自动）一词的语音，但也用 O 来暗示只消按下按钮的便捷易用。

近来 O 在商业应用上的最佳范例，当推电视脱口秀明星奥普拉·温弗里（Oprah Winfrey）与人联合出版并大获成功的女性生活类期刊。它虽有《O，奥普拉杂志》（*O, The Oprah Magazine*）这个正式刊名，但私下里更叫得响的，却是"O 杂志"或"奥普拉的杂志"。自从二〇〇〇年创刊以来，这份月刊已在付费读者中取得了每期将近二百三十万份的稳定发行量。毫无疑问，O 也是构成其吸引力的一个小小因素——亦即它那巧妙的刊名和标志。它得自奥普拉之名的字头，这虽非刻意为之，但一经杂志美工的巧手处理，便光彩夺目。

"Offered"里面的 O，似乎以其位置和样式在诱人出价，哪怕至少看它一眼。这份销售海报出自一八七〇年美国的一本收藏集录：《科普利素雅及花饰标准字母表》(*Copley's Plain & Ornamental Standard Alphabet*)。请注意不同的字体风格："Rutherfurd Heights Association"（拉瑟弗德高地协会）是传统的"罗马体"，而"Offered for Sale"（待售）则是早期的无衬线字体。

其封面的标志是一个大大的、白色的 O，用的是虽然古老却极为显眼的博多尼字体（见第 303 页），跃然于一个长方形色块之上。色块的颜色每月一变。这样一个 O 显得既高贵又友善——正如每期封面都会出现的奥普拉造型各异的照片一样——仿佛在邀请读者穿过一处通往（自我）发现的入口。

若要对 O 的商业价值所从何来一探究竟，我们便得前往其隐秘的源头：在潜意识中，它意指阴道。奥普拉的 O 至少

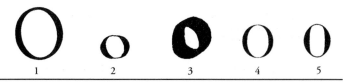

（1）罗马大写字母O，出自公元一一一三年著名的图拉真碑铭。罗马帝国的这个O字，上下两端渐行渐窄，形成漂亮的带状外观，精致地雕刻于大理石上，为现代所有带衬线的印刷体O树立了标准。（2）以安色尔手写体写成的O，出自公元五世纪晚期的一本拉丁文《圣咏经》。这一字形效仿了罗马石刻大写字母，但书写者所用的平头羽笔却难言精细。（3）"圆角"（rotunda）手写体完全体现出了带状效果，出自大约一五〇〇年意大利北部的一份拉丁文手稿。圆角体书法工于装饰，身形圆润（如其名称所示），约一二〇〇年至一五〇〇年间流行于意大利。（4）以卡斯隆旧体（Caslon Old Style）印成的大写字母O，从细节上精确再现了罗马体粗细有致的效果。卡斯隆是我们的经典印刷字体之一，从伦敦的字体设计先驱威廉·卡斯隆（William Caslon）一七三四年的设计发展而来。（5）与此同时，博多尼体的O复现了中世纪手写字体粗腿大腹的风格。博多尼印刷体仍然很受欢迎，它由大名鼎鼎的帕尔马印刷商詹巴蒂斯塔·博多尼（Gianbattista Bodoni）一七九一年前后的设计发展而来。

传达出了一种"女人自有"的信息。更为直白地表露这一含意的，是一本妇女指南图书不加掩饰的书名:《大O》（*The Big O*，二〇〇一年），副题为"高潮连连：如何拥有，如何给予，并使之持续不断"（Orgasms: How to Have Them, Give Them, and Keep Them Coming），作者是性爱教育家卢·佩吉特（Lou Paget）。此书封面上的字样，也的确是一个大大的O——不过你足可领会它所言何意。

当然了，O也喜欢男性的关注。笔者至今无法忘却二十世纪七十年代到八十年代初，在曼哈顿的夏日里，女孩子身穿T

恤，上面印着"Dyn-O-Mite"[1]，通常跟很贵的粗斜纹布短裤和软木跟凉鞋搭配在一起。对我而言，这样的字眼儿，真可以说是一种"tOrment"（折磨）啊。

此类性意盎然的 O，最早见于一九五四年波利娜·雷热（Pauline Réage）所著法国色情幻想小说《O 的故事》。故事以悲观视角观照女性命运，讲述一位年轻女子，在巴黎做时尚摄影师，只知道她叫 O。她逆来顺受，遭到男友和其他人经常性的侮辱。她的名字意味着图解的女性性征、奴隶的镣铐，以及说到底，一个毫无价值的零。这本小说曾一度被视作某种女权主义觉醒的呼吁，而今则多被认为是名不副实的垃圾作品。不过我们还在谈论它。

《O 的故事》主题之一，即男性施于女性的性虐，如今这一点也让 O 染上了性虐待的色彩，至少是潜在的。在某些圈子里，O 可能是一种符号代码，代表着束缚和恋物，以及类似的黑色异恋。有本名为《O》的德国杂志即其中一例，其副刊名（翻译过来）是"艺术、时尚、幻想"。《O》杂志在美国也有发行，以时尚内容为主——皮衣、高跟靴子——这些东西也被称作恋物或奴役的道具。

德国人的《O》之所以引人注目，是因为（依在下之见）它挖空心思，要找奥普拉的《O》那艘大船碰瓷儿。出版恋物

1　Dyn-O-Mite，美国黑人喜剧明星吉米·沃克（Jimmie Walker）在二十世纪七十年代的电视情景喜剧《繁华时代》（*Goods Times*）里的一句口头语，一度风靡全美，字典多未收，大概是"dynamite"（真棒）一词的怪腔。

癖风格《O》的德国商人已经以侵犯版权为由，起诉了奥普拉杂志的出版商，理由是通过先期出版，他已在美国拥有了杂志名称《O》的商标权。此案于二〇〇一年首度立案，并引出了《纽约时报》一篇让人乐不可支的社论，题为《法律上的字母表并非 ABC 那样简单》。开篇便道："谁拥有字母表上的字母？"

德商的《O》案暂时碰了一鼻子灰。二〇〇二年，曼哈顿美国地区法院的一位法官驳回了事先禁制申请（也就是说，在此案审理期间，奥普拉的《O》须暂停出版）。法官裁定，这两份杂志迥然相异，因而足以避免读者混淆。但临时裁定并非最终判决，法庭已保证在二〇〇三年某个时间作出判决 [1]。

古往今来，在情意绵绵的书信中，写信人落款下方的 O 一直表示着拥抱，与表示亲吻的 X 相映成趣。那么现在，咱们也来照葫芦画个瓢，用这种迷人的惯例，道一声 OOO，待会儿再见。

---

[1] 德国色情期刊《O 杂志》（*O Magazine*）的发行人罗纳德·布罗克迈尔（Ronald Brockmeyer）于二〇〇一年入禀公堂，诉奥普拉及其合作出版商赫斯特公司商标侵权。二〇〇三年三月，法官约翰·科尔特尔（John Koeltl）判决驳回此案，理由是两刊内容不同，且德国杂志不定期刊，在美国发行量极微。

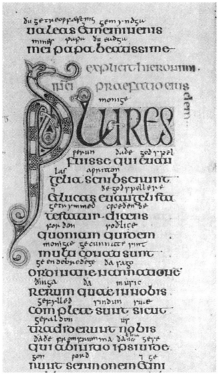

  P 出现于著名的《林迪斯芳福音书》(Lindisfarne Gospels) 中的一页，是拉丁词 plures(意为"许多人")的起首字母，公认中世纪手抄本中最漂亮的装饰字母之一，可能写于公元六九五年前后。该 P 最初呈琥珀色与淡绿色，与龙头和海鸥合为一体，伴以北欧传统艺术的漩涡图案(亦常见于现存的珠宝器物与石刻等)。此页所述，乃圣哲罗姆为《圣经》四福音书——即《马太福音》《马可福音》《路加福音》和《约翰福音》——所写的前言。福音书在手抄本中收录于后。在 P 的上方有一行字，写着"我最敬爱的教皇(papa)"。

  《林迪斯芳福音书》抄录于林迪斯芳修道院，后者坐落于英格兰东北海岸附近的一座小岛。这份手抄本虽非原始版本——其文本出自圣哲罗姆的拉丁文福音书，约成于公元四〇〇年——但这些绘制华美的"花饰图案"(illumination)，已使它成为中世纪英国艺术的瑰宝。人称这种书法体为"孤岛体大写字母"(insular majuscule)，所谓的"孤岛体"，指的便是英国和爱尔兰海岛修道院的书法传统。这位天才的抄写员和画师，或许是一位名叫埃德里特(Eadrith)的僧侣，后来当上了林迪斯芳主教。

P

P 是一股气

    P 由双唇喷出，系人称"塞音"的一类辅音之代表。塞音在发音时，鼻腔由内暂时闭合，而后让气流进出；它们还包括 B、D、G、K（连同 C 和 Q），以及 T。塞音又称"爆破音"（plosive），此词（与"爆炸"〔explosive〕一词相关）因 P 的典型发音而得名。再来想想，"塞音"（stop）之名也多半与 P 有染啊。

    还有一个塞辅音也是通过双唇发音，即 B。这两个字母关系密切，简直就是生死知己，不仅发音方式类同，其字形和名称亦颇为近似。它们构成了我们字母表中那些迷人伴侣中的一对儿，就像 C 和 G、M 和 N 一样。对 P 和 B 之间亲缘关系的总结，可以回溯到一五八〇年的早期英语词典编纂家约翰·巴雷特（见第 105 页），他在所著名为《蜂箱》的字典中写道:"字母 p 无论名称，还是外形，均与 b 相似，就如一个颠倒过来的 b。"

巴雷特所言极是，P 正是以小兄弟的身份出现的——作为随从，或是傻乎乎的仰慕者，对位高名重的 B 充满了敬畏，时不时地还要模仿人家。它们发音上的主要区别在于声带：B 要用上声带，而 P 不用，因而它需要更有力地出声送气。不过，在某些词中，P 听起来可能与 B 很难分清：例如，在"spill"（溢出）中，其发音更近于"bill"而非"pill"。又如"napkin"（餐巾）的发音，在大多数北美口音中，更像是"nabkin"。

当然，在字形上，P 也在模仿 B。我们这么说没错，因为其过程确实如此：大约从公元前六〇〇年到公元前二〇〇年，这最初几百年间的古代罗马字母铭文显示，罗马字母 P 是逐渐转变成与其现代形式相近的样貌的，这大概是为了模仿 B 的既有形体。这种变化背后的目的，似乎始终都是为了便于记忆：罗马人显然发现，如果这两个字母，既有发音上的相似，又有外形上的相仿，便会更容易学习与记忆。

P 和 B 也同属辅音中的一个二级分类，其第三个成员是 M。由于依靠双唇发音，所以它们又称作"唇音"（labial，参见第 271 页）。唇音无需复杂的舌部运动，因而很容易发音。大多数人类语言中，似乎都有它们的一席之地，婴儿口中最早讲出的一批语音里，它们也往往含在其中："Pa-pa-pa。Ma-ma-ma。Ba-ba-ba。"

婴儿与 P、M 和 B 的联系，本书 M 一章已有探讨。如前所述，在多种成年人的语言中，都有很多与婴儿有关的含有 P 的词。其共通之处，也许便是成年人对儿童语汇的模仿。此类英语单词中，最明显的莫过于"papa"，以及它的简写"pa"，还有"pop""poppy"等变体，以及另一种拼写形式"poppa"。从身份上来说，这五个词都源自拉丁语的 pater（父亲），但其繁荣兴旺，却是由于发音上的特点：他们模仿的是婴儿说话的方式。其他的例子还有"papoose"（出自北美阿尔冈昆人的语言，意指幼儿或装有幼儿的背篮）、"pap"（意指女性乳头，源自古诺尔斯语，后传入中世纪英语）、"pap"（意指糊状的婴儿食品，出自拉丁语单词）和"pope"（"教皇"，此头衔源自希腊语的 papas，意为"父亲"或"爸爸"，传入晚期拉丁语时写成 papa）。

英语中的 P 基本上是个可靠的伙计，除了偶尔想做做 B 之外，它几乎没有什么不同的发音。在"tempt"（诱惑）、"redemption"（救赎）和"Simpson"（辛普森）这些词中，如果前面有一个类似的唇音 M，那么 P 便成了一个有趣的半音：在 M 和后续字母之间，P 会一带而过。在另外一些情况下，P 也会变为哑音，如"raspberry"，或是我们很多源自希腊语的词汇，如 psychic、psalm、pneumatic[1] 等，这些 P 在古人嘴里是要出声的。此外，每个学童都知道，游泳时可以来一

---

1 raspberry ['ræzbəri]，覆盆子；psychic ['saikik]，精神的；psalm [sɑ:lm]，赞美诗；pneumatic [nju:'mætik]，空气的。

泡不出声的 P[1]。

我们的第十六个字母，P，直接承继自古代近东字母表的第十七个字母。在埃及中部的恐怖谷，世界已知最古老的字母铭文中，有个大大的字母，形似粗粗的 V，或一个头朝下的三角形臂章，专家认为这就是早期的 P。此字母名叫 pe，读作"pay"，在古代闪米特语言里，意思是"嘴"；这个 V 形有点像微笑，或具有嘴部特征的表情。Pe 的发音"p"，便是得自其名称的起首音。

但是，这个早期的 P 更为我们熟悉，还要等到后来出现的闪米特文字，即公元前一〇〇〇年的腓尼基字母表。腓尼基人的第十七个字母是 pe，仍可理解为"嘴"的意思，发音也依然是"p"，但它改容换颜，嘴形收缩到只剩原来样子的一个弯角：这会儿的它，就像一颗棒棒糖，顶上有个弯钩，朝向左边。尽管这个腓尼基字母的样子说什么都不像嘴了，但它正是我们或可称之为反向 P 的发端。（因为是从右向左书写，所以腓尼基字母都是向左凸出的，所谓"反向"，是从我们的角度而言，我们是从左向右书写，字母右凸。）

公元前八〇〇年左右，希腊人采用了腓尼基字母表，对 pe 几乎是全盘照搬：其字形、发音，以及在字母表上的位置，在新生的希腊字母表中原封未动，只是字母的希腊名称调整为"pee"——发音与我们的字母名相同，但拼写为 pi。它跟

---

1 一泡不出声的 P（a silent P），P 即 pee（尿），意思是在游泳池偷偷撒尿。

"嘴"的关联此时已完全消失：就像所有的希腊字母一样，pi 这个名称在希腊语中，除了表示该字母之外，再无他义。

公元前八世纪期间，状似拐棍的 pi 和别的希腊字母一起，随希腊商船传播到了意大利，在此，它被新生的埃特鲁斯坎字母表所袭用，接着，大约在公元前六〇〇年，又传入了罗马人的字母表。到了这时候，就像其他早期希腊字母一样，大伙儿各奔前程：在罗马字母表中，希腊出身的 P 字母外形在不断进化，再看它的"娘家"，希腊字母表里的 pi 也在变。到了公元前四世纪，大多数希腊人都把 pi 写成两个 T 型，有两条腿，也许是几何课上我们熟悉的样子。

今天的 pi，发音同"派"，写成 π，代表着数学上也许最著名的比率，即圆的周长与直径之比——此数与直径的乘积等于圆的周长。一般来说，π 的数值约等于 3.14，但它实际上是个无理数，开头是 3.1415926535，已经算到了 1.24 兆位以上（由东京的电脑科学家于二〇〇二年得出），其数位是无限的。π 在几个著名的等式中占有一席之地，最广为人知的当属 $A=\pi r^2$，亦即圆的面积等于圆周率与其半径平方的乘积。

希腊字母 pi 的这种用法始于公元一七〇六年，当时威尔士数学家威廉·琼斯（William Jones）出版了一本书，将 π 用作表示圆周率的符号（这一比率本身早已为此前的数学家所知，并有多种表示方法）。琼斯之所以选了 pi，是因为它是表示"圆周"之意的古希腊词汇 periphereia 的第一个字母。依照传统的科学符号标志法，他用的是这一字母的小写形式：π。

Π π

我们该把它叫作"pie"（音同"派"，意为"饼"），还是"pee"（音同"屁"，意为"尿"）呢？上图为现代希腊字母 pi 的大写和小写形式，源自大约公元前四〇〇年的古代雅典字母表。此希腊字母发"p"音，与我们的 P 是近亲。古代希腊人大概把它叫作"屁"，现代希腊人亦从此名。但根据英化规则——我们总是把外语单词中的元音当作英语来发音，就得把该字母的英语名称叫作"派"，用的是英语里的长音 I。

而根据英语化的规则，这个希腊字母的名称在英语中便发成"派"（"pie"）音。琼斯的符号正中当时其他数学家的下怀，从而深入人心。

Pi 的数学含义，在很大程度上使该字母的形体和名称在某些场合获得了一种哲学声望，被当成理解宇宙的一个关键入口。在一九九九年一部名为《π》的独立电影中，有位数学天才已经到了破解人类命运和股票市场规律的临界点，而扬·马特尔（Yann Martel）以二〇〇一年的小说《Pi 的故事》（*Life of Pi*）[1] 获得了著名的英国布克奖，其主人公是十六岁的 Pi·帕特尔（Pi Patel），他生于印度，经由迷失与奇幻的冒险，才领悟了人生的真谛。

回头再说古罗马字母表。与此同时，拐棍形的字母 P 也

1　一译《少年 pi 的奇幻漂流》。

逐渐变成了我们今天所知的大写形式。如前所述，这种变化也许是受到了字母 B 既有形体的"吸引"：这两个字母的发音如此相仿，所以凑成一对儿更便于记忆。

巧合的是，此罗马字母的名称明显与古代腓尼基人的"pay"遥相呼应。罗马人可能将它拼作 P-E，其中的 E 在罗马人的语言里发长音。此名称在罗马灭亡（公元五〇〇年）后，传入了欧洲的罗曼诸语种。今天，在法语和西班牙语中，该字母名称仍然与"pay"相近，拼写则为 P-E。一〇六六年诺曼人征服英格兰之后，"pay"的名称也从古法语传入了中世纪英语，最后，在十六世纪达到高潮的英语元音大变动期间，其元音也终于改变。今天，我们仍然保留着该字母名称的拼写 P-E，但是将它读作"pee"。

在英语词汇中，P 出人意料地在最常用的词首字母中排名第三。（想想 Peter Piper Picked a peck of 什么的[1]。）S 是英语中最常用的词首字母，C 排第二。令人惊讶的是，以这三个字母为词首的单词加在一起，便占去了字典上所有词汇的三分之一。也就是说，英语中有三分之一的词汇是以 S、C 或 P 打头的。

1　头韵绕口令性质的英语歌谣。词曰：Peter Piper picked a peck of pickled peppers, / A peck of pickled peppers Peter Piper picked; / If Peter Piper picked a peck of pickled peppers, / Where's the peck of pickled peppers Peter Piper picked?（彼得·派珀摘了好些个腌辣椒彼得·派珀摘；/ 好些个腌辣椒彼得·派珀摘；/ 如果彼得·派珀摘了好些个腌辣椒，/ 那彼得·派珀在哪儿摘了这么些个腌辣椒？）

　　然而，根据学者的分析，在中世纪早期的古英语中，P是很少用作词首字母的。此后它的繁衍兴旺，揭示出我们的语言经历了何等巨大的成长与变迁，大量流入其中的，既有一〇六六年诺曼人征服之后，源自拉丁语的法语词汇，也有十九世纪和二十世纪希腊语源和拉丁语源的技术词汇。（所以，下次当你参加"猪肉游行"〔pork parade〕，帮摄影师〔photographer〕打着阳伞〔parasol〕时，可别忘了你正从 P 中受益啊。）造成以 P 打头的词汇大举入侵的其他因素，还包括我们那些使用拉丁语前缀（prefix）和希腊语前缀的词汇在数量上的不断增长，前者如 pre-（表示"在……之前"，如"prefix"）、post-（在……之后）、per-（全、总）和 pro-（在……之前），后者如 para-（侧面，超出）、peri-（周围，附近）和 pro-（在……之前）。

　　部分由于它在英语中的不幸联想[1]，P 本身的文化生活因而乏善可陈。不像它的邻居 O，P 也许永远不会成为大获成功的主流英语杂志的刊名。不过，佛兰芒语（Flemish）、土耳其语和其他一些语言中，均有 P 杂志出版：佛兰芒语的那一本——其读者主要为年轻的成年男性，如同比利时版的《Maxim》杂志——便好心好意地用了 P 来代表"panorama"（全景）一词。

　　P 作为缩写，在化学上表示"磷"（phosphorus），用于音

1　大概仍然是在说 P 与 pee（尿）之间的谐音关系。不过，P 在汉语里的联想也不怎么好。

（1）早期可能是 pe 的闪米特字母，意思是"嘴"，出自大约公元前一八○○年的恐怖谷铭文。该字母大约刻写于字母表发明二百年之后，从中可以看出（线条粗糙的）人嘴图案的样子。（2）约公元前一○○○年时腓尼基人的 pe，"嘴"。该字母发"p"音，一如其名称的起首音。其字形此时已简写为老字形最右边的边线，看起来不再像嘴，倒更像一根拐棍了。该字母向左而立，与腓尼基人从右向左的书写方式相合。可能引起混淆的是，pe 看上去就像是倒过来的另一个腓尼基字母 lamed，即其 L 字母。（3）早期的希腊字母 pi——出自大约公元前七四○年一份从右向左书写的铭文——在字形、发音、名称和字母表排序上，都基本上照搬了腓尼基字母。（4）早期的罗马字母 P，出自大约公元前五二○年一份从右向左书写的铭文。其形貌又一次发生了变化。（5）约公元前二○○年的罗马字母 P，已初具现代形貌。在成熟的、从左向右书写的罗马文字中，它面朝右侧。

乐记号时则表示"弱"，出自意大利语的 piano（轻柔地）一词。我们的乐器 piano（钢琴）在一七七○年前后，原本叫作"pianoforte"，出自 piano e forte，意为"轻柔又响亮"（形容它可以表现多层次的音色，与音色单一的大键琴大不相同）。

　　PX 则是美国军事基地的一种百货商店，其名称来自"Post Exchange"（军中福利社）的缩写。P 和 X 若叠在一起，其含义便迥然不同。此标志常见于教堂的彩色玻璃窗、某些牧师的长袍，以及其他一些罗马天主教和新教圣公会（Episcopalian）的物品之上。与一般人的想法不同，这个 PX 并非代表着拉丁语词 pax（和平）——甚至都不是字母 P 和字母 X。它名叫君士坦丁十字架（The Cross of Constantine），其中两个字母均出自希腊语：一个是 khi（形同 X，发音为 "kh"），另一个是 rho（形同 P，实为希腊语中的 R），它们是 Christos[1]——"基督"一词的头两个字母。

我们常说的 "to mind your p's and q's"（小心你的 p 和 q）——意思是注意你的行为举止——要回溯到十五世纪到二十世纪初的印刷业。那时的金属字模依照字形的不同，分装于两个不同的字盘："上字盘"（upper case）里装着大写字母，"下字盘"（lower case）则装小写字母。小写字模一旦从字盘中取出，便很难认清彼此，尤其是模样差不多的 b、d、p 和 q——由于字模的形体与印刷出来的实际字样正好相反，便更不易辨别。在排字和（最后）把字模放回字盘的时候，印刷师傅得多加小心，免得自己搞混了 p 和 d、q 和 b，或是 p 和 q。

美国幽默作家詹姆斯·瑟伯（一八九四～一九六一）曾对 P 做过一番小小的研究。他写过许多作品，包括我们在前一章引用过的童话《奇妙的 O》。瑟伯饱受病痛折磨，终至失明，六十六岁那年死于中风后的并发症。死前数月，他出版了在世时的最后一本书，散文集《灯与矛》（Lanterns and Lances），其中有一篇关于失眠症的文章《黑夜守望者》（The Watchers

---

1　希腊文拼写：Χριστός。

君士坦丁十字架，以皈依基督教的罗马皇帝君士坦丁命名，他于公元三二四年宣布基督教为国教。此符号由两个形同 X 和 P 的希腊字母 khi 和 rho 组成。它们是希腊语 Christos 一词的头两个字母，乃基督之名，意为"受膏者"。

of the Night）。这篇语气欢快的散文，动人动容地暴露出他身体的疾患和不安，作者自己却不知道，这些症状很快就会导致他的死亡。瑟伯描写了自己凌晨三点还睡不着觉的情形，

1　　2　　3　　4　Perpetua

（1）罗马大写字母 P，出自公元一一三年大理石雕刻的图拉真碑铭。这一字形是现代所有罗马印刷体中大写 P 的范本，不过，它那风格迷人的不封口的半圆，并未被早期的印刷品采用。（2）以安色尔手写体写成的 P，出自公元七世纪的一份拉丁文手抄经文。虽然安色尔体的这一字母几乎完全模仿了罗马的石刻大写字形，但它也半降身姿至基线以下，这是我们现代小写字母的先声。（3）半安色尔手写体的 P，出自六世纪时意大利南部的一份拉丁文手稿。这个 P——像安色尔体一样，也是个"下探者"——看上去更像我们现代的小写字母了。（4）在佩尔佩图阿（Perpetua）字体中，旧日遗存清晰可见。这是杰出的英国字体设计师埃里克·吉尔（Eric Gill）在大约一九二八年设计出的一种罗马印刷体。

他把字母表想来想去，以此来催眠。有一个字母想得最多。"字母'P'好比'O'和'Q'之间那片浩大的、引人入胜的开阔地，它是所有二十六个字母中最自相矛盾者之一，在它身上，人们可以发现快乐（pleasure）与痛苦（pain）、平静（peace）与喧嚣（pandemonium）、繁荣（prosperity）与穷困（poverty）、强力（power）与懦弱（pusillanimity）……"最后，瑟伯发现，这种智力练习还是让他睡不着："'P'，这个字母中的梁上君子，偷走睡眠的家伙，就像所有那些成瘾的嗜好一样难以摆脱。"

不过，我们还是把 P 放到一边，接着往下谈吧。

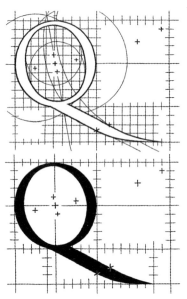

一圈又一圈。在一五二九年所著《字母的科学与艺术》一书的插图中，法国字体设计师若弗鲁瓦·托里在一张坐标纸上，演示了这个雅致的长尾巴 Q 的恰当比例。那些小小的十字记号所示，是用圆规绘制图形时需立脚的圆心。Q 最与众不同之处，就是这条尾巴了，历来让书法家和字体设计者乐此不疲。

Q
品质为先

QWERTY。认得它吗？它既不是沃德豪斯（P. G. Wodehouse）小说人物的名字，亦非圣诞购物狂潮期间的幼儿玩具。QWERTY 就在打字员的键盘上。它位于最上面一排字母键，从左到右，由前六个字母拼成。

Q 之所以处在这样一个极左的位置，要归因于打字机用法上的一个古怪事实：键盘最初的设计，是故意要使打字者减慢速度的。就字母的位置而言，我们所熟识的键盘，与十九世纪七十年代最早的一批机型相比，基本上没有什么变化，其中典型的一款，当推一八七四年的雷明顿牌（Remington）手动打字机，这是第一款取得商业成功的打字机。这种键盘，就是要迫使打字者把手指伸得长长的，才能找到那些常用的英语字母组合。

一八七四年这样做的目的，是为了防止卡壳。手动打字机的键在受到敲击时，会带动一根长而细的"字杆"（typebar），使之抬起，以所装铅字敲击色带，打印到纸上。在一位熟练的打字者手下，字杆会起起落落，嗒嗒嗒响个不停。但是，早期打字机在使用时，如果打字者动作太快，或相邻两键几乎同时被敲击，那么，字杆便很容易卡住。所以在键盘上，许多常用的英语字母组合键便分开排列，往往是一左一右，这样便让打字者左右两手都得用上。Q 键被置于一个安全的位置，远离它的老搭档——字母 U。在英语书写中，我们几乎是逢 Q 便有 U 相随于后；因此，Q 是左手键，U 则为右手键。尽管后来的技术已经解决了卡壳的问题，但这种键盘设计已经深入人心，难以更改了。

Q 是一个现代的成功故事。以前它遭人白眼，被人轻视，到了二十世纪八十年代左右，总算时来运转，得享荣华。今天，Q 已经成了某些利益集团和营销机构的宠儿，在我们的广告和商标品牌上光彩照人。

然而回首旧日，从一开始，Q 便好像怪里怪气，带着异国情调，形单影只，让人感到不那么舒服。这首先是因为它的使用率很低。Q 几乎是英语出版物中最不常用的字母，根据不同的统计，也可能排在倒数第二、第三或第四位。（大多数统计把 Z 放到最后：见第 142 页附表。）这么低的排名，是 Q 与 C 和 K 劳而无功的竞争的结果，如 C、K 两章所描述过的那样：所有这三个字母都发"k"音，可是很明显，"k"音供不应求。

在英语拼写中，C 最为受宠；K 远远地落在第二位；Q 则术业有专攻。Q 几乎总是位于一个 U 和一个第二元音之前，而 QU- 的发音通常为"kw"，如 quail、quest、equilibrium。另外，晚近与法语起源有关的词中，Q 也可发成一个简单的"k"音，如 mannequin、antique，以及英国人说的 cheque 和 queue[1]。

Q 来历可疑的特殊用法——之所以"来历可疑"，是因为我们并不需要它：我们完全可以不费吹灰之力，把 Q 从字母表上拿下来，把"quail"拼成"kwail"，或是把"liquor"（液体）拼成"licor"——古往今来，总有学者对此怨声载道。早在大约公元九十年，罗马文法学家昆体良便将 Q 贬为"多余之物（拉丁语写成 supervacua），只能用于附着于其自身之上的元音"。英国剧作家和学者本·琼森也在其一六四〇年的《英语语法》一书中，满怀厌弃之意地指出，我们之所以在英语拼写里使用 Q，乃法语入侵（诺曼人一〇六六年的征服）所强加，而此前的古英语没有 Q，也一直发展良好："盎格鲁-撒克逊人对这个有残障的、后面总是跟着个侍女 u 的 Q 一无所知。"

追本溯源，令 Q 的边缘地位有增无减的因素，还有它奇

1　quail [kweil]，畏惧；quest [kwest]，探寻；equilibrium [,i:kwi'libriəm]，平衡；mannequin ['mænikin]，人体模型；antique [æn'ti:k]，古董；cheque [tʃek]，支票；queue [kju:]，队列。

特的形体，要噘嘴念出的名称，以及 Q 倾向于代表神秘或危险之物的事实。Q 是"query"一词的缩写，意为"疑问记号"——如"Q 热"（Q fever），之所以得到此名，是因为二十世纪三十年代的医生对其病因大惑不解，还有"Q 舰"（Q-ship），指的是第一次世界大战期间伪装成无威胁货船的英国战舰，用以引诱德国 U 型潜艇（U-boat）上钩。（又是 U 跟在 Q 后面。）Q 也可意指"queer"，兼有"奇异"与"同性恋"之意。在二十世纪三十年代的杂耍表演舞台上，在六十年代的喜剧电影中，这种语意上的关联都是常用笑料：中间名为 Q 的男性角色，可能是在向观众发出"哎哟"的信号。

加斯帕·米尔克托斯特（Gaspar Milquetoast）是个柔弱、温顺的人物形象，出自纽约《先驱论坛报》（*Herald Tribune*）一九二四年到一九五三年间的一套连环漫画，作者是哈罗德·塔克·韦伯斯特（Harold Tucker Webster）。米尔克托斯特这个假冒的法国姓氏（现已成为习语，意指胆小鬼），来自主流语词"milk toast"（牛奶吐司），指的是一种通常喂给病号或婴儿吃的食品。尽管没有明显的性别指向，但他姓氏当中的这个 Q，还是让加斯帕与众不同：他跟你我是不一样的——吧。

今天，不管怎么说，Q 的污名都已成了往事。随着我们这个时代变得越来越不相信千篇一律——想想二十世纪九十年代苹果公司的那句广告语"Think Different"[1]吧——Q 的非

1　意思是"从不同的角度去思考"。我见过的最好的中译，当推"不同凡想"。

主流光环在市场营销和广告创意领域别具魅力。像 X、Z 和其他几个字母一样，现在的 Q 因其不可多得和引人注目的力量，已经得到了充分利用；今天，Q 代表着 "quantum"（量子，重大的）、"quasar"（类星体）、"quark"（夸克）、"quick"（迅速），对了，还有 "queer"，现已成了自豪的身份徽章。在主流的商标品名中，Q 似乎让人联想到打破常规的技术天才、一种很酷的另类，或是科幻小说变成了现实。举例为证，则有名称如 Q-Media 软件、Q9 网络搜索引擎、Qsound 电器、QLogic 电脑硬件、Q 牌硬盘、数字电话 Q Phone、英国流行音乐杂志《Q》、饶舌歌手 Q-Tip、英菲尼迪（Infiniti）Q45 和英菲尼迪品牌的其他 Q 系汽车。我们也别忘了有意误拼的 Qwest[1] 通信公司，这是美国第四大长途电话运营商，现已深陷财务与法律困境。

为 Q 迈向二十一世纪扫清道路的人，正是比尔·盖茨（及其公司）。早在一九八六年，他就推出了微软公司极具影响力的计算机程序 QBasic。这个 Q（代表 "quick" ——"快"）在电脑业的行话里存在了差不多十年，此后便真正展开了语言的翅膀，飞向了程序设计和市场营销领域。

与此同时，代表着 "queer"、意为 "同性恋" 的 Q，也已经从二十世纪初一个冒犯性的，或见不得人的符号，逐渐变成了同性恋团体和身份的公开标志。"Q 系列" 便是一套关于男

1　Qwest，应为 "quest"（探寻）一词的有意误拼。

约翰·Q. 群众

鼠民（John Q. Public）的称谓始见于二十世纪三十年代的美国，其中的 Q 既显突兀，又令人费解。这不是那个乏人问津的 Q，而是可能代表我们所有人的 Q。但是，就连这样一个 Q，大抵也是负面的，带着一股子轻蔑的味道：群众约翰·Q 指某个毫不起眼的家伙，那种常常被政客和富人愚弄的人。在二〇〇二年的电影《约翰·Q》（John Q）中，登泽尔·华盛顿（Denzel Washington）出演了一个愤怒的、经济拮据的工厂蓝领，小儿子要做器官移植，他却没有足够的健康保险可供支付。

女同性恋的系列学术著作，由北卡罗来纳州的杜克大学（Duke University）出版。此类 Q 的其他用法，还包括威斯康星州的同性恋剧团 StageQ，以及一些网站的名称，如 Planet Q、QWorld、Q-Fish、Q-online，以及 Q-mmunity[1]。

Q 好像始终都是一匹黑马，跑在后面。公元前一〇〇〇年的腓尼基字母表有两个 K 字母：kaph，我们的 K 的先祖，以及 qoph，Q 的老祖宗。之所以有两个腓尼基字母，是因为他们在发音上存在细微的差别：在腓尼基人的语言中，qoph 所代表的发音需要舌头触及的上腭部位，与处理 kaph 时不同。Qoph 之名或许意为"猴子"；此字母之形貌可能就是一张猴脸加一条猴尾的抽象图：ϙ。

Qoph 是第十九个腓尼基字母。今天，希伯来字母表的第

1　Q-mmunity 显然是 Queer Community（同志群落）的另类写法。

十九个字母叫作 qof，发音同"q"。该希伯来字母的形貌，仍然与其三千年前的先祖有几分相似。此外，阿拉伯字母表的第二十一个字母叫作 qaf，也表示相近的发音。

公元前八〇〇年前后，古希腊人将 qoph 复制进了自己的字母表，并将其名称改为更希腊化的 qoppa。（腓尼基人的 kaph，此时则变成了希腊字母 kappa。）与腓尼基语不同，希腊语"q"和"k"的发音没有细微之别，不需要两个这样的字母。Qoppa 最终被逐出了希腊语——然而，就在此时，它已经随着希腊商船到达了意大利。在那儿，它从希腊字母表被复制进了埃特鲁斯坎字母表（公元前七〇〇年），又从埃特鲁斯坎字母表复制入罗马字母表（公元前六〇〇年）。罗马人称其字母为 qu，其发音大致同"koo"，由此发展出了该字母在英语和其他同源语言里的现代名称。

与腓尼基人一样，埃特鲁斯坎人注意到了 K 和 Q 在发音上有所不同。但罗马人像希腊人一样对此无动于衷。罗马人讲究秩序，却拿来三个字母——C、K 和 Q——让它们都发"k"

发音和出身上的远亲：希伯来字母 qof 和阿拉伯字母 qaf。别看它俩样子不像，却都源出于古代腓尼基的 Q 字母。因为舌尖要探向口腔上部的不同位置，所以这两个现代的闪米特 Q 字母都有别于各自字母表中的 K 字母。例如，在阿拉伯语中，qalb 意指"心"，kalb 却是"狗"的意思，两者发音不尽相同。

音，其中有两个他们根本不需要。为了解决这种混乱，他们便对 C 青睐有加，对 K 置之不理，对 Q 则将其限于仅有的一种用法：帮忙捕捉拉丁语中大量存在的辅音"kw"。

因此，罗马人将"kw"写成字母 QU-，Q 表示其中的"k"，此处的 U 则表示"w"。由于"kw"只能在元音之前发音，字母 QU- 也便只能写在某个元音前面。除了与 Q 配对之外，U 在拉丁语中还有很多用法，但 Q 再无其他角色：它只能出现于 U，以及一个第二元音之前。

这样的拉丁语词有好几百个，例如 squalor（卑污）、aequalis（相等的）、eloquens（善辩的）和 quinque（五），它们日后都演变成了英语词汇。在拉丁语中，QU- 的拼写可与 CU- 两相对照，如拉丁语单词 cultus（农耕）和 porcus（猪），其中 CU- 的发音，只是单纯的"kuh"或"koo"，而不含"w"。

拉丁语中表示"kw"的 QU，在罗马灭亡（公元五〇〇年）后，为法语等罗曼语言所承继。此时不列颠岛上的盎格鲁-撒克逊人在书写古英语时，用的是改进后的罗马字母表，里面没有字母 Q。正像本·琼森在前文（第 323 页）指出的，盎格鲁-撒克逊人不需要它。他们喜欢将"queen"写成 cwen，把"quick"写成 cwic。然而，随着一〇六六年诺曼人对英格兰的征服，情况出现了改变：入侵者不仅带来了数百个有 QU- 拼写的诺曼法语词汇（如 quart〔夸脱〕、quest〔探寻〕、require〔需要〕等），而且英格兰的诺曼书吏，还开

(1) 腓尼基的 Q 字母，名叫 qoph，意为"猴子"，出自大约公元前九五〇年的一份铭文。该字母的形貌——或许由更图形化的猴脸与猴尾进化而来——已经显露出我们现代 Q 形的发端。在发音上，qoph 与腓尼基人称为 kaph 的 K 字母相仿。(2) 希腊的 qoppa，出自大约公元前六八五年锡拉岛（Thera）上的一份铭文。尽管袭用自 qoph，但此希腊字母还是在外形上略有不同，以免与另一个希腊字母 phi 混淆。（phi 并非自腓尼基字母袭来。）由这一希腊字形，可以看出我们现代 Q 的两大要素：一圆，一尾。(3) 罗马的 Q，出自大约公元前五二〇年的一份铭文。罗马字母由埃特鲁斯坎字母袭用而来，后者则袭用自希腊字母。埃特鲁斯坎人和罗马人都保留了三个"k"音字母——C、K 和 Q——我们亦将其继承下来，收入现代的罗马字母表中。

始用法语风格的 QU- 来拼写当地的英语词汇。于是，cwen 变成了"queen"，cwic 变成了"quick"。Q，或者更确切地说，是 QU-，就这样进入了英语。

　　只是到了最近几十年，英语里的 Q 亮相时才偶尔不带着"她的侍女"（亦为本·琼森所言）。大多数字典现在都用不带 U 的 Q，来音译部分常用的外语词汇和名称，它们一般出自阿拉伯语、希伯来语或汉语。例如，阿拉伯的酋长制国家卡塔尔（Qatar）、希伯来秘教典籍《喀巴拉》（Qabbala，另译 kabbalah），以及中国古代王朝：秦（Qin，另译 Ch'in）。Q

针对阿拉伯语和希伯来语所做的改变，反映出要更为忠实地呈现阿拉伯语或希伯来语的 Q 字母，即 qaf 或 qof 之面貌的努力。以往，qaf 或 qof 通常会照例音译为 K，以免让英语读者觉得 Q 不带 U 太过唐突。至于汉语的情况，对 Q 更晚近的使用是出于拼音系统，它自一九七九年起被普遍接受，以将汉语音译为罗马字母。

今天，有个无 U 之 Q 的单词，已经在全世界大多数人的意识里打下了深深的烙印，如果他们看到的是罗马字母的话，那便是 qaeda。Al Qaeda 是一个国际性的宗教恐怖组织，在阿拉伯语中的意思是"基地"，二〇〇一年九月十一日，正是它发动了那场恐怖袭击。

Q 在形象上的最与众不同之处，便是其尾巴，书法家和字体设计者均不能对它小视。有些字体为求高雅，便让这条尾巴长得出奇——美国字体设计师 D. B. 厄普代克（D. B. Updike）在一九二二年出版的颇有影响的《印刷字体》（*Printing Types*）一书中，曾对这种样貌表示深恶痛绝。英国字体设计师爱德华·约翰斯顿却在他一九六六年出版的经典著作《文字与启发及字体》中指出，长尾巴并无任何不妥之处，因为这使它"有了一副苗条的双曲线，从而大大缓和了它的刚硬之气"。

Q 在现代文学中找到了不大不小的一席之地。系列科幻小说《星际迷航》（*Star Trek*）里有个不断出现的人物，名叫 Q，这是个"来自另一连续体（continuum）"的强大生物，有时作乱，有时又对我们企业号（Enterprise）星舰的英雄们施以援手。
Q 的名字得自科学术语"量子"（源出拉丁语的 quantum，意
为"多少"），表示一定比率下能量的单位，这是整个物理学
理论的基础。前进吧，Q！

　　伊恩·弗莱明所著詹姆斯·邦德系列小说的书迷及其
改编电影的影迷都知道，Q 是邦德的装备官布思罗伊德
（Boothroyd）少校的代号，他通常出现在故事的开头，拿出
或神奇或残忍的装备，在发给这位超级间谍以执行任务之前，
作一番简要的介绍。面无表情的 Q 有一种喜剧效果，既烘托
出了邦德的调皮，又像是一个官阶略低的副本，对应着邦德

1　　　　**2**　　**3**　　　　**4**

（1）罗马的 Q，出自公元一一三年的图拉真碑铭。这个俊秀的字母，在碑铭最
上一行占有一席高位，现身于罗马的国事用语 Senatus Populusque Romanus，
即"元老院和罗马人民"。此类石刻的罗马字形，到了一四七〇年前后的意大利，
启发了早期印刷商的大写字母 Q；不过，那条长长的尾巴在标准印刷中并不实用。
（2）以安色尔手写体笔书的 Q——此例出自七世纪的一份拉丁经文手稿，清楚地
预示着我们现代小写印刷体的 q。安色尔字体出现于公元三〇〇年前后，书使们把
它的尾巴写成了向下的一笔，置于圆圈一侧而非底部，这就可以连续走笔而节省
时间。（3）加洛林小写体字母，比安色尔字体更为清爽一些。此例出自一〇一八
年的一份英文文书。（4）古迪旧体（Goudy Old Style）大写和小写的 Q，由美国
字体设计师弗雷德里克·古迪设计于一九一六年。其字形源出于传统，又自有创新。

人生中的另一个字母——他那谈吐肃穆、代号 M 的上司。为什么是 Q 呢？表示"quartermaster"（军需官）吗？抑或是其作者弗莱明，在二十世纪五六十年代写作时，只想用它博人一笑？

图中字形立意巧妙，甚至有乱真之感。它出自一八三六年在巴黎出版的一份人形字母表，颇富想象力。

R
狗字母

R U C.N. an I 🐕? F 🐢 Y 🐢? U'r I's R 2 🐕 2 🐕.
翻译如下：Are you seeing an eye doctor? If not, why not?
Your eyes are too dear to waste.（你去看了眼病吗？如果没
去，为什么不去看？你的眼睛太宝贵了，废不得哟。）

　　这个字谜（rebus）由 R 为您带来，它是字母表上的第
十八个字母（也是"rebus"一词的头一个字母）。所谓"字
谜"——几乎人人🐕——即一个由单词组成的迷局，用图形
或符号来替换其中某些词汇的发音或音节。此名称在英语中
的发音为 REE-bus，源自拉丁语短语 rebus non verbis，意为
"用物，不用字"。字谜将脑筋急转弯式的谜题和妙趣横生的
双关语结合于一身，往往非常好玩。R 是个极受欢迎的字谜
工具，因为它的名称听起来很像单词"are"和（多少有点儿

作弊之嫌的）"our"。

R 的名称很好地表现出了该字母与众不同的发音，它需舌端靠近上腭，通过舌在整个口腔中振动而发声。如果你一开始发 R 音，然后抬起舌尖，抵住上腭，便会发现自己已经转换为 L 音了。就语音学而言，L 与 R 堪称手足；这两个字母组成了辅音中的一个小分类，人称"流音"。（见第 255 页。）R 的舌位使它比 L 用喉更甚，而喉音正是 R 的一大特色。

R 低沉的声音（growl，如此词的发音所示）不可避免地与狗联系在一起。若弗鲁瓦·托里在其一五二九年论及字母表的《字母的科学与艺术》一书中注意到："狗发了怒，在互相撕咬之前，会收紧喉头，咬牙切齿，这会儿的它们就好像是在说 R。"托里本人也曾提及，把 R 跟狗联系在一起的说法，至少可以回溯到古罗马时代：公元一世纪中叶的诗人佩尔西乌斯（Persius）曾将 R 称作"狗字母"（canina littera）。同样，本·琼森（他肯定读过佩尔西乌斯，也可能读过托里）也在其一六四〇年的《英语语法》中，将 R 称为"狗的字母"。然而，这个多才而迷人的字母本身和狗一点儿关系都没有。

从语音学上来说，R 和 L 这两个流音对词中居前元音的作用更为明显：R 或 L 会将此类元音的发音拉长，往往使之更重。仔细听听"Al""pole""pure""fire"，再听听那些没有 L 或 R 跟在后面的相同元音，如 an、poke、duke、fine，做个对照。（不过，如果 L 或 R 自己的后面也跟着一个元音，这一套便不管用了，如"carol"的 A 音，便要短于"carnal"里的 A 音了。)[1]

在发音方面，R 涉猎甚广。符号 R 所代表的发音对操不同语种的人而言，意义也各不相同，这种不同不仅存在于不同的语言之间，亦可见于英语内部。

巴黎法语在发 R 音时，让它顺着喉咙和上腭优雅地咕噜噜而出——大多数以英语为母语的人几乎不可能准确地发出此音。(你说得出 regarder〔看〕这个词吗？对于其中的 R 音，我们应该从舌尖儿开始，然后让喉咙介入。) 在克罗地亚语中，书面的 R 也可表示元音；例如城市名 Trieste（的里雅斯特）便拼为 Trst。在西班牙语和意大利语中，R 是颤音；在发此音时，得让舌尖抵住上门牙的齿槽振动，例如 misericordia（慈悲）。苏格兰英语的 R 也是颤音，著名的苏格兰颤音（Scots burr）便由此而来。

如果让某一社会阶层的英国人说一下"earl"（伯爵），你会听到"euhl"，R 弱化为短促的喉咙一紧，与北美人或爱尔兰人所讲的那种吐字清晰的 R 迥然不同。也许有些例外：布鲁克林和王后区[2]的居民便会将某些词里的 R 弱化到几近消失。

1　Al [ɑ:l]，人名"艾尔"；pole [pəul]，柱；pure [pjuə]，纯洁；fire ['faiə]，火；an [ən]，一个；poke [pəuk]，刺戳；duke [du:k]，公爵；fine [fain]，罚款；carol ['kærəl]，颂歌；carnal ['kɑ:nəl]，肉欲的。

2　布鲁克林和王后两区均属美国纽约。王后区因英格兰、苏格兰和爱尔兰王后布拉干萨的凯瑟琳（一六三八～一七〇五）得名。

"Meet ya's at toidy-toid Street at tree o'clock."[1]

布鲁克林口音和前述的英国口音，共同指向一个更为普遍的规律——即众所周知的 R 在某些形式的口头英语中消失的现象。其根本原因，在于 R 说起来费劲：它的发音相对更难，需要绷紧舌尖。幼童或有口吃的成年人说话时，往往用更容易发音的 W 来代替 R，便是一个明证。"Pesky Wabbit!"[2] 埃尔默·法德（Elmer Fudd）说，他是华纳公司卡通形象兔八哥（Bugs Bunny）的死敌，但永远也占不了上风。笔者想起曾与三岁大的女儿玩"三只小猪"，当我吓唬她，要毁掉她最后一座小猪房子时，只听她兴高采烈地回答："不！It's stwong of bwick!"[3]

对布鲁克林口音的研究表明，R 在元音前发音正常，但若位于词尾，便常常消失不见——比如二十世纪六十年代，小贩们用托盘装着高高的、泡沫满溢的纸杯，穿行于扬基体育场的看台，吆喝着"Beeh heeh!"[4]——尤其是它位于 D、L、N 或 TH 之前时，便更容易省略。这些辅音将舌尖置于一个与 R 颇为不同的位置，从而使前置的 R 尽显不便。既然"weeyd"

---

1 标准说法应该是"Meet you at Thirty-third Street at three o'clock"，即"三点钟，第三十三街见"。

2 应为"Pesky Rabbit"，"讨厌的兔子！"

3 童话《三只小猪》讲前两只小猪用花草盖房子，结果被狼吃了，第三只小猪盖了砖房，结果保命得胜。"It's stwong of bwick"，应为"It's strong of brick"，即"砖可结实了！"

4 应为"Beer Heer"，黑尔啤酒。

能让舌头更舒服，为什么还要说"weird"（怪异）呢？（这当然不是有意识的个人选择，而是出于方便而发生的集体口音进化。）人类总是希望能让舌头更省劲，这便是古往今来口头语言发生很多变化的原因所在，例如，晚期拉丁语中出现了多种语音模糊的现象，促使它从大约公元二〇〇年到八〇〇年间，演化为欧洲的罗曼诸语种。

在远离纽约市区的波士顿，你可以找到这个消失的 R（没

首长好！这两个原始的闪米特字母刻在石灰岩上，是已知世界最古老字母文字的局部，遗存于埃及沙漠，大约成于公元前一八〇〇年，或为首份字母表发明二百年后。（详见第 52 ~ 53 页。）两字母位于铭文之一的最右端，若从右向左书写（我们不敢确定），那它们就是句首。右侧的字母像卡通人头的轮廓，据信是 R 的早期形貌。学者认为，模样像 9 的那个字母是早期的 B。（见第 84 ~ 85 页。）从右向左，这两个字母应拼作 R-B，即闪米特语单词 reb，意思是"首长"。"首长"所指，大概是部落头领或军队长官，似乎就是铭文刻写者的头衔；全文（我们可能永远无法破解）或为"长官某某写下此文"云云。古代闪米特语单词 reb 和希伯来—英语单词"rabbi"（拉比）存在语言学上的联系。

有布鲁克林元音）。Pahk yuh cah in Hahvahd Yahd[1]——警察就会拖走你的车！语言学家甚至将所有的英语发音分为两大方言阵营：r音（rhotic）方言区和非 r 音（nonrhotic）方言区。（形容词"rhotic"源自 rho，系古代希腊语中字母 R 的名称，rhotic 这个词正是由此生拼硬造而出，意为"r 音的"，或如此处，专指"使用 r 音的"）。

操 r 音者在遇到 R 音时会照本宣科，怎么写便怎么说；而操非 r 音者往往将 R 省略，或在词中某些特定位置上将其弱化。非 r 方言分布于美国南部、中大西洋各州和新英格兰地区（而中西部和西部不在其列），亦可见于澳大利亚、新西兰、南非、加勒比地区大部、英格兰大部和威尔士（无苏格兰）。

有 r 口音和非 r 口音之间的分野，不仅可以是地域性的，也可以是社会性的。对大纽约市地区所作的语言调查证实，操非 r 音者的出身多为当地传统的低收入家庭，而操 r 音者则不然。大伦敦地区的情况正好相反：非 r 才是英国人言谈的典范口音——要说"euhl"，而不是"earl"——这标志着更好的教育和更高的收入。

R 的生平足可归入最引人入胜的字母历史之列。在已知最古老的字母文字，即发现于埃及中部恐怖谷，大约刻于公元前一八○○年的两份石刻闪米特铭文中，R 便已出现。有一

1　应为"Park your car in Harvard Yard"，意为"你把车停在哈佛园"。

个形似人头侧像的字母，在铭文中大概出现了三例。现代学者通过后世字母表所提供的信息，认为这就是早期的闪米特字母 R，名叫 resh（发音大概同 "raysh"）。此名称在古代闪米特诸语言里的意思是"头"。resh 所代表的，正是其名称的起首音"r"。

其他据信也是 resh 的人头状字母，则见于西奈半岛西部的岩刻闪米特文字，大约成于公元前一七五〇年。但是，像所有早期字母一样，resh 的用法和特性若为我们所知，还需闪米特字母日后发展到另一个阶段，即公元前一〇〇〇年的腓尼基字母表。

腓尼基人的 resh 在字母表上排第二十位。它居于字母 Q 之后，在表示"sh"音的字母和 T 之前，与我们的 R 颇为相似。此腓尼基名称的意思仍然是"头"，但其形状已大为简化，类似于ዋ。

其形虽简，却足以让人想到人头（及颈）的侧影，闪米特字母的图形化作用因而得以实现；读者见其形，自然会想到："头，resh，'r'音。"该字形向左而立，与腓尼基人从右向左的书写方式相一致。不管其第一印象如何，该腓尼基字母的形貌并未发展成我们的字母 P，而是与 P 相似的字母：R。

今天，在希伯来字母表上排名第二十位的，仍然是一个名叫 resh 的字母。希伯来文的 resh 大概在公元前一〇〇〇年之后不久，由腓尼基字母袭用而来，它仍然表示发音"r"，而其名称，也仍然可以理解为"头"的意思。该希伯来字形虽然希伯来字母 resh。它由古代腓尼基字母袭用而来，其形貌仍然有后者的影子。

自铁器时代以来变化巨大，但仍与其腓尼基原型有些许相似。

同样，闪米特语单词 resh 虽略有变形，却也得以在希伯来语和阿拉伯语中存留至今——例如，每年秋季犹太新年圣日的名称，叫作 Rosh Hashanah，意为"岁首"，又比如阿拉伯地名 Ras al Khaimah（哈伊马角，意为"帐篷地头"或"帐篷岬角"），乃阿拉伯联合酋长国的一员。

及至公元前八〇〇年左右，古希腊人袭用腓尼基字母时，基本上保留了 resh 的发音、形状，以及它在字母表上排名第二十的位置，同时将其名称改为更希腊化的发音：rho。与腓尼基人的"头"不同，rho 这个名字在希腊语中除了表示该字母之外，再无其他意义。

希腊式的发音，给 rho 平添了少许呼吸声的特性——罗马人因此在将希腊语音译为拉丁语时，最终把 rho 转换成了两个罗马字母：R+H。今天，表示古希腊语 rho 的罗马 RH 组合，在一些希腊语源的英语词汇中仍可见到，如"rhetoric"（修辞）、"rhinoceros"（犀牛）和"rhythm"（节奏），还有我们对该希

（1）闪米特字母 resh，意思是"头"，出自大约公元前一八〇〇年恐怖谷的石刻铭文。Resh 发"r"音，与其名称起首音相同。学者们相信，该字母的形貌最早仿效的，就是埃及象形文字中的人头轮廓符号（其名称与含意均与此闪米特字母截然不同）。（2）大约公元前一七五〇年的 resh，出自西奈半岛中西部塞拉比特·哈德姆的一份铭文。与此前的字形相比，这一个更具图画感，也许与刻写者的技巧和更易刻画的塞拉比特砂岩有关，而恐怖谷的石灰岩相对来说更为坚硬。（3）大约公元前一〇〇〇年腓尼基人的 resh，其形貌已大为简化，不过仍能看出人头侧像的样子。在腓尼基人从右向左书写的文字中，它面朝左侧，但正在朝我们的 R 演变。（4）早期的希腊 R 字母，rho——此例出自大约公元前七二五年一份从右向左书写的铭文——在字形、发音和字母表排序上，均完全效仿了腓尼基字母。（5）现代希腊的 rho 右向而立，形似我们的字母 P，发音却是"r"。在源自希腊语的基里尔字母表中，该符号亦为 R 字母，用于现代俄罗斯、塞尔维亚、保加利亚、乌克兰、哈萨克斯坦和蒙古等国家。

腊字母本身的拼写：rho。

　　像其他希腊字母一样，rho 在早期的希腊文字中既可以朝左，也可以朝右——q 或 P ——视乎书写时朝着哪个方向。到大约公元前五〇〇年时，随着希腊语书写体系固定为从左向右，标准的 rho 也便面朝右侧了。在公元前五世纪和四世纪时的希腊大理石铭文上，刻写整洁的 rho 看上去，简直和我们的字母 P 一模一样。而与此同时（如前章所述），表示发音"p"的古希腊字母 pi，则演进成了完全不同的模样。

R 的那条斜腿或尾巴，用以在外观上区别该字母和我们的 P，出现于古代罗马，此前，希腊字母表已经传给了意大利的埃特鲁斯坎人（公元前七〇〇年），埃特鲁斯坎字母表又传到罗马人手中（公元前六〇〇年）。在现存的罗马铭文中，R 那条起辨识作用的尾巴最早出现时，只是半截残根儿，后来才发展成直抵基线的一笔：R。

我们的 r 的小写字形，脱胎于中世纪早期的半安色尔手写字体。抄写员为了节省时间，开始对该字母的右半部分加以简化。他们拿掉了半圆和尾巴，一竖再加一小弯儿，一笔即成：r。其小巧的体貌颇为养眼，遂于公元八〇〇年前后被影响深远的加洛林小书写体采用，又在十五世纪初被意大利的人文主义书法沿袭。从那时起，意大利早期的印刷商开始采用 r，他们在设计活字字母的小写字体时，模仿了人文主义字形（约一四七〇年）。

我们大多数辅音字母的英语名称，都包含两大要素：（一）该字母自身的发音，加上（二）居后的一个元音。例如"dee"（D）、"jay"（J）、"que"（Q）。F 那一章的第 151 页到第 152 页讲过，我们有七个辅音字母的名称是元音居首而非跟在后面——不像"dee"，而类似"eff"（F）。这七个字母是 F、L、M、N、R、S 和 X。除了 R 之外，它们的名称均以短音 E 打头，"ar"（R）是唯一一个使用了短音 A 的英语字母名。R 之所以演化出这一名称，可能是因为 A 比 E 更宜于表现 R 的发音。

（1）早期的埃特鲁斯坎字母R——出自大约公元前六六○年一份从右向左书写的铭文——在字形、发音和字母表排序上，均照搬照抄了希腊的rho。埃特鲁斯坎字母继而又被袭用为最早的罗马字母R。（2）公元前三世纪的罗马字母R。其字形已朝向右侧（彼时之罗马文字已固定为同一书写方向），而且开始长出独特的R尾。罗马人加了这条尾巴，以区分R和他们的字母P。（3）成熟的罗马字母R，出自公元一一三年的图拉真碑铭。该字形后来成了我们现代印刷体大写字母的范本。（4）以安色尔手写体笔书的R——此例出自七世纪的一份拉丁经文——基本上是在模仿古代罗马的大写字母。（5）半安色尔手写体，乃中世纪早期的拉丁文"日用字体"，书吏们据以发明出某些简体字，以图省时省力，我们小写的r便由此发展而来。此例出自六世纪法国的一份手稿。

　　公元三○○年前后，在罗马帝国老百姓的拉丁语口语中，R或许叫作"erray"（可能拼写成erre），与其现代西班牙语名称相似。这一字母名又传入早期法语，并随着一○六六年诺曼人的入侵，进入了英格兰，在中世纪法语和英语中，它一度有过有类似"air"的名称。在现代法语和英国某些地区的方言中，R的名称仍然近似"air"。

　　在现代标志中，R可代表拉丁语的rex或regina，即"国王"或"女王"，如字母徽记ER（指"Elizabeth Regina"

〔伊丽莎白女王〕，而非同名电视剧[1]）。系列电影大作《星球大战》（*Star Wars*）里有些角色更为可爱，机器人 R2-D2 即其中之一，其名字（从未有过解释）表示的也许是 "robot design number 2"（二号设计机器人）。根据好莱坞流传的说法，此名的灵感得自一个电影剪辑术语，意为 "reel number 2, dialogue number 2"（第二本，第二段对白）。

我们的处方标志 Rx，常见于药商的说明，得自一个中世纪拉丁语词汇：祈使语气动词 recipe（发音同 "re-SIP-eh"），意指"拿着"。它曾是医生在用拉丁语开药方时的第一个正式词汇（在西欧和美洲诸国，直到二十世纪初，医生用拉丁语开方都是惯例）。其中 x 所代表的，一度只是别出心裁的叉形符号，即在 R 的尾巴上画上交叉的一笔，作为一个鉴别标志，置于处方的开头。

在告别 R 之际，先来回想一下我们最早的保健作家之一，伊丽莎白一世时代的医师威廉·巴特勒（William Butler）。在所著饮食指南《干饭食谱》（*Dyet's Dry Dinner*，一五九九年）一书中，巴特勒提出了一个谚语式的建议："在那些名字里没有 r 的月份吃牡蛎，既不合时令，也于健康无益。"

---

1 指美国全国广播公司 1994 年到 2009 年播出的电视系列剧《急诊室》（*ER*）。ER 为 Emergency Room 的缩写。

S 的形貌和发音，使这样的用法水到渠成——亦相当扣
人心弦——此绘图版字母表出自一八四四年的儿童读物
《奇妙故事集》(*Wonderful Stories*)。

S
咝咝入耳

蛇（serpent）的字母。本·琼森在其《英语语法》（一六四〇年）一书中如此称之，任何人都能毫不费力地猜中他所指是哪个字母。千百年来，在语言、诗歌和美术作品中，S那弯曲的身形、咝咝的发音，始终与某种爬虫联系在一起。

约翰·弥尔顿的伟大诗篇《失乐园》（一六六七年）临近结尾之处，写到难忘的地狱场景，可以作为一例，此处的撒旦因败坏伊甸园而受到上帝的惩罚。撒旦及其军队不情愿地变形为大蛇，我们听听此刻的声音：

遍及四周，发自无数条舌头

一种阴沉的、共有的咝咝之声，带着

公然的轻蔑……/此时全体变形

> 同样地，都成了蛇…… / 可怕的是那种喧嚣
>
> 咝咝声响彻厅堂，此时密密麻麻地拥塞着
>
> 混乱的怪物，首尾不分……（第十卷）

S是英语中的头号咝擦音，所谓咝擦音，即咝音、唏音，或表示相同发音的符号。其他的咝擦音还包括SH-、Z和软音C。对英语拼写而言，S承担了大部分这种职责——即使有人说，它在"nose"和"pies"这些词中夺占了Z的工作[1]。

在二十六个字母里，S大概排在英语出版物最常用字母榜的第八位。而作为词首字母，它便排名第一了：我们以S打头的词汇，比任何其他字母打头的都多——原因之一是，我们所有的"sh"单词里也都有个S，因为英语（与某些语言不同）没有单独的"sh"字母。

咝擦音作为一个类别，在不同的语言里往往有多种可能的发音。英语中的S大致有四种发音。主要的两种可见于"season"一词——以口腔前部发音的"s"和需要声带振动的"z"。在发这两个音时，你会注意到，第二个S使声带振动，而第一个没有。当单个S位于两个元音之间（如"prison"），或位于一个浊辅音之后（如"dogs"）时，它往往发"z"音。[2]

另外，S有时也可以独自发"sh"音，如"sure"和"mansion"。

1　nose [nəuz]，鼻子；pies [paiz]，馅饼。

2　season ['si:zən]，季节；prison ['prizən]，监狱；dogs [dɔgz]，销售的。

它亦可发成法语里的 J 音，如"fusion"和"closure"。此外，S 也可不发音，如"island"[1]。

咝擦音以飘忽不定而闻名：从一种语言到另一种语言，它们那难以捉摸的发音可能会遭到误发或误译。例如，母语是西班牙语或意大利语的人在面对英语词首的 S 时，经常会遇到发音困难，他们往往在开头加进一个元音，作为缓冲，如"eh-song""eh-slice"。（在二十世纪三四十年代马克斯兄弟〔Marx Brothers〕主演的系列电影中，这一特点正是基科·马克斯〔Chico Marx〕所饰意大利人一角的典型标志，与过去那个时代的幽默风格颇为相合。）

同样，对那些没有经验的人而言，"sh"音也许根本发不出来。讲英语的孩子长到三四岁时，普遍会用"s"替代"sh"，把"shoes"（鞋）说成"sooz"，把"shy"（羞）说成"sy"，他们得再长大些，才能字正腔圆。《圣经》中的《士师记》讲了个关于 shibboleth（示播列）的悲惨故事：在内战中，用一个包含咝擦音的暗语来辨别敌我。以色列人的两个支派，以法莲人和基列人反目成仇，遂有一战，以法莲入侵者在远离家乡的地方被击败。得胜的基列人掌控了约旦河的渡口，封锁了以法莲残军的返乡路线。每当陌生人走到关卡，便被强令说出暗语 shibboleth（意为"麦穗"）——原因在于，土生

---

1 sure [ʃuə]，确实；mansion ['mænʃən]，大厦；fusion ['fjuːʒən]，熔化；closure ['kləuʒə]，关闭；island ['ailənd]，岛。

土长的基列人会说"sh"，而讲另一种希伯来方言的以法莲人不会。"以法莲人因为咬不真字音，便说 sibboleth。基列人就将他拿住，杀在约旦河的渡口。"据《圣经》记载，被杀的以法莲男子共计四万二千人[1]。

说到字形，从一开始，S 便是曲里拐弯的。在西奈半岛塞拉比特·哈德姆发现的大约公元前一七五〇年的远古闪米特语铭文中，便有一个形似花饰体 W 的字母样本：∽。现代学者认为，这一字形所代表的图案，可能是射手之弓：一种"复合弓"，由两只兽角连接而成，普遍用于古代近东。至于该字母在此形成阶段的名称和发音，我们仍不得而知。

在早期闪米特字母表的研究领域，更清晰的信息照例要到下一阶段才会出现，即公元前一〇〇〇年左右的腓尼基字母表。我们知道，腓尼基人有四个咝擦音字母，名叫 zayin、samek、tsade 和 shin。由于腓尼基字母所表示的发音总是与该字母的起首音一致，所以由这四个字母的名称，便可知道它们的不同发音。samek 发基本的"s"音，zayin 和 tsade 的发音分别为"z"和"ts"，而 shin 发"sh"音。

巧合的是，shin 在形貌上和我们的 W 几乎一模一样。现代学者从其 W 形貌中，看到了早期弓形字母的简约式进化。

---

1 shibboleth 一词自此有"暗语"或"口令"之意。《圣经》记载："基列人把守约旦河的渡口，不容以法莲人过去。以法莲逃走的人若说：'容我过去。'基列人就问他说：'你是以法莲人不是？'他若说：'不是。'就对他说：'你说示播列。'以法莲人因为咬不真字音，便说西播列。基列人就将他拿住，杀在约旦河的渡口。那时以法莲人被杀的有四万二千人。"

其理由足够充分：弓形已经简化成了单纯的锯齿状。不过，学者们认为，腓尼基名称 shin 的意思是"牙"，而非"弓"。话说回来，该字母的 W 形体看上去可不太像牙（说它像鲨鱼的两颗上齿还差不多）。不管怎么说，该字母最初的名称已不复存在，而是变成了"牙"。

shin 在腓尼基字母表中位居第二十一位。今天，在希伯来字母表（最早于公元前一〇〇〇年之后不久袭用自腓尼基人）中，第二十一个希伯来字母仍然叫作 shin，意为"牙"。希伯来的 shin 仍发"sh"音，而且，与大多数希伯来字母不同，它仍然保持了与其腓尼基先祖相似的形貌。

如前所述，单纯的"s"音被归于另一个名为 samek（意为"梁柱"）的腓尼基字母。从逻辑上而言，samek 本该成为我们的 S 的先祖。然而它竟然转往他途，盖因希腊人无心插柳所致。

希腊人所说之语言，与腓尼基人迥然不同，发音也颇多殊异。我们已经看到咝擦音在跨越语言疆界时，是何等地自身

希伯来字母 shin（左），仍与它源出其中的公元前一〇〇〇年的腓尼基字母 shin（右）颇为相像。

难保。公元前八〇〇年前后的某一时期，当希腊人出现并袭用了腓尼基字母表之后，便选了一个字母，来表示他们的"s"音……然而，他们把那些书写符号给弄混了。

希腊人要做的其实非常简单，他们只需把腓尼基字母samek连字形带发音一块儿照搬过来即可。然而，他们搬来了shin这个符号，将它置之于shin的位置，即字母表的第二十一位，却给这一新的希腊字母赋予了samek纯粹"s"的发音，他们也称之为"samek"——也就是说，他们把它叫作sigma，即其腓尼基名称的希腊式叫法。

一方面，这么做无伤大雅：字母只是约定俗成的符号而已，希腊文字爱用哪个S字母便用哪个，谁会在意呢？但另一方面，"sigma"之误又是字母表从腓尼基人到希腊人的传播过程中一场更大混乱的组成部分，一场将四个腓尼基咝擦音zayin、samek、tsade和shin全部卷入其中的混乱。（其他详情此处不再赘述。）这一课题始终让一些学者入迷，因为希腊字母表创生的线索可能就在其中。

学界普遍认为，这种错误并非在一代人的时间里，由众多抄录员集体犯下；它是个人的须臾之误。它支持（尽管效果甚微）这样一种学术理论，即希腊字母表由个人创造，此人姓名在史上已不可考，但无疑是希腊人，且不言而喻，他是个天才。他可能身居东地中海某港市，希腊和腓尼基客商杂处城中，他的发明或许基于一份写好的腓尼基字母表，或许倚靠腓尼基人的指点，反正此人抄录并采用了腓尼基字母，用于希腊语——不过，在翻译腓尼基人的嘶擦音时，他还是犯了些小错误。

没过多久，希腊 sigma 的外观便为之一变。希腊人出于某种原因，更喜欢让其 W 形貌向一侧倾斜，且使其锯齿朝天而立。sigma 产生了数种不同的字形，其中之一好像一个拉长

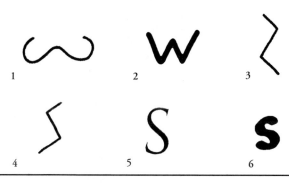

（1）大约公元前一七五〇年古代闪米特文字中的字母"射手之弓"。至少在字形上，这是我们 S 最早的祖先。（2）腓尼基人的 shin，出自约公元前八〇〇年的一份铭文。虽然是弓形字母的后裔，其名称 shin 的意思却是"牙"。它发"sh"音，与其名称的起首音相同。（3）希腊的 sigma，出自公元前七世纪一份从左向右书写的铭文。与腓尼基字母相比，其字形和发音均已发生了变化：希腊字母表示发音"s"（而不再是"sh"）。此 sigma 的字形是反向的，更像我们的 Z，它朝向行文中已经写完的字母的方向，而不是像我们的 S 那样，朝着前进的方向。（现代希腊 sigma 的形貌亦与此不同。）（4）早期的罗马字母 S，出自约公元前五〇〇年一份从左向右书写的铭文。此罗马字母面朝前进的方向，与希腊字母的朝向正好相反。（5）罗马字母 S，出自公元一一一三年著名的图拉真碑铭。这一成熟的罗马字母已经有了我们熟悉的曲线，首尾两端也各加了优雅的一笔（衬线）。该字形以石刻留于世，为大约一四七〇年第一代罗马印刷字体中大写的 S 提供了范本。（6）意大利文艺复兴时期，以人文主义手写体写成的小写字母 s，出自一四七七年在那波利写成的一本拉丁文图书。这个小小的 s 为印刷商所效仿，用作其小写字形，并终将战胜其小写的竞争对手：f 形的"长"s。

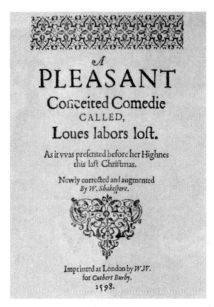

莎翁戏剧《爱的徒劳》（今日之拼写为 Love's Labour's Lost）一五九八年四开本的封面。文中显示有两种形式的印刷体小写 s，并行于莎士比亚时代的英格兰：既有我们熟悉的 s 字形，也有 f 形的"长"s，但它不用于词尾。

的 Z：视书写方向写成 ⟨ 或 ⟩。这种字体传给了意大利的埃特鲁斯坎人（公元前七〇〇年）和罗马人（公元前六〇〇年）。最后，罗马人把它弄得丰满圆润，形成了我们所熟悉的 S，并为中世纪早期的西欧诸字母表所承继。

公元四世纪到九世纪之间，在欧洲的手写字体中，大多数字母都有了更便于书写的新字体。虽然这些字体在当时寂寂无闻，但其中一些日后将成为范本，用于早期的小写印刷字体。S 进化出了两种手写字体："短"s，基本上就是我们现代的小写字母 s，以及"长"s，其形貌更像 f。长 s 更便于书写，习

邪恶的 S。双 S 领章表明，被俘者是德国的 SS 军官，正在接受美军宪兵（MP）的搜身，此乃罗伯特·卡帕（Robert Capa）在二战期间为《生活》（Life）杂志所摄，系一九四四年六月或七月，即 D 日[1] 之后不久拍摄于诺曼底某地。SS 的正式名称为 Schutzstaffel（党卫队），由希特勒创立于一九二五年，作为其私人卫队，后来扩展为德国正规军之外的纳粹近卫部队。党卫队身穿黑衫，负责管理集中营，并提供作战部队，纳粹受害者对他们既恨又怕；图中军官大概来自党卫队第二"帝国"（Das Reich）装甲师，该部队此前不久，在利摩日（Limoges）附近屠杀了六百四十二个法国村民，以报复法国的抵抗活动。

党卫队锯齿状的 S 形似闪电，也很像德国中世纪鲁纳字母表中刻写的 S，由此让人联想到强力、复兴和爱国主义。二十世纪七十年代，锯齿状的双 S 又复现于世——凶相毕露地成了重金属摇滚乐队 Kiss 名称标识中的一部分。

1　D 日（D-Day）是表示作战发起日的军事术语。此处指的是一九四四年六月六日，盟军发动了反攻欧洲大陆的诺曼底战役。

惯上用于词首或中间，而从未在词尾出现。

随着十五世纪下半叶印刷术的传播，长 s 变成了一种小写印刷字体（短 s 也在同时使用）。到十八世纪，从始到终，在英语印刷品和手写文字中，这个类似 f 的 s 都有出现，此后便日渐没落。在德语出版物中，它仍然偶有使用，因为某些中世纪字体在德语里依旧很受欢迎。

S 是少数几个——又如 A、O、V 和 Z——引起哲学和宗教解读的字母之一。S 的咝咝诉求并不总是坏事：在犹太人的神秘传统里，希伯来语的咝擦音 shin 被视作与火元素的声音相同，且被尊奉为三大"母"字母之一。（另外两个是 A 和 M 在希伯来语中的对应字母。）我们的罗马字母 S，也有一个令人浮想联翩的形貌：由于颇似无穷大符号[1]，字母 S 也在暗示着一种永远不会中断的状态。或者，它也可意指链条中的一环，或蛇（前文已有述及），不管它是不祥之物，还是某些神话中滋养万物、回旋盘绕的众河之母。

传统上，S 有其黑暗的一面，即它与罪孽（sin）和撒旦（Satan）的联系。还有它在过去九十年[2]中与另一种邪恶的关联：希特勒麾下实施恐怖与种族屠杀的纳粹党卫队（Schutzstaffel）——恶名昭彰的 SS。

不过，S 光明的一面也始终有其拥趸，爱尔兰作家詹姆

1　指符号 ∞。
2　原文为"七十年"。

斯·乔伊斯（James Joyce）即其中之一，他的小说巨著《尤利西斯》（*Ulysses*，一九二二年）是一部旨在探寻普世意义的作品。《尤利西斯》大致以古希腊史诗《奥德赛》（讲述英雄奥德修斯或尤利西斯的浪游经历）作为蓝本，叙述了主人公和数位配角一九〇四年六月在都柏林城中一昼夜的巡游经历。此书不仅在书名里就有三个 S，其正文也以 S 开头和结尾——我指的是包含有 S 的词。S 之多，或许别具深意：（一）某种链条的环节，连接着我们所有人，但也用人终有一死限制了我们；（二）蜿蜒曲折的意象，与小说情节相合，还有（三）生命和人类历史轮回和无限的象征。从小说开篇以超大字号印刷的大写字母 S 开始（"Stately, plump Buck Mulligan came from the stairhead……"[1]），经历这本七百五十余页，在二十个小时里所发生的故事，以及无数的插曲和主题，最终以摩莉·布卢姆在胡思乱想时著名的肯定句而结束："yes and his heart was going like mad and yes I said yes I will Yes."[2]

1　萧乾、文洁若译《尤利西斯》作："体态丰满而有风度的勃克·穆利根从楼梯口出现。"

2　萧乾、文洁若译为："对啦 他那颗心啊如醉如狂 于是我说 好吧 我愿意 好吧。"《尤利西斯》的最后一章，全是主人公利奥波德·布卢姆之妻摩莉的幻想，八大段长文，却只有两个句号，因而成为意识流写法最著名的文本之一。

德国画家丢勒所作木刻版画《哀悼基督》
（Lamentation，约一四九六年）的局部，全图可
见第 223 页。图中妇女正在哀悼从十字架上取下
的已死的基督。中世纪和文艺复兴时代的艺术家
经常把十字架画成大写 T 的形状，字母 T 因而和
把人钉死在十字架上的刑罚联系在了一起，同时
具有了悲剧（tragedy）和胜利（triumph）的含义。

T

风流 T 侻

十字架的象征。该隐的标记。希伯来字母表的最后一个字母。遏制或镇压的寓意。大小钉子的侧像。千百年来，这些联想赋予了 T 一种刀光剑影或血光之灾的凶兆。

古代希腊和罗马的 T 都与我们的大写 T 相仿。对希腊一罗马世界的识字者来说，其形貌也许暗示着把人钉死在十字架上，此乃当时标准的死刑执行方式。早期的基督教神秘主义者把 T 视为基督在十字架上受难的醒示。非基督教的学者也有类似的联想，尽管未必特指耶稣。

非基督教的希腊作家卢西安（Lucian）大约在公元前一〇〇年写过一篇妙趣横生的文章，题为《辅音过堂》（Consonants at Court），想象出了一桩发生在两个敌对辅音之间的讼案，一方是希腊的 S 字母，名叫 sigma，另一方是 T

字母，名叫 tau。在法官面前申诉时，S 谴责 T 是独裁者和压迫者的鹰犬："他们说，当暴君们最早竖立起十字架，把人钉死在上面的时候，正是仿效了 T 的形体。这种穷凶极恶的用具被称作 stauros，其名称也是出自 tau。"

虽被扣上了不吉利的帽子，但 T 对英语的听说读写至关重要。令人惊奇的是，它在英语出版物的最常用字母中排名第二，仅次于 E。（字母 A 略逊一筹，排在第三位。）古英语词汇中的 T 便是常用发音，而较之词首位置，它更多地位于词中或词尾，这也是你字典里 T 那一部分不是特别厚的原因所在。

T 在出版物中的突出表现，在很大程度上要归功于 "the" 一词和 TH 词汇一族的普遍存在（如 "there" "other" 和 "cloth"）。在英语中，TH 实质上等同于字母表上一个单独的字母，有不属于 T 的自有发音和历史。（参见第 370 ~ 371 页 "TH 的故事"。）

T 的发音犹如轻敲小鼓，让诗歌从中获益不少。例如英国军旅诗人威尔弗雷德·欧文（Wilfred Owen）——他曾在第一次世界大战的前线服役，熬过艰困恐怖的两年，正式停战前一周，他在参与指挥进攻时阵亡——在其一九一七年的诗作《悲亡青春颂》（*Anthem for Doomed Youth*）里用了 T，以及别的元音和辅音字母，来达成令人难忘的拟声效果。这首诗写的是那场旷世大战的恐怖与荒唐：

是怎样的丧钟，在为这些牲口般死去的人鸣响？

只有大炮那巨兽般的怒吼。

只有那手忙脚乱、急促不断的嗒嗒枪声

才能淹没他们仓促的祷告。

在语音学上，T可谓D的兄弟。在英语中，这两个字母发音时，都需舌尖抵住上齿龈，而后使气流喷出。D要使声带振动，而T不然。所以T是清塞音；而D是与之相对的浊塞音。不过，在位于单词中间的某些特定情况下，T的发音与D颇为相似，至少美国英语是如此发音的。很多西部乡村歌曲都用"saddle"（鞍）来和"cattle"（牛）押韵，我们也都清楚，母牛跳过带倒刺的铁丝网会有什么后果：udder disaster（乳房遭殃）[1]。

位于词中的T，往往没有什么安稳日子可言。大家知道，在历史上，词汇中间的T往往会软化，不仅是变成美语中非正式的"d"，还会变成其他发音，甚至不发音。伦敦土话会将"bottle"一词中间的两个t吃进肚子里——弄出"bah-owe"这样的发音——这一点已在第63页讲过。关于软化的T，还有些别的例子，如世界各地的主流英语中，便有"nation""creature"和"listen"[2]。

1　utter disaster，彻底的灾难。

2　nation ['neiʃən]，民族；creature ['kri:tʃə]，生物；listen ['lisən]，听。

在 "listen" 或 "castle" 中，T 曾经是发音的。而 "nation" 这样的词，则代表了 T 最大的另类用法。有数以百计的词，是 T 居中于字母 I 之前，再加上一个第二元音，其中的 T 就会变成 "sh" 音：inertia、patience、facetious，等等[1]。

这些词大多来自拉丁语；"sh" 是在罗马帝国晚期的口头拉丁语中、这些位置上的 T 逐渐模糊化所留下的纪念。比如拉丁语词 natio（意为 "种族"），本来发音是 "nah-tio"，后来在老百姓所讲的拉丁语中越来越像 "nah-shio"，其拼写却没有变化。同样，gratia 一词（意为 "恩宠" "宽恕" "魅力"）也从 "grah-tia" 演变成了 "grah-shia"。

罗马帝国灭亡（公元五○○年）后，T 的这种发音变异，就成了欧洲出现的罗曼诸语言的一部分，它逐渐变得更为模糊，转换成了 "s"。其影响有时促成了拼写上的变化，有时也无所触动。现代西班牙语已屈从现实，接纳了 nación（发音为 "nah-see-on"）和 gracia（发音为 "grah-sia"）这样的拼写。这些词中的软音 C 取代了 T 曾经的位置。在现代意大利语中，昔日的 T 则变成了 Z，发 "ts" 音：nazione、grazia。

与此同时，中世纪法语显然从两个层面上接受了 T 的衰败。对于已完全模糊化为 "s" 的 T，其拼写便转为 C，如中世纪法语里的 grace（发音约同 "grahss"）。而对仍然发 "sh" 音

1　castle ['kæsl]，城堡；inertia [i'nə:ʃiə]，惯性；patience ['peiʃəns]，耐心；facetious [fə'si:ʃəs]，诙谐的。

的 T，则仍然写成 T，如 nation（音同"nah-shee-on"）。此类法语拼写和发音，在一〇六六年的诺曼人征服之后，传入了中世纪的英格兰。如今，中世纪法语的"nah-shee-on"已经变成了我们的"nation"。

关于 T 的发音，有个为人津津乐道的故事，说的是英国的伯爵夫人和社交场上的才女名媛玛戈·阿斯奎思（Margot Asquith，一八六四～一九四五），其夫赫伯特·阿斯奎思（Herbert Asquith）曾于一九〇八年至一九一六年出任英国首相，日后受封牛津伯爵。传说在二十世纪三十年代，这位言谈犀利的贵族老妇出席一次晚餐会，席间还有一位金发尤物，美国绯闻女星琼·哈洛（Jean Harlow）。（两人晤面并非不可能，因为阿斯奎思的儿子安东尼·阿斯奎思〔Anthony Asquith〕便是电影导演。）琼·哈洛认出她，便大声嚷嚷道："喂！你是不是玛戈特·阿斯奎思啊？"——她把那名字误说成了"玛戈特"。伯爵夫人对此的回答是："噢，不，亲爱的，那个 T 是不出声的，就跟它在'哈洛'（Harlow）里一样。"[1]

T 的历史可以回溯到已知最古老的字母文字：恐怖谷的石灰岩铭文，大约成于公元前一八〇〇年。尽管这两份古代闪米特语信息可能永远无法得到令人满意的译解，但其中的一份清晰地呈现出了原始字母 T 的两个例证（见第 53 页图片，

---

1 如果这故事是真的，那阿斯奎思夫人未免过于恶毒。Harlow 若词尾也有一个（出声的）t，则音同 harlot，意思是"妓女"。

二号铭文）。不过，要想对这一字母的特征了解更多，还要等到早期闪米特字母表的晚期阶段，即公元前一〇〇〇年左右的腓尼基字母表。

腓尼基人的 T 是其字母表上的最后一个字母，排在第二十二位。其闪米特语名称唤作 taw，发音为"t"，此亦其名称的起首音。taw 一词意为"记数符号"，大概是用于农事的识别记号，比如牛身上的火印，或现代近东的羊倌在自家羊身上涂抹的颜色标记。taw 通常形似十字，时而方方正正，像个加号，时而瘦瘦长长，像教会的十字架。此外，在有些铭文中，taw 看上去又类似 X。不过，由于没有别的 X 形腓尼基字母，这种变异倒也无关紧要。

taw 留存至今，成为 tav，是希伯来字母表中第二十二个字母，也是最后一个字母。它仍发"t"音，其名称在希伯来语中也仍然保留着"记数符号"之意，不过其现代字形已与腓尼基字母有天壤之别。传说这个耻辱的标记和最后的字母 tav，正是《圣经·创世记》里所提及的那个"记号"，即该隐杀害了他的兄弟亚伯之后，上帝在该隐身上所留的印记[1]。

希腊人在公元前八〇〇年左右袭用了腓尼基字母之后，taw 便直接进入了新生的希腊字母表，成为其中的第二十二个字母，发"t"音，其希腊名称为 tau（也许与"cow"押韵）。

---

1 《圣经·创世记》："耶和华对他说，凡杀该隐的，必遭报七倍。耶和华就给该隐立一个记号，免得人遇见他就杀他。"

tau 并非希腊字母表上的最后一个，因为希腊人发明了好几个新的字母，列于 tau 之后，头一个便是他们的 U 字母。（今天，在我们的字母表中，U 仍然跟在 T 的身后。）

希腊人做了个小小的变动：刻在岩石或陶器上的现存最早的希腊铭文显示，tau 以 T 的面目，而非十字形状出现。那一竖出了头儿、凸出于一横之外的字样，实属凤毛麟角，似乎只是出于刻字者一时手滑而造成的笔误，而不是字母的形体有了改变。由于希腊字母表也有一个 X 形字母，所以希腊人显然特别注意给自己的 T "封顶"，以便于区分这两个字母。在西方的历史上，大约从公元前八〇〇年到公元一二〇〇年，在这两千年里，T 始终仅有这一种"封顶"的字形。

这一简洁、易写的 T 字母，从希腊字母表被挪用，进入了埃特鲁斯坎字母表（公元前七〇〇年），而后再由此进入罗马字母表（公元前六〇〇年）。罗马人大概称之为 te（音同"tay"）。此名称最后经由中世纪法语进入了英语，并通过公元十六世纪完成的英语元音大变动，演变为我们现代的"tee"。这一过程与 B 和其他字母的名称变化类似（见第 88 ~ 89 页）。现代法语仍然将 T 称为"tay"。

我们的大多数小写字体——a、b、d、e、f、g、h、i、m、n、p、q、r、u 和 y——都诞生于公元三〇〇年到八〇〇年之间欧洲的手写体。发明这些小写体的动力，是为了书写时更方便快捷。不过，少数形体简单的字母，如 O 和 X，则从未有过小写字体，因为没有必要：它们写起来已经相当简单了。几百年间，T 也

字母 T 的形貌经历千百年的风雨，几乎没有什么变化。（1）这一 T 字母出自大约公元前一八〇〇年，或许在字母表发明二百年后，属于一位操闪米特语的人士在埃及中部沙漠的岩石上刻写的信息（我们也许永远无法破解）。（2）腓尼基人的 taw，意为"记数符号"，出自大约公元前八〇〇年塞浦路斯东南部的一份铭文。taw 发"t"音，与其名称的起首音相同。该字母的形貌源自古老的近东字母，与其一千年前的祖先几无二致。（3）希腊的 tau，出自大约公元前七四〇年的一份早期希腊铭文。尽管 tau 在发音、名称和字母表排序上均袭用了腓尼基字母，但希腊人改动了它的字形，使之成为顶着帽子的 T，以更好地区别于希腊的 X 形字母。（四）早期的罗马字母 T，出自大约公元前五二〇年的一份铭文。该字母系对其埃特鲁斯坎和希腊先祖的模仿。

一直属于此类，在所有的手写体中都是 T 的形貌。

　　直到大约公元一二〇〇年之后，我们熟悉的 t 的字形，才开始出现于北欧一种名为"黑体字"（black letter）的手写体中。在书写时，t 字形的优势并不算大：它只是让抄写员在写那一横时多少方便了一些，下笔时不必再精描细画。在我们所继承的小写字体中，t 大概在最年轻榜上排名第二。只有一四〇〇年前后诞生的字母 L 的小写体比它更晚。在 t 之前，最晚出现的也许是小写的 n，源自公元八〇〇年前后的加洛林小书写体。

　　说来有趣——尽管在一二〇〇年时对此无人知晓——这个新生的小写字母 t 只不过重现了最早的 T 字母、青铜时代闪米

（1）罗马的大写字母 T，出自公元一一三年著名的图拉真碑铭。该字母原本不加修饰的直线，已经借助衬线，以及横竖两线中间部分的微微瘦身，而变得优美雅致，从而成为最漂亮的罗马字形之一。（2）以加洛林小书写体写成的 T，出自英格兰的一份拉丁文法律文书，标称年代为一〇一八年。纵览古今，我们称为小写体的几乎全部字形，其最终的形貌都出自加洛林字体，如 a、b、d、e 等等。不过，加洛林体的这个 T 仍然戴着帽子。（3）我们小写的 t 字形最终出现在大约一二〇〇年的北欧"黑体字"中。大约一四二〇年的意大利手写体模仿了这一字形，并为大约一四七〇年的意大利印刷商所采用，成为其小写字母 t。

特语 taw 的十字外形。

主要由于 T 的外观而形成的英语词汇，数量并不算多，其中有 golf tee（高尔夫球的球座）、curling tee（冰壶运动场地上标屋的圆心）、工程师用的 T-square（丁字尺）。每个水管工的车上，都会备有一种名为"tee"或 T-fitting（三通管）的管件。名词"T 恤衫"的确指的是该字母的外形（尽管略显牵强），其历史可以回溯到二战期间美军的制式棉质内衣。而我们饮用的 tea（茶），则来自汉语普通话的 ch'a。

有个成语"fits to a T"（恰到好处）颇让人费解，比如下面这个例句："那副眼镜架 fit her to a T（非常适合她）"。此成语最早于一六九三年出现于英语出版物，也许是对 F-I-T 拼写的戏仿，也可能指的是用丁字尺绘制机械图。理查德·菲

TH 的故事

不管 TH 怎样拼写,其发音——如 "Think thin, father"(略想一下吧,父亲)所示——都与 T 的发音颇为不同。在 "father" 这样的词中,TH 要让声带振动,因而更近于 D 而非 T。

英语的 TH 字符实际上有两种(非常相似的)发音:齿背摩擦浊辅音,如 "then" "father" 和 "mother",以及齿背摩擦清辅音,如 "thin" "faith" 和 "moth"。(关于 "摩擦音" 的定义,请见第 146 页。)我们的 TH 词汇主要来自古英语,其次源自古希腊语。(希腊语词汇通常经由古代拉丁语和中世纪法语传入。例如 theater。)[1]

从理论上讲,我们 "th" 音作为一组,应该有自己单独的字母。希腊语和古英语字母表中均有此类符号存在,但罗马字母表中没有。如第 194 ~ 195 页所述,T-H 组合是一种尝试——先是在古罗马,继而在中世纪的英格兰——用以表示一种没有罗马字母可以代表的声音。

þ ð ꝑ ʒ

古英语的附加字母。中世纪早期的英语文字中,至少包括四个罗马字母表中没有的字母。这是四个盎格鲁-撒克逊符号,用作传统罗马字母的补充,代表其他方式无法表示的古英语发音。这些字符的名称,从左到右,分别是 thorn、eth、wyn 和 yogh。在 W 发明之前,wyn 表示发音 "w",而 yogh 表示的是一个介于 "y" 和 "g" 之间的呼吸声。关于 wyn 和 yogh 的更多叙述,请见第 403 页和第 426 ~ 428 页。

Thorn 和 eth 代表着英语的两个 "th" 音。严格来讲,thorn 表示清音(如 "thin" "thank"),eth 则代表浊音(如 "then" "than")。但现存手稿显示,这两个字符的用法往往并不固定,thorn 更为常用。thorn 借用自北欧的古代鲁纳字母(见第 178 ~ 179 页),eth 则是盎格鲁-撒克逊人的发明。就字形而言,eth 很像加了一道小短横的安色尔体字母 D,这种相似无疑是有意为之:"d" 的发音与 eth 的浊音 "th" 相仿。(对比一下 "den" 和 "then"。)

1　then [ðen],当时;father ['fɑːðə],父亲;mother ['mʌðə],母亲;thin [θin],薄;faith [feiθ],信念;moth [mɔːθ],蛾;theater ['θiːətə],剧场。

公元一〇六六年诺曼人征服英格兰之后，盎格鲁-撒克逊字母逐渐不再使用。这一变化是因为受过诺曼教育的僧侣和教员施压所致，他们力图让英语更具"规范的"法国-罗马形式。诺曼当权者依循古例，仿照罗马人音译希腊"th"音的做法，开始用 TH 取代 thorn 和 eth。

eth 大约在一三〇〇年消失于英语拼写，为 TH 所取代。thorn 也在很大程度上为 TH 所驱离，却仍然在英国坚守于少数用法，直至十九世纪；详见第 427 ~ 428 页。

尔马奇在其《字母表入门》一书中推测，此含意源于印刷商和书法家对字母 T 的使用，T 那一横的宽度多有不同，以挤进或撑大字行。但《牛津英语字典》发现，还有一个意味深长的短语，"fits to a title"，最早见于一六〇七年，比"fits to a T"早了近一个世纪。

所谓 title（出自拉丁语 titulus，"记号"之意），乃一个小点，意指点滴细微之处。在中世纪英格兰的某些传统中，它也是学校所授字母表中最后一员的名称。学童在 X、Y、Z 之后，还要多写两个得记住的符号：& 和 ÷，第一个代表单词 et（在拉丁语中意为"和"），第二个则代表单词 est（在拉丁语中意为"是"）。后一个符号又叫"title"。在 title 之后，学童还要再写个"amen"（完）。大声背诵 ABC 的学生背到最后，便是这样的："eks，wye，zed，et，title，amen。"

所以，"fits to a title"的意思是一丝不苟、善始善终，可能是"fits to a T"最早的表述方式。可是到了中世纪末期，课堂上不再使用 title，这个成语也便演化成了"to a T"。说到这儿，我们也可以来上一句："et，title，amen。"

U 为人人。一九九七年，在波斯尼亚—黑塞哥维那的萨拉热窝，爱尔兰摇滚乐队 U2 举办了一场历史性的慈善音乐会，开场时，乐队的波诺·沃克斯（Bono Vox）热力十足地亮相，字母 U 似乎也神秘地随其身形而呈现。在波斯尼亚血腥的种族战争结束之后，此次摇滚音乐会是一次抚慰性的庆典，其规模之大，在萨拉热窝史上前所未有，有五万名来自前南斯拉夫各地和中欧地区的青年到场。（关于 U2 之名的含意，请见第 382 页。）

U

老天保 U

如果不先把那些诡谲的事实弄个水落石出，字母 U 的故事或会让人完全不明所以。那么，就让我们借用寓言的形式来说说它吧，故事就叫《U 和她的一家》。

U 是我们的第五个元音，她有两个女儿，辅音 V 和 W，按照字母表上的顺序，她俩紧随在 U 的身后。V 和 W 乃欧洲中世纪和文艺复兴期间，渐次由 U 生出。此前，在古罗马时代，U 孤身一人。她没有子嗣（罗马字母表排列如下：T、U、X、Y、Z），因而被迫自己来干女儿们现在要干的活。古罗马的 U 既可以代表我们熟悉的发音 U，也可以置于某个元音之前，发"w"音。

今天，罗马人这个发"w"音的 U 仍然存在于英语之中，只不过流落到了 Q 和某个元音之间：quart、quest、require。（也有极少数例外,如"queue"。)当 U 偶尔位于 S 和某个元音之间,或是 G 和某个元音之间时，也会如此发音：suave、persuade、sanguine、language。大多数此类词汇都源于拉丁语，再经由中世纪法语传入英语，不过也有少数单词（queen、quick）[1] 直接来自古英语，由于采用了法语－拉丁语的方式，所以才有这种现代的拼写。

像许多孩子已长大成人的母亲一样，U 在小孩出生前的样子也和现在大相径庭。在尤利乌斯·凯撒（Julius Caesar）和马库斯·奥雷利乌斯（Marcus Aurelius）统治罗马时，U 的身形要更尖细、苗条。事实上，U 和她未来的女儿 V 长得一模一样（但没有 V 的发音）。因此，在罗马的石刻铭文中，上述两位皇帝的大名便写成了 IVLIVS CAESAR 和 MARCVS AVRELIVS。

还有其他字母介入了 U 的人生。字母 Y，尤其是元音 Y，是 U 同母异父的兄弟：他们都出自古希腊的 U 字母。然而，不管你相不相信，与 U 渊源最长也最深的字母，却是 F。

F 和 U？听起来像胡说八道。F 加上 U，乃英语中那个最粗俗下流词汇的标志性字母：这两个字母隐秘而猥亵地搂抱在一起，藏在每个讲英语的成年人内心深处阴暗的仓房。

1　quart [kwɔ:t]，夸脱（容量单位）；quest [kwest]，探寻；require [ri'kwaiə]，要求；queue [kju:]，队列；suave [swɑ:v]，和蔼；persuade [pə'sweid]，说服；sanguine ['sæŋgwin]，脸色红润的；language ['læŋgwidʒ]，语言；queen [kwi:n]，女王；quick [kwik]，快。

可是，他们好像也有一种体面的关系。U 和 F 都出自古代腓尼基字母表中的同一个字母，时为公元前八〇〇年左右，希腊人复制并采纳了腓尼基字母，他们从一个单一的腓尼基字母身上，分离出了两个字母，一为辅音，一为元音，两者逐渐发展成我们的 F 和 U。所以不管搞到一起是不是背德，他俩都是表亲。

时至今日，在英语 F、V 和 W 的发音之间，仍然存在着血缘上的共性。F 和 V 同为摩擦音，发音非常相近。外国人学说英语时，会发现"w"很难说，一张口，便很可能会把"w"说成"f"（或是把"w"说成"v"）。例如，德国人和某些东欧人可能会把"what"说成"fhat"，"which"说成"fich"。

好好记着这个大家族，然后我们就可以开始对 U 一探究竟。故事要从 waw 说起，这是古代腓尼基字母表上的第六个字母。在 F 那一章里，我们已经讲过，waw 这个名称意为"木钉"，而该字母的 Y 字形状也很像一颗木钉。它发"w"音，即其名称的起首音。

我们所有的元音字母都出自古代希腊人。本书前文已有详述，希腊人如何在全是辅音的腓尼基字母表的基础上，发明出了 A、E、I 和 O：他们挑出几个希腊语不需要其发音的腓尼基字母，将其用途转为元音。他们的字母 U，则出自对腓尼基人 waw 的移用和修改。而他们之所以选择 waw，无疑是看到了"w"和"u"两音略有相似之处。

然而，还有个麻烦：waw 此前已经被希腊人移用，作为其第六个字母，表示"w"音。此希腊字母便是我们 F（也是我们今天的第六个字母）的祖先。显然，希腊人再次将腓尼基人的 waw 拿来，用作他们的字母 U，并将移用而来的字母，置于他们仍处形成阶段的字母表的最后。（他们还把自己的"w"字母改头换面，勿使它与 U 外观相仿。）在这一历史阶段，希腊人的 U 是希腊字母表上的最后一个字母，排在第二十三位，位于第二十二位的希腊字母 T 之后。此后，希腊人又发明了另外四个字母，在字母表上，将他们依次置于 U 的身后。这也就说明了大约二千七百年之后，在我们自己的字母表上，字母 U 为什么紧随 T 之后，且排在最后几位。

希腊的 U 最初名叫 u，但在下一个世纪更名为 u psilon（发音为"ew-psil-on"），意为"不加修饰的 U"。（如今，合为一个单词的 upsilon 是其首选形式。）希腊语 U 的发音大致相当于德语里的 ü：发音较窄，近于"ew"，甚至"ih"。

在外观上，upsilon 很像腓尼基人 waw 的 Y 字形。千百年之后，通过另一条发展路线，这个 Y 字形又发展成我们的字母 Y。

到公元前七〇〇年，希腊的 U 已被移用至意大利的埃特鲁斯坎字母表。公元前六〇〇年之前，它又由此被复制，进入了罗马字母表，为罗马村落周围的拉丁语人口所用。罗马人大概沿用了埃特鲁斯坎人的习惯，将该字母称为 u（发音为"oo"）。拉丁语 U 的舌位显然比希腊语的更平，更像我们英语中的元音 U。拉丁语使用一个长音 U，发音大致如"rude"

里"u"，还有一个短音 U，如"put"[1]。

对罗马人而言，U 的发音悲恸而苍凉，特别是在诗文和演讲中。拉丁语有个表示"号啕大哭"的拟声动词，ululare（发音为"oo-loo-lah-reh"），诗人维吉尔很喜欢用它，它后来也演化成了英语的"ululate"（哀号）。罗马诗人贺拉斯有感于人生的欢乐和声名转瞬即逝，曾在大约公元前十五年写下：Pulvis et umbra sumus（发音为"pul-wis et um-brah soomus"），意为"我们只是过眼烟尘"（《颂歌集》4.7）。

在正式场合，U 采用 V 的样貌，它承继自埃特鲁斯坎人所喜爱的无下肢的 Y。V 字形作为字母 U 的首选字体，通行于世一千年，大约从公元前五〇〇年直至公元五〇〇年，此后，又作为竞争者继续存在了一千二百年。

V 字形的 U 在罗马帝国的铭文中随处可见，如图拉真纪念柱（见第 127 页图），在古罗马的多种手写字体中亦有所见。在早至公元前一世纪的某些拉丁语涂鸦残片和其他非正式的文字中，可以发现一种不规范的趋势：U 越变越圆了。这一点不足为奇，虽说 V 字形在刻字时方便得多，但 U 字形更便于快速书写，在莎草纸或羊皮纸等柔软的表面上写字时更是如此。在罗马人的日常书写中，V 落在纸上时大概常常更像 U 吧。

圆角 U 的首次系统亮相，要到晚期罗马的安色尔字体，大约出现于公元三〇〇年。安色尔体出自对罗马大写字体的

---

1 rude [ru:d]，粗陋；put [put]，放置。

M HOLCONIVM
PRISCVM·ĪVIR·I·D· POMARI·VNIVERSI
CVM·H·FIVIOVETALE·ROI

字母 U 采 V 形，但并非总是分毫不差，此乃罗马人的竞选广告，粉刷于庞培城中的墙上，在公元七十九年覆盖该城的火山灰下保存了千百年。"鲜果大全销售商"（pomari universi）呼吁人民选举马库斯·赫尔科尼乌斯·普里斯库斯（Marcus Holconius Priscus）担任市政官员。广告发布者颇有些现代意识，着意突出其人之姓氏，以最大号字母将其置于顶部。

手写化改良，圆角形式自然更受欢迎。到中世纪早期，U 字形才变成某些（不是全部）手写体中的标准字体，其中包括公元八〇〇年左右出现的影响广泛的加洛林小书写体。而在需要大写时，如用作标题或句首，V 字形仍然最受欢迎，尽管盎格鲁-撒克逊人笔下的拉丁文，确曾将 U 用于大写。有几种中世纪的字体，则是大写的 V 和小写的 u 并用。对手写的拉丁语文献而言，这种变化似乎无关紧要。

但是在拉丁语之外，在西欧那些正在兴起的语言和文字中，这可不是小事。此间 V 和 U 两种字体的竞争被迫要做一个了断。在中世纪的法语、意大利语和英语中，已经出现了一个相对较新的辅音"v"（下一章将会详述）。这是个正在寻找字母载体的声音。中世纪操英语或法语的人，把"v"音视作字母"U"的辅音化发音，所以用与"u"形貌相同的字母来写"v"。于是，V 和 U 这两种字形便互换使用，来表示"v"和"u"两种发音。

两种发音，两个符号，却不能——对应，这种方式的不便之处在十四世纪和十五世纪的中古英语中开始凸显。一种力求整顿的倾向出现了，它主张将 V 用于词首的书写，U 用于其他位置，而不管其发音如何。手稿中的此类拼写既包括 vnder 和 vpon，也有 vain 和 vice，既有 saue 和 euer，也有 cure 和 full。在印刷术传到英国（一四七六年）之后，这一惯例又持续了两个世纪。类似的例子有很多，其中之一便是莎士比亚戏剧最早的印刷版（约一六〇〇年），全书多处可见 loue 和 knaue，vndo 和 vnison 这样的拼写[1]。

终于，在印刷品中，两种发音和两个符号各自画地为牢。"v"音划给了字形 V，而"u"得到了 U，老天保 U。（理论上另一种划分方式亦有可能，即元音"u"得到符号 V。至于将符号 V 交由"v"音的原因，将在下一章再作分析。）

U 和 V 的各归其类，始于十六世纪中叶的意大利印刷商。到一七〇〇年之前，这一做法才在英语出版物中得到普及。与此同时，在英格兰和德国，另一个语音"w"也得到了自己的字母："双 U"。U 的两个女儿 W 和 V 就是这样诞生的。

U 在发音上清清爽爽，毫不复杂。其英语发音主要有两种：

---

1 现代拼写为 under，在……之下；upon，在……之上；vain，徒劳的；vice，恶行；save，救；ever，曾经；cure，治愈；full，满的；love，爱；knave，恶棍；undo，取消；unison，和谐。

The Tragedie of

HAMLET
Prince of Denmarke.

Enter Barnardo, and Francisco, two Centinels.

Bar. VVHo ſe there?
Fran. Nay anſwere me. Stand and vnfolde your ſelfe.
Bar. Long liue the King,
Fran.   *Barnardo.*
Bar. Hee.
Fran. You come moſt carefully vpon your houre,
Bar. Tis now ſtrooke twelfe, get thee to bed *Franciſco,*
Fran. For this reliefe much thanks, tis bitter cold,
      And I am ſick at hart.
Bar. Haue you had quiet guard ?
Fran. Not a mouſe ſtirring.
Bar. Well, good night :
      If you doe meete *Horatio* and *Marcellus,*
      The riualls of my watch, bid them make haſt.
                  Enter Horatio, and Marcellus.
Fran. I thinke I heare them, ſtand ho, who is there ?
Hora. Friends to this ground.
Mar. And Leedgemen to the Dane,
Fran. Giue you good night.
Mar. O, farwell honeſt ſouldiers, who hath relieu'd you?
Fran. Barnardo hath my place; giue you good night.   *Exit Fran.*
      B.   *Mar.*

在莎士比亚《哈姆雷特》的开篇，明显可见字母 U 及其年轻的家属，此乃一六〇四年伦敦出版的第二四开本，系一六〇三年颇多讹误之第一四开本的校定和重印版。尽管发音"u"和"v"在莎翁的英语中均有使用，书中却未从字形上予以区分：无论哪一个音，都能以小写的 u 形或 v 形现身，但 v 专用于词首（vnfolde、vpon），而 u 用于其他位置（your、liue、much、riualls）。一般情况下，字母 W 都是按照我们认识的样子印刷的，但第一行的下沉首字却未必——其断裂的形体，大概是由于字母 W 刚刚出现，而印刷商还没有这么大号的铅字，于是便用了两个 V。VV 让我们想到 W 的名称，"double U"——双 U（或法语里的双 V）。

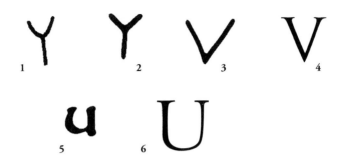

（1）公元前一〇〇〇年的腓尼基字母 waw，意为"木钉"。它排在字母表的第六位，发音为"w"。（2）大约公元前七〇〇年希腊的 upsilon。它效仿了腓尼基的字形，但发元音"u"，在早期希腊字母表中排在第二十三位。（3）无腿的 V，常见于公元前五〇〇年左右的埃特鲁斯坎文字。埃特鲁斯坎的这一字形袭用自希腊人，而后又为罗马字母表所袭用。（4）罗马石刻字母 U，出自公元一一一三年的图拉真碑铭。像对其他字母所作的改进一样，罗马人将该字母的一条胳膊加粗，并添加衬线，使它显得既稳重又优雅。在拉丁语口语中，该字母发音为"u"，或在元音之前发"w"。（5）安色尔手写体的圆角字母 U，出自七世纪的一份拉丁文手稿。到下一个千年纪，这一字形将与 V 形并存，均表示字母 U。十五世纪晚期，早期的字体设计师从圆角手写体中得到启发，发明了印刷体小写字母 u。（6）经典的肯陶洛斯（Centaur）印刷体的 U，明显借鉴了罗马石刻大写字母，该字体由美国人布鲁斯·罗杰斯（Bruce Rogers）设计于一九一四年。

短音和长音，如"mud rules"[1] 中所示。从技术上讲，长音 U 是高后元音，短音 U 则是低前元音（分别视其舌位而定）。在 O 的某些发音中，这两种舌位也均有发生，如同音异义词"loot"和"lute"，"son"和"sun"[2]。一般而言，当 U 和 O 出现发音重叠时，多半是 O 闯进了 U 的地盘。

---

1 mud [mʌd]，泥；rule [ru:l]，规则。

2 loot [lu:t]，抢夺；lute [lu:t]，鲁特琴；son [sʌn]，儿子；sun [sʌn]，太阳。

有三个元音被公认为最早的婴儿语音，往往在出生后第二个月内便会出现，长 U 的"呜"音被认定为其中之一——另外两个是"啊"和"咿"。在随后的阶段，婴幼儿会把容易发音的辅音，如"g"或"m"，置于这些元音之前。

由于其惹人遐想的外形和名称，U 对英语词汇贡献颇多。U-turn（直接掉头）虽比 k-turn（三点掉头）更快，但也更危险，工程师或科学家使用 U-frame（U 形结构）、U-tube（U 形管）或 U-section（U 形截面）。用 U 来表示"you"（你），则常见于字谜，如早年间的平面广告语"Reeboks let U B U"，或是教堂外告示牌上的文字："Ch＿＿ch: What's missing？"[1]

爱尔兰头牌摇滚乐队 U2 之所以选用这个一语双关的名字，部分是由于一种名为 U-2 的爱尔兰联邦失业保险表格，它让人想起一九七八年前后这些小伙子刚出道的时代。（UB40 乐队名称的来历与此类似，得自英国的失业救济表格。）还有个大异其趣的 U-2，即美国空军的高空间谍侦察机，因其故弄玄虚的分类"utility"（多用途）而得名。在一九六〇年苏联击落其中一架，并俘获其飞行员之后，这种曾处保密状态下的飞机，便令人尴尬地成了家喻户晓的词汇；最近开发出的一种 U-2 机型，还曾飞临萨达姆·侯赛因治下的伊拉克上空进行侦测。两次世界大战中令人心悸的德国 U 型潜艇，则不

---

1 前一个是锐步公司的广告，应为"Reeboks let you be you"，直译为"锐步让你成为你"；后一句意为"Ch＿＿ch：少（迷失）了什么？"，当然是少了"ur"（You are）——"你迷失了"。

过因德语"Unterseeboot"而得名，此词意为"水下舰艇"。

U 与字母 C 和 O 一样，都有一种能带来奇妙快感的曲线体形。U 让人联想到马蹄铁或磁铁：强壮、有力、钢筋铁骨。这种微妙的含义在广告和其他印刷品中多有应用——特别是美国国徽和其他涉及美国（United States）的物品。二〇〇一年九月十一日灾难性的恐怖袭击发生之后，在公共汽车站、商店橱窗和其他地方，都出现了一句简单的口号，号召人们化悲痛为力量，上书一个有力的大写字母 U："United We Stand"（团结就是力量）。[1]

1　有英语谚语曰："United we stand, divided we fall"（合则立，分则废）。

史上赫赫有名的 V。一九四三年六月，第二次世界大战期间，英国首相温斯顿·丘吉尔对伦敦民众打出"胜利（Victory）之 V"的手势。它由丘吉尔构思于一九四一年夏，以鼓舞国人士气，当时英国刚刚度过了战争中最黑暗的一年，V 字形手势在英联邦国家的军队和本土大为盛行，并最终风行于美国，成为抗击纳粹德国和日本帝国的象征。丘吉尔最早打出这一手势时，指关节是朝外的，但在听说它另有粗俗之义"up yours"（滚蛋）后，便把手势翻转，让拇指冲外了。这种细微差别继续存在，无疑有助于 V 字形手势的流行。

V

胜利手语诞生记

海上的胜利(victory at sea)。穿裘皮大衣的维纳斯(Venus in furs)。风险投资（venture capital）。威讯（Verizon）和维亚康姆（Viacom）[1]。字母 V 可以为其所在的词汇平添一种活力和戏剧性。它那引人注目的外形和轻快喜人的发音，暗示着决心、专注和进步。V 可以让人联想到探照灯、枪尖、钻头、双手合十的祈祷、破浪前行的船头，或者大雁在编队飞行时沿用了八千万年之久的队形。

其中一些联想在托马斯·平琼（Thomas Pynchon，一译

---

1 《海上的胜利》乃描写二战期间盟军战绩的纪录片。《穿裘皮大衣的维纳斯》（*Venus im Pelz*）则是奥地利作家利奥波德·冯·扎赫尔－马佐希（Leopold von Sacher-Masoch）所著流行小说，亦有同名歌曲、话剧和电影。威讯乃美国移动电信商，而维亚康姆公司是跨国传媒巨头。

品钦）的小说《V.》中也有体现，它出版于一九六一年，讲两位主人公从二十世纪五十年代回溯二十世纪的最初十年，追寻一位人称 V. 的神秘女郎。从始至终，这面目模糊的 V. 都只是一个遥远的提示，最后才并不完美地揭示出，她象征着二十世纪（法语：vingtième siècle）和人类的性欲：字母 V 代表维纳斯女神或双腿交汇之处。

V 和 J 同为英语中最年轻的字母：直到十九世纪中叶，它俩才被我们的字母表完全接纳。此前，尽管到一七〇〇年时，V 和 J 已在印刷品中系统性地出现，但有些人仍然认为，它们只是 U 和 I 各自的辅音化变体——即当时要按字母顺序紧随在相关元音之后的变体。

V 是 U 所生（W 亦然），J 则是 I 所生。V 和 J 的历史是并行的。欧洲语言大变化始于罗马帝国灭亡（公元五〇〇年）之前，在灭亡之后更见加速，这两个字母的出现都是后世对这些变化作出的反应。随着拉丁语口语的衰败，出现了法语和西班牙语这样的中世纪罗曼语言，其中包含了老罗马字母表不一定能表现的新发音。这些声音终将需要属于自己的字母。

但是，回溯公元一〇〇年左右，罗马人用二十三个字母，用得也相当不错。这便是他们的全部所需，足以应对拉丁语词汇和一系列希腊语文化类借词的书写。不在其列的三个字母是 J、W 和 V。

读者看到这儿，也许会有所迟疑：古代罗马人没有 V 吗？维纳斯（Venus）难道不是罗马的女神吗？不是有一座叫维苏威（Vesuvius）的意大利火山，有个叫韦斯巴芗（Vespasian）的罗马皇帝吗？凯撒不是在战后发信回家说："Veni, vidi, vici"（我来了，我看到了，我征服了）吗？怎么会没有罗马的 V 呢？

答案在于，这些例子中所用的罗马字母根本不是 V。它用的是 U，只不过写成 V，且发音同"w"。

按照现代的分析，古拉丁语口语中没有"v"音。最接近的发音是"f"，写成 F。不过，拉丁语确有"w"音，通常位于某一音节的开头。凯撒的那句豪言壮语应该读作"Way-nee, wee-dee, wee-kee"。维纳斯的名字实际上要读成"Way-nus"。新的乡间别墅 Villa-nova 要读成"willa no-wa"。在前一章（第 377 页）引用过的罗马诗人贺拉斯的诗句——Pulvis et umbra sumus（我们只是过眼烟尘）中——表示"尘"的拉丁语词发音为"pul-wis"，听起来还真有点像风中的尘埃。

为了表示自己的"w"音，罗马人将字母 U 用作辅音。这是 U 的第二份工作。其首要工作是元音。当处于辅音字母之前或位于词尾时，它是元音，例如 murus（墙）和 manu（用手）这样的拉丁语单词。但若是放在元音字母之前，罗马人的 U 便应视同辅音"w"。quercus（橡树）一词，发音为"kwair-cus"，就同时证明了这两种用法：U 先用作辅音，接着又成了元音。

拉丁语单词 Venus 和 villa 的首字母是辅音 U。在 Venus 中，第一个字母和第四个字母之所以面貌不同，不过是现代的印刷惯例使然。古罗马人可以把它写成 Venvs，也可以用非正式的形式写成 Uenus。V 和 U 的不同字形当时被视作同一字母，即字母 U——前一章里已对这一点有过讲解。Uenus 的拼写或可让我们这些现代读者看到，U 使用了两次，但方式不同，就像单词 quercus 一样。比照我们的单词"yearly"（每年），也是以辅音 Y 开头，以元音 Y 结尾，却不会产生混淆。是上下文的关系，告诉了我们它是哪个 Y。

拉丁语中辅音化的 U 有其内在逻辑。这种逻辑来自元音 U，当它位于另一个元音之前时，会很自然地产生"w"音。在英语单词中，你也可以听到这种现象，如"nuance""fluent""suing"[1]。大多数两个发音的元音组合不是产生出"w"（例如:co-op），便是"y"（如 Fiona）。U 与"w"极为相合，对公元前六〇〇年左右罗马的字母表改编者来说，用 U 来表示他们的发音"w"，一定是个自然而然的选择。这种情况也可用以说明罗马字母 I，它也有一份副职，用作表示"y"音的辅音。

辅音 U 在现代罗曼语言中仍然存在，如西班牙语单词 agua（水），发音为"ah-gwa"，以及法语的 huit（八），发音为"hweet"。通过用于字母 Q 之后，它也在英语词汇表中独占一角。如果没有后跟的两个元音，Q 几乎不会在英语中出现，头一个元音是 U，它几乎总是发"w"音——quart、question、inquire。英语中辅音化的 U，在 G 或 S 之

---

1 nuance [nuːˈɑːns]，细微差别；fluent [ˈfluːənt]，流畅的；suing [ˈsuːiŋ]，诉讼。

后也有所见，如少量出自拉丁语、法语或西班牙语的词汇："anguish""iguana""suite"和"suede"[1]（出自 Suède，表示 Sweden〔瑞典〕的法语词，因此，英语里的"Swed-"便相当于法语的"Sued-"）。

请留意，在这些用法里，U 都靠近某一音节的中间，处在 Q、S 或 G 的庇荫之下。这是 U 在表示"w"音时的典型位置，由古罗马存留至今。而当它处在不同的位置，在某一音节的前部时，则已受到时间的侵蚀而有所改变。在不可胜数的拉丁语词汇，如 victoria（"victory"，胜利）、caverna（"cavern"，山洞）或 pulvis（"dust"，尘土）中，辅音化的 U 后来便从"w"音弱化成了"v"。

让我们跟随着这个发音，做一次千年之旅吧。到公元三〇〇年时，罗马帝国的拉丁语口语已经开始转向新的发音，特别是某些辅音——本书从头到尾，都曾述及这一变化。首先，罗马人的"w"音在很多词中滑向了"b"音，而传统的拉丁语拼写却没有改变。新的乡间别墅仍然写成 villa nova 或 uilla noua，但发音成了"billa no-ba"，而不再是"willa no-wa"了。

现代西班牙语是一种总体上接近古拉丁语的语言，仍然保留着这一早期演变阶段。在西班牙和拉丁美洲大多数的地

1　quart [kwɔ:t]，夸脱；question ['kwestʃən]，问题；inquire [in'kwaiə]，询问；anguish ['æŋgwiʃ]，痛苦；iguana [i'gwɑ:nə]，鬣蜥；suite [swi:t]，套件；suede [sweid]，麂皮。

区口音中，字母 V 的发音通常与 B 相同。西班牙语的 villa
（意为"城"）发音为"billa"；victoria 发音为"bictoria"；
caverna 则为"caberna"。

在古西班牙之外——随着罗马帝国的崩溃，以及拉丁语口
语分裂成地区方言，并逐渐演变成中世纪的罗曼诸语言——
辅音化的 U 进一步弱化了，从"b"变成了"v"。刚刚成形的
法语和意大利语在公元九〇〇年前后，达到了这第二个阶段。
中世纪的巴黎人在说 ville 或 caverne 时，会发出我们称之为
V 的音。（这一现象可与中世纪法语里字母 B 的弱化相对照，
见第 89 页。）

下一站：英格兰。根据现代学者的研究，一〇〇〇年时的
古英语已经有了自己的"v"音，这是日耳曼语族先行演化的
结果。古英语的这一发音存留至今，如"love""drive"（赶
牛赶羊用语）、"even"和其他词汇里的 V，其历史可上溯至
盎格鲁－撒克逊人的时期。古英语字母表——没有拉丁语中辅
音化 U 的遗存——用字母 F 来表示发音"v"。远古的"love"
写成 lufu，发音为"luv-uh"。这是 F 的第二份工作，因为它
也用以表示发音"f"。

"f"音和"v"音之接近，已竭尽两个辅音之所能。它们
同被归为唇齿摩擦音（dento-labial fricative），均由气流冲
过门牙抵住下唇所形成的阻碍而发出。其主要区别在于，"v"
要使声带振动，而"f"不必。把两个发音都写成 F，对古英
语而言已经足够。但这种用法不久便在历史上销声匿迹。

一〇六六年诺曼人的征服，将法语的词汇和拼写规则带到了英格兰。到一三〇〇年，中世纪英语中已增加了数以千计的诺曼法语单词，其中很多都带有"v"音——例如：caverne、victorie 和 village。用以书写法语"v"的符号是 V 或 U，这一系统也对本土英语词汇产生了影响，最终产生出了"love"和"drive"这样的现代拼写。如果你能在一四〇〇年，请一位受过教育的伦敦人说出"victorie"的头一个字母，或是"love"的第三个字母，她会说是 U，用作辅音的 U。

本书在字母 U 那一章中，已对 V 与 U 两种字形在中世纪文字中的对抗问题，有过略显冗长的叙述。这两种字形可以互换，均用以表示字母 U，包括辅音化的 U。落在纸面上的 U 可以代表发音"u"或"v"——书面的 V 同样可以代表两者。字形 V 通常用作大写形式；字形 U 则常见于小写体。

到一四〇〇年时，建立规则的一步已经迈出。在实践中，V 用于词首的书写，U 则用于其他位置，而不管其发音如何。这一习惯在意大利、法国和英格兰得以延续，用以书写这些国家的语言。中世纪晚期的英语手稿出现了 vpon 和 vse、vile 和 victorie、loue 和 euer、rule 和 huge 这样的拼写，在印刷术传到英国（一四七六年）后，上述惯例继续得以保留，并反映在某些印刷版文献中，如最早的詹姆斯国王版《圣经》（一六一一年）和莎士比亚戏剧集第一对开本（一六二三年）。

两个符号，两种发音。到一六五〇年左右，让发音"v"和"u"与字母 U 和 V 协调一致、各司其字的需要开始出现。但谁归谁呢？可以想象，将发音"v"划给字形 U 亦无不可。还是意大利和法国的一些印刷商扫清了障碍，十六世纪后期，他们开始专门用 V 来印刷"v"。这种选择是由前一阶段的用法促成的，即 V 字形通常出现于词首，而不管其发音如何。依照意大利语和法语的天然语音，处在这一位置上的 V 字形发"v"音者，远较"u"音为多，其关联由此而生。到一七〇〇年，它在英语中也成了标准。

新字母的发音为其命名提供了帮助。英语的"vee"来自该字母的法语名称 vé。从理论上讲，该字母本可以叫作"voo"，意为"发 v 音的 U"，可这种情况没有出现。

像它后来的伙伴 J 一样，V 还得再等上一百五十来年，才能最终为我们的字母表所接纳。直到一八四〇年左右，某些学者（并非全部）还只是将 V 视为 U 的变体，将 J 视为 I 的变体，因而只承认二十四个字母。包括 J 和 V 在内的二十六个字母的字母表，要到一七〇七年才出现于伦敦教师托马斯·戴奇的《英语指南》中（再留意一下他的附表中有趣的字母顺序，见第 394 页）。但是塞缪尔·约翰逊一七五五年划时代的英语字典仍然坚持只有二十四个字母，于是，J 和 V 的正式登场，还要延迟至少七十五年。

虽说约翰逊在拼写中一直在使用 V 和 J，但仍将它们排除在字母表之外。他的字典条目排列为"H、I、K"和"T、U、W"。U 条目下收录了所有以 U 和 V 打头的单词，且按照一个字母表顺序排列。约翰逊的第一个 U 词条是"V"，意指罗

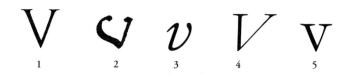

（1）古罗马石刻铭文中的 U，我们现代的印刷体 V 即来自于此。（2）笔书的字母 V，出自公元十二世纪初的一份拉丁文手稿，为单词 Veni（祈使语："过来"）的词首。它不仅是我们用 V 字形代表辅音"v"的现代用法的先声，也预示着我们现代斜体字母的倾斜方向。（3）小写的印刷体斜体字母 v，由让·雅农（Jean Jannon）于一六一五年左右设计于法国。（4）雅农同一系列中大写的斜体字母 V，不再是圆角，而更像他笔下罗马风格的 V，如图（5）中所示的小写字母。雅农这样的设计启发了后来带衬线的印刷字体，今天大多数斜体的 V 均遵从了这种双形设计。

马数字"五"，紧随其后的是"Vacancy"（空白）和"Vacant"（空白的），再到最后则是"Vagrancy"（漂泊）、"Valley"（山谷）和"Vat"（桶）。Va- 打头的词完了之后，我们便看到"Ubiquity"（无处不在）和"Udder"（乳房），最后则是"Veal"（小牛肉）和"Ugly"（丑）。值得注意的是，约翰逊在编者前言中不无遗憾地表示，是"旧习俗"阻止他将 U 和 V 按照它们应得的待遇分开编排。

迟至一八三六年，查尔斯·理查森的《新英语字典》仍然将 J 和 V 排除在英国的字母表之外。但是，诺厄·韦伯斯特的《美国英语字典》（一八二八年）列出了一份二十六个字母的字母表，包括 J 和 V 在内，因而成了划时代的作品。

V 对我们的词汇表贡献不算很大。V-8 引擎始于一九一五年的卡迪拉克轿车，因其两排四汽缸而得名，每排都成一个

A Guide to the English Tongue.

PART I.

The ALPHABET.

English Letters.	Roman Letters.	Italian Letters.	The Names of the Letters.
a	a A	a A	ay
b	b B	b B	bee
c	c C	c C	ſee
d	d D	d D	dee
e	e E	e E	e
f	f F	f F	eff
g	g h H	g h H	jee aytſh
i	i I	i I	i
j	j J	j J	jay
k	k K	k K	cay
l	l L	l L	ell
m	m M	m M	em
n	n N	n N	en
o	o O	o O	o
p	p P	p P	pee
q	q Q	q Q	cu
r	r R	r R	ar
ſ	ſ S	ſ S	eſs
t	t T	t T	tee
v	v V	v V	vee
u	u U	u U	yu
w	w W	w W	double yu
x	x X	x X	eks
y	y Y	y Y	wi
z	z Z	z Z	zed

在托马斯·戴奇一七〇七年出版于伦敦的《英语指南》中，字母 V 排在 U 之前，这并非印刷错误。戴奇是最早将 V 和 J 视作独立字母的学者之一，在他写书的那个时代，除了 V 与 U、J 与 I 沾亲带故之外，它们在字母表中的位置尚未明确。把 V 放在前面是有道理的，因为，如果你认为 V 和 U 是相同的，并将所有以 V 和 U 打头的单词列在一起，那么按字母表顺序，以 V 开头的单词就会排在前面："vacate"（腾出）和"vat"（大桶）这样的词将 V 和 A 连在一起，而 U 却必须排队，等着 B，来组成英语单词"ubiquitous"（无所不在的）。所以与 U 相比，V 已经占得了先机。戴奇的字母 I 排在 J 的前面，则是因为 I 本身就是个英语单词：代词"我"，它要比那些带 A 的"jabber"（叽叽喳喳）、"Jack"（杰克）等词更居前。最后，为求前后一致，两个新丁，J 和 V，便都被放到其元音母亲的身后了。

退休后的温斯顿爵士（和夫人克莱芒蒂娜）高兴地与祝福的民众交换 V 型手势，时为二十世纪六十年代初，不久之后，他便于一九六五年去世。在战后的政治和其他公众场合，V 依然是丘吉尔个人的标志。在人生的最后二十年间，他不断满足新闻摄影师和支持者这样的要求："给我们来个 V。"

角度，其断面呈 V 字形。V- 芯片（V-chip）是一种电视接收限制装置，在二十世纪九十年代中期刚问世时，本由"viewer"（观众）一词而得名，但现在更常见的理解是"violence"（暴力）之意。

然而最著名的 V，始终都要数温斯顿·丘吉尔"胜利之 V"的手势，这是二战期间英国无畏和决心的象征。丘吉尔首次打出这一手势，是一九四一年七月在议会所作的一次至今为人津津乐道的讲话当中，当时的局势已有迹象，开始显示希特勒可能无法赢得最终胜利。（具有讽刺意味的是，希特勒后来也冲着英国打出了他自己的 V：V-1 和 V-2 飞弹，其名称得自德语的 Vergeltungswaffe，意为"报复性武器"。）

丘吉尔的 V 是个强有力的宣传手段——不过，按照英国神秘主义学者艾尔弗雷德·卡利尔（Alfred Kallir）的说法，这也许便不是那么有力了，他的理论认为，盟军的所有战果全赖宇宙能量之推动，经由该字母的形体引流而下，堪比祈祷者的双手。正如卡利尔颇富感情地在战后的一本小册子里所声称的，这是《V 的胜利》（*The Victory of V*）。

这个 W 长着腿。二〇〇〇年十一月，大选开始前数天，共和党总统候选人乔治·沃克·布什（George Walker Bush）在佛罗里达州的坦帕市，用三根指头对支持者做出 W 的手势。它代表布什中间名的首字母，将他与其父亲乔治·赫伯特·沃克·布什（George Herbert Walker Bush）区分开来——同时也在师法温斯顿·丘吉尔的"胜利之 V"（见第 384 页）——W 手势也许帮助"Dubya"在争议中战胜了民主党人艾尔·戈尔。

W

两个 U 的来历

　　以标准字体考量，W 是我们所有字母中最宽的一个，比上下倒转的 M 还要宽。M 稳稳当当地以两腿直立，W 却明显大张着胳膊，以示对它早期作为两个相连 V 形的纪念。

　　W 所表示的发音，要上溯到英语的古日耳曼语之源。用专业术语来说，它属于双唇浊音半元音（voiced bilabial semivowel）——乃两个此类辅音之一（另一个是 Y），通过打开的声门发音，与元音的发音方式基本相同。我们现在都已知道，术语"双唇浊音"是指 W 要使用声带和双唇。

　　"w"音用不上什么精妙的舌位，是讲英语者相当容易发出的字母音之一。婴儿便能讲（如"wa-wa"），很多儿童和一些成年人，也会用它来置换更为复杂的"r"音，如"Wudolph

W 的确外形独特，让 M 在宽度上显得相当内敛。这是一种著名的无衬线印刷体，名为 "Gill Sans"，由英国人埃里克·吉尔（Eric Gill）设计于一九二七年。但这两个字母并非在所有设计中都有如此之大的不同。

the wed-nosed weindeeh" [1]。

　　W 有一段极其有趣的历史。它是我们字母表上的第二十三个字母，按时间顺序来说，它是第二十四个加入英语字母表的，比后来者 J 和 V 要领先一些。W 发明于公元后的第一个千年纪，以应对语言的特殊需要。它体现出人类怎样创造字母来适应语言表达。

　　如前所述，古代罗马字母表只有二十三个字母：没有 W、V 和 J。这三个字母到中世纪或文艺复兴时才得以普遍应用，并在十五世纪中叶之后因印刷术而光大。V 和 W 都是 U 的变体，如今在字母表顺序上，也跟在他们母亲的后面。今天，对 U 的纪念体现于 W 的名称："double U"（双 U）。

　　在古罗马时代，U 做着我们 W 的工作。前面几章已经详述过罗马人如何用 U 来同时表示元音 "u" 和辅音 "w"。从拉丁语单词 equus（马）可以看出，第一个 U 发 "w" 音，第

1　应为 "Rudolph the red-nosed reindeer"，红鼻子驯鹿鲁道夫。

二个 U 则发更常用的 "u"。这个身兼两职的 U 当时之所以切实可行，是因为拉丁语的 "w" 音只出现在元音之前；因此，一个写在元音前的 U 便几乎总是起着辅音的作用。

但是此后，历经数百年发音上的弱化，拉丁语口语的 "w" 音逐渐丧失大半。按照现代的研究，到公元三〇〇年时，拉丁语的 "w" 已经从音节前端消失，为 "b" 音所取代。随着公元五〇〇年左右罗马帝国的灭亡，"b" 在中世纪早期的法语和意大利语（源自拉丁语）中也弱化成了 "v"。这些变化最终促成了字母 V 的发明。

拉丁语的 "w" 音主要留存于音节中部，比如跟在字母 Q 的后面。它在此处继续显示为字母 U，如我们的单词 "quantum"（量）和 "frequent"（经常的）。

于是，大部分 "w" 音从晚期拉丁语中消失了，剩下的则由字母 U 来表示。又整洁，又简单，可是……

生活和语言有时是错综复杂的，拉丁语发音 "u" 偶尔会赖在某个音节的前部不动，而照例说，它本应为 "b" 取代。这种情况可见于少数根深蒂固的用法，如地名。现代的碑铭学家（研究古文字的学者）在现存铭文和手稿的地名拼写中，发现了相关的证据。例如，罗马人称为 Seuo（音同 "seh-wo"）的意大利东部山区，在帝国最后数百年间，便明显保留了其 "w" 的发音，而从未依例弱化成 "Seh-bo"。早至公元一五〇年，在现存的铭文中，此名称的拼写便开始从 Seuo 变成 "Seuuo"——用了两个 U。这似乎就是古代书写者表现 "w"

音持久性的一种方式。

这些证据说明，双 U 是罗马帝国晚期在拉丁语书写时一种非正式的用法，以表示拉丁语口语中留存（尽管很少）于音节前端的昔日的"w"音。双 U 注定要在一千多年之后变为标准化的 W。

此时，在拉丁语和中世纪早期的罗曼诸语言之外，"w"音却大盛于北欧的日耳曼语族。从日耳曼北部入侵英格兰（公元五世纪后期）的盎格鲁－撒克逊人始终都说"w"：想想"Wotan"（沃坦神）、"wassail"（痛饮）、"weapons"（武器）、"witches"（女巫）、"woods"（森林）和"swine"（猪），便能对其嗜好了解大半。在欧洲大陆，日耳曼语"w"的发音可见于已知最早的日耳曼语图书，即大约八六五年写于阿尔萨斯地区魏斯堡（Weissburg）的一部《福音书》诗体译文中，由拉丁化的双 U 表示。（在此后一个时期，至少在北日耳曼语中，"w"音普遍变成了"v"。）

日耳曼语的"w"也是维京人与生俱来的发音，他们从八〇〇年左右开始，从丹麦和挪威渡海而来，劫掠并占据了法国北部的部分地区、英格兰北部和其他地方。到一〇〇〇年时，在维京人占领下的法国诺曼底，由于斯堪的纳维亚词汇的输入，已经创生出了很多使用"w"的诺曼法语词汇，而巴黎的法国人是不用这个音的。特别要指出的是，诺曼人的"w"往往以起首音出现，代替的是主流法语里的"g"。

例如，中世纪诺曼法语用以表示授权或担保文书的单词是

warrant（英语"warrant"的祖先）。此乃法语 guarant 一词的变体（现有英语词"guarantee"〔保单〕）。同样，诺曼法国的边境要塞也许有位名叫 William（威廉）的 wardein（卫士），挣着 wage（薪水），随时准备 warre（打仗），而在法兰西王国那一边，同样的称呼会是 guarden Guillaume，挣着 gage，准备 guerre。

因此，由于有了这个非法语的发音"w"，中世纪的诺曼人便需要一种能在文字中表示它的方法。他们的解决方案是：晚期拉丁语和日耳曼语著作里的双 U。

英语当时有自己的行事方式（这不奇怪）。盎格鲁-撒克逊人的英格兰公民用的是没有 J、Q、V 和不正规双 U 的罗马字母表。而为了适应古英语的发音，盎格鲁-撒克逊人又给自己的字母表增补了四个非罗马字母，其中两个发明于英格兰，另外两个则借自北欧旧例。（见第 370 ~ 371 页"TH 的故事"。）上述字母中，有一个名叫 wyn 或 wen，看似第二个 P，实则用以表示发音"w"。

中世纪的英格兰注定要成为滋生字母 W 的沃土。一〇六六年，诺曼底威名赫赫的威廉，即"征服者"威廉公爵，率军在英格兰东南部登陆，击败一彪英军，夺占英王之位。

盎格鲁-撒克逊字母 wyn（或称 wen），代表古英语发音"w"。到大约一三〇〇年，wyn 便从英语书写中消失了，代之以诺曼人的双 U。

诺曼人的占领改变了一切，包括英语说与写的逐渐变化。在其他的演化中，英语的 wyn 最终消失了，被诺曼人的双 U 所淘汰。

双 U 和它的兄弟 V 类似——尽管没到那么极端的程度，但也有好几百年，被视作字母 U 的一个变体，而不是独立的字母。能成为独立字母，要归因于传入英格兰的印刷术（一四七六年）：双 U 字形有必要被吸纳进来，与其他金属字模一道用于英语印刷，于是它作为一个独立字母的地位也就变得稳固了。

到十六世纪，W 开始被字母表所接纳，在学校里教授给英国儿童。它插了个队，紧挨着它的母亲 U，不是居前便是在后。理查德·马卡斯特在其划时代的英语语法著作《入门首篇》（一五八二年）中，把 W 直接放到了 U 的后面，然而这个全部拼写出来的"双 U"，在英国作曲家托马斯·莫利（Thomas Morley）一五九七年为音乐入门所写的一份背诵用字母表中，还是跑到了 U 的前面。这是 W 在英语字母表中最早的两次亮相。

英语的 W 字形出现于一一〇〇年到一五〇〇年的数百年间。罗马晚期的圆角双 U 字形在印刷术出现之前是常见的书写体。（它以我们小写草体 w 的形式存留至今。）但随着印刷术的到来，英国的字体字设计师终于创造出了一种双 V 字形，所据乃古罗马石刻碑铭上的 V 形 U。在有些早期字体中，双 V 组合略显分离：VV。更常见的是，它们连在一起，甚至有所重叠：W。

在德国，自十五世纪七十年代起，W 已用于印刷，其形貌基于传统的日耳曼手写体：𝖂。由于德语自中世纪以来的变化，今天的 W 主要用以表示德语发音 "v"。现代德语用 W 来表示 "v" 的很多用法，就相当于英语在相关词汇中用 W 来表示 "w"，例如：Wasser（"Vahsser"），意思是 "water"（水）；wunderbar（"vuhnderbar"），意思是 "wonderful"（精彩）；Wilhelm（"Vilhelm"），意为 "William"（威廉）。

W 在南欧进展不顺。由于 "w" 音已与晚期拉丁语渐行渐远，一六〇〇年时的罗曼诸语言对这样一个新字母并无迫切需要。古代辅音化的 U 所留下的遗产已足以应付现存的 "w" 音，如意大利语的 Guido（人名）或西班牙语的 iguana（鬣蜥）。时至今日，W 仍未真正成为意大利语或西班牙语字母表中的字母，尽管它已在出版物中用于外来词汇。

法语对 W 同样是老大的不情愿。法语和表示 "w" 的辅音化的 U 相处得不错，比如 suave 这个词（英语里也有这个词）[1]。若要表示词首的 "w"，法语使用了 OU- 的组合，如 oui，意为 "是的"，或 ouest，发音同 "west"，意为 "西"。直到十九世纪末，W 才被纳入法语字母表，为最后一位入选者。此前维克多·雨果和其他法国作家的字母表，都只有二十五个字母，没有 W。

---

1 英语里的 suave 发音为 [swɑːv]，意为 "和蔼"。

V uu VV W

（1）公元一一一三年经典的古罗马字母 U。该字母为石刻，可视上下文而读作"u"或"v"。（2）九世纪加洛林小书写体的双 U，在拉丁语、中世纪早期德语和诺曼法语的行文中，表示发音"w"。（3）这一断裂的 W，将过去的两种形式集于一身，它出自一六〇四年第二四开本《哈姆雷特》的首页（整页请见第 380 页）。此后，英语的 W 越来越经常地以单独而连续的字形印刷。（4）该字母的历史背景在泰晤士新罗马字体中得到了承认，该字体乃一九三二年为伦敦《泰晤士报》所设计，现已成为世界上应用最为广泛的印刷字体之一。

　　由于承认的迟缓，该字母的法语名称是对其印刷体字形的描述——double vé（两个 vee）——而英语名称描述的是更早的手写体。这是仅有的一例：有个英语字母的名称启发了法语字母，而不是相反。今天法语的 W 仍然很少使用，只用于外语名称和英语借词，它在其中的发音更近于"v"，如"wagon-lit"（火车卧铺）。

　　某些英语单词，如"answer"（回答）和"two"（二）里面的哑音 W，曾经是发音的——这一点从相关词汇"swear"（发誓）和"twain"（一对儿）中可见一斑。莎士比亚一六〇七年的悲剧《安东尼与克莉奥佩特拉》（*Antony and Cleopatra*）中有一句焦虑的台词："Our Italy shines o'er with civil swords"（内乱的刀剑闪耀在我们意大利全境）[1]，

1　引朱生豪译文。

"swords"（刀剑）一词念起来本该更像"wars"[1]（战争），这才是其语境的本意。

字母组合 WH- 大多见于源自本土英语的词汇（如 white whale，白鲸），往往让人想起中世纪的英语拼写 HW-，后者的发音就是"hw"。到一三〇〇年，这两个字母在英语中的顺序就开始颠倒过来了，部分原因是要使之看起来更诺曼化，更具上流阶层的风范。今天，大多数此类单词中的 H 已经不发音了。不过有很少一些出于复杂的原因，眼见其 W 逐渐变成了哑音，如 whom、whole。如果不是惹来了塞缪尔·约翰逊的一句经典评语，这种现象实在微不足道，他在一七五五年著成的字典中说："只有在 whore（娼妓）里，有时在 wholesome（有益身心的）里，wh 听起来才像是个简单的 h。"

---

1 answer ['ænsə]；two [tu:]；swear [swɛə]；twain [twein]；sword [sɔ:d]；war [wɔ:].

X禁区。一九六八年，美国电影协会（MPAA）订立与观众相关的分级制后，与此类似的标识开始出现在电影海报及其他宣传品中。X代表"extreme"（极端），色情影片归属此类——但亦不尽然。《午夜牛郎》（*Midnight Cowboy*，一九六九年）便是一部X级影片，述及一位得克萨斯青年在纽约的不幸遭遇，后来赢得了包括最佳影片奖在内的三项奥斯卡奖。"X"级现已更名"NC-17"（意指"no children, 17 or under, admitted"，儿童或十七岁以下者禁止观看），不再那么声名狼藉了。

X
从未知到时尚

Xenophobia 的意思是"对外来者的恐惧",再没有别的词更能展现出一度属于 X 的那种异类和冷酷的精神了。诚然,在过去大约十二年里,这个字母已经能与人和睦相处。但更早以前——在《X 档案》、X Games 或 Xbox 出现之前,X 还是个外来客,略带不祥之感,很少用到。

三十年之前,X 主要代表儿童不宜观看的电影,或是产品标签上的"有毒"警告。如果藏宝图上某个地点标有 X 记号,你便可断定那是一处荒僻与危险之地。即便是传说中的 Xanadu,塞缪尔·柯尔律治(Samuel Coleridge)一七九八年诗中忽必烈汗国的都城,也是遥不可及。二十世纪六十年代漫威(Marvel)系列漫画书中的 X-Men,是一群突变人超级英雄:是好人,不过也是突变异种。甚至名为 xenon(氙,在元素表上简写为 Xe）的气体，也从未完全成为亲如邻人的物质。实际上，在希腊语中，"xenon"的意思正是"异物"，与其词根相同的还有"Xenophobia"。

X 的神秘，部分来自其低使用率：在英语出版物中，它排在倒数第二位或第三位，居于 Z 和（依某些统计）Q 或 J 之前。作为词首字母，X 绝对排在最后一位：它是英语词汇中打头出现次数最少的一个。

而对 X 的神秘感而言，更重要的是它用以表示数学上未知或未解数的传统工作，如："如果 3X=X+3，那么 X 等于几？"（答案是 1.5。）

X 的这种用法，正是由法国哲学家、数学家和科学家勒内·笛卡儿（René Descartes）一六三七年在其论著《几何学》（*La Géométrie*）中率先使用。笛卡儿指定用字母 X、Y 和 Z 来表示几何等式中的任意三个未知数，但他尤爱 X（见第 415 页，"为什么表示未知数的不是 Z？"）。这种关联就这样固定下来了：历经数学和科学几百年的发展之后，X 几乎已经成了疑问的标志。

一八九五年，德国物理学家威廉·康拉德·伦琴（Wilhelm Konrad Röntgen）发现了一种奇怪的新辐射现象，因为不知道它由何组成，他便称之为 X 射线。二十世纪五十年代和六十年代一些不成功的科幻电影中，也笼罩着类似的科学迷雾，如《来自外层空间的 X》（*The X from Outer Space*）、《X 行星奇境》（*Strange World of Planet X*），以及《X——未知之物》

（*X–The Unknown*）。

进入二十世纪后的小说甚至新闻报道，也会用字母 X 代替某人的名字刊出，以保持匿名性，或避免惹上诽谤官司，这一习惯的影响所及，可见于一九三八年劳伦斯·奥利弗和默尔·奥伯伦（Merle Oberon）主演的一部乏味影片的片名:《X 女士的离婚》（*The Divorce of Lady X*）。一九五二年，美国黑人解放运动的倡导者马尔科姆·利特尔（Malcolm Little）为了纪念他被遗忘的非洲出身，则将自己的名字改成了马尔科姆·X。四十岁以上的人，又有谁能忘记讨人嫌的"Brand X"（某品牌）呢？这一名称曾用于二十世纪六十年代的某些电视广告，以遮挡竞争对手的产品标识，它们看上去都是些劣等货，比不上莱斯托尔（Lestoil）地板清洗剂或布里奥（Brillo）擦洗布。

如果说那段日子里，X 在正儿八经的产品中还有一席之地的话，它所代表的也都是些危险的东西或劲爆[1]之物——就照字面意思理解也许亦无不可。一九四七年十月，年轻的查克·耶格尔（Chuck Yeager）驾驶美国的 X-1 飞机（X 代表"experimental"，"实验"），首次突破了音障。第二年，一家英国汽车公司推出了第一辆捷豹（Jaguar）运动型轿车 XK 120，其中的 X 代表"experimental engine"（实验性引擎），K 代表"研发第十一款"，而 120 则是以英里计算的最高时速。

---

1 原文是 racy。

一九六八年，美国电影协会推出了字母分级制，以提醒电影观众注意新片所涉及的性、亵渎及暴力的程度。其中，列入成人类别属段的是：R，代表"restricted"（受限的），以及 X，代表"extreme"（极端的）——色情影片即归入此类。几乎是一夜之间，在美国人的心目中，X 便有了一种新的联想：肮脏的、露骨的性。

因此，到二十世纪六十年代末，X 可以意指"神秘""危险"或"性"当中的任何一种——真是个令人难忘的组合。X 曾是未知，是灾殃，是极端。在随后的几十年里，该字母的公众形象得到了显著改善。不过，还是先来说说它的背景吧。

我们的 X 来自古罗马字母表。它最初排在二十一个罗马字母的最后一位，但是到大约公元一○○年时，又新添了两位后来者：Y 和 Z。罗马的 X 在拉丁语词汇中表示发音"ks"，如 rex（王）或 exit（他出去了）；它在古拉丁语中的名称是 ex，或变体 ix——即"ks"音前面加一个元音。

大约公元前六○○年，罗马人在袭用和改造埃特鲁斯坎字母表时，便已经获得了这个字母。埃特鲁斯坎诸字母则是此前由希腊人处袭用而来：埃特鲁斯坎人的 X 来自西希腊字母表的字母 ksi，为那不勒斯湾的希腊移民所用。西希腊的 ksi 代表发音"ks"，位居其字母表尾段，亦取字形 X。有些现代学者推测，罗马人将其名称改成了 ex，以更好地表示该字母在自己语言中的发音，因为希腊人的 ksi 常用于希腊单词或音阶之首，而拉丁语的发音"ks"从来都不会出现在音节的开头，

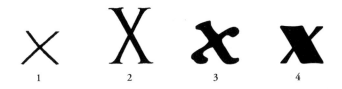

X 简洁而独特的形貌，历经千百年的岁月洗礼，几乎容颜未改。（1）大约公元前七〇〇年西希腊字母表中的 ksi。此希腊字母身处字母表的尾段，表示发音"ks"，埃特鲁斯坎字母表将其袭用，成为其字母 X。（2）大约公元一一三年，罗马石刻铭文中优雅的 X，其中的一条斜线略微加粗。该字母用以表示拉丁语单词词中或词尾的"ks"发音。（3）七世纪时以安色尔手写体写成的 X。尽管这种字体是为笔书设计的，但其形貌参考了罗马大写字母。（4）一九二五年"百老汇"（Broadway）印刷字体的 X，将昔日的传统发扬光大，只不过光大的程度出人意料。

而只在尾部出现，并有一个元音居前。英语也有大致相同的规则（见下文）。

罗马灭亡（公元五〇〇年）之后，X 传入了中世纪欧洲诸语言的罗马字母表，并由此成为英语字母。其"ks"发音可见于古英语词汇的中部或尾端，但从不会在词首出现。今天，这个盎格鲁-撒克逊人的发音在古词汇中得以存留，如"Saxon""ox"，和"mix"，而通过诺曼法语传入的词汇，则包含软化的 X（luxury，anxious），或者照旧（tax，execute）。当位于词首时，X 仍然发软音"z"，如"xylophone"[1]。

大多数以 X 开头的现代英语词汇均源于古希腊：xylophone（木琴）、xanthine（黄嘌呤）、xiphoid（剑突）。

1　Saxon ['sæksən]，撒克逊人；ox [ɔks]，公牛；mix [miks]，混合；luxury ['lʌkʃəri]，奢侈；anxious ['æŋkʃəs]，忧虑的；tax [tæks]，税；execute ['eksikju:t]，执行；xylophone ['zailəufəun]，木琴。

人名 Xena——漫画书和电视节目里的勇士公主——意指"外国女士"。Xerox 之名则取自希腊语的 xeros（干），如 xerography，一种成熟于二十世纪五十年代，用以改进蜡纸油印的干粉复印法。

在这类以 X 开头的词汇中，我们的 X 所代表的，在希腊语中原本是字母 ksi，其发音为"ks"。希腊语的 xeros 发音实为"ksehr-os"。雅典的作家、军人和绅士色诺芬（Xenophon）会自称为"克色诺芬"（Ksehnophon）。他的名字意指"外国音"，对英语词首而言，希腊式的"ks"确也太过外国化了，于是在英语外借词中被系统地软化为"z"。但这只是在它作为词首字母时才会出现。处在其他位置时，在无数源自希腊语的英语词汇中，字母 X 仍然表示着它正统的希腊发音，如：exodus、lexicon、oxygen[1]。

1　exodus ['eksədəs]，大批撤离；lexicon ['leksikən]，词典；oxygen ['ɔksidʒən]，氧。

希腊的"另一个"X。在这个人称"君士坦丁十字架"的基督教符号中（其含义请见第 317 页说明），X 字形实乃希腊字母 khi，表示发音"kh"。而我们的 X 来自希腊字母 ksi，其发音为"ks"。容易让人混淆的是，早期希腊字母表有两种样式：东希腊字母表和西希腊字母表，它们共享 X 符号，并赋予它两种不同的含意。我们的字母表源自西希腊样式，而东希腊样式最终成了古代和现代希腊的正式字母表。详见第 75～76 页附表。

为什么表示未知数的不是 Z ？

X 代表某种未知之物，传说让它获得这一重要工作的原因，是十七世纪的一个印刷难题。勒内·笛卡儿一六三七年的数学名著《几何学》流芳至今，书中有许多方程式，他选用字母 A、B 和 C，来表示其中任意三个常数，而用 X、Y 和 Z 来表示任意三个未知数。他有意让 Z 做首选未知数（对应 A），Y 次之，而 X 列第三。

故事讲到这儿，就该印刷商出场了。在对手稿进行排字时，他发现铅字 Y 和 Z 总是不够用，部分原因在于，笛卡儿的许多方程式都要用到这两个字母。不过，印刷商还有大量的 X 铅字，因为在法语出版物中，它的使用率远不如 Y 或 Z。

于是印刷商致信笛卡儿，询问 Z、Y 和 X 这三个字母出现在有一个或两个未知数的方程式中时，是否有什么不同——而且为印刷计，能否偏重于字母 X 呢？伟人答复说可以这么办。这就是为什么《几何学》偏好用 X 作为表示未知数的字母，且这一点在论著后半部分尤为明显的原因所在。

法国哲学家、数学家和科学家勒内·笛卡儿（一五九六～一六五〇），这幅版画临摹的是荷兰画家弗兰斯·哈尔斯（Frans Hals）所作的著名画像。笛卡儿

最为人熟知的，是其哲学宣言："我思，故我在"（其含意或许是"怀疑乃接近真实之道"），他改变了同时代人看待世界的方式，并开启了科学和理性时代的大门。在他最重要的数学著作《几何学》（一六三七年）里，他开创性地运用代数学来解决几何问题。图中环绕画面的文字中，包括他的头衔："骑士，佩龙男爵"（佩龙乃其家族地产，位于普瓦捷附近）。也许纯属偶然，底部中间的徽章上有个 X 的字形。

自二十世纪九十年代初以来，X 已经昂然跨入主流，以至成为新千年纪的标志性字母之一。像 Q、e 和 i 一样，X 颇受市场营销和广告界的青睐；它现在代表着"电脑魔力及操控性"或是"尖端"。例如 X-Collaboration、Xpoint Technologies 和 Xvision Eclipse 等软件公司，更不消说 X-Ceptor 生物研究公司和德国的 X-Filme 制片公司（拍过《劳拉快跑》〔*Run, Lola, Run*〕）了。微软 Xbox 视频游戏机的机盒上当真有个 X，塑料凸纹的形状好像包覆了整个机体。Xbox 以其外观和名称，暗示着愉悦感和可操控性，而且囊括所有，惠及全家。

这些品牌名称——在一定程度上利用了 X 在常规英语中极低的使用率——若在三十或三十五年前，想必会显得颇为怪异。一九七二年，当 X 级电影《深喉》（*Deep Throat*）推出时，类似"X Box"这样的产品名称，恐怕会被视作可笑的淫具。今天，企业选择 X 商标已经成了一种新风气，让这个字母恢复了名誉。

怎么会这样呢？促成此种局面的一个重大改变，是一九九一年道格拉斯·库普兰（Douglas Coupland）所写的畅销小说《X 一代：速成文化的故事》（*Generation X: Tales for an Accelerated Culture*）。此书出版于经济衰退期，关注的是胸无大志的美国后婴儿潮一代，他们大约生于一九六五年到一九七五年间；书名利用了六十年代电视节目里的 Brand X。不久，媒体便把九十年代早期二十来岁的人称作"X-ers"。（到九十年代末，我们又有了"Y-ers"。）

九十年代初，电脑术语也变了。先是用于图形显示的 X Window System（一九八六年）的开发，后有大受欢迎的 QuarkXPress 软件（一九八七年）以及桌面出版业的成熟。不久，大写的 X 便开始在品牌名称中暗指"排版软件"了。今天我们有 Xpert Tools、Punch XT、Xdream，以及 HexWeb XT，它们都是基于 Quark 程序的软件"Xtensions"（扩展）。此外，还有一整套 Window "X Server" 的软件分类：Secure X、X-ThinPro、WinaXe 等。

此后便是《X 档案》的出炉。福克斯电视网这部成功的剧集开播于一九九三年，剧名使用了传统上代表神秘的 X——讲述两位英俊漂亮的联邦调查局探员追查外星人阴谋掌控世界的证据——有助于 X 的正常化，并让千百万剧迷把它与惊悚和愉悦联系在一起。到该剧集于二〇〇二年告别荧屏时，X 已经进入了主流。它不再仅仅是性和危险的代名词了。

在信尾用 X 来表示亲吻的习惯可以回溯到中世纪，当时欧洲大部分人口还是文盲。在订立法律文书时，某人可以写个 X，或是画叉来代替签名。然后，签字人吻一下那个 X，以示信守协议。过了几百年，写下 X 便不再意指签名，而是亲吻了。

钢笔画中大写的罗马字母Y，出自若弗鲁
瓦·托里一五二九年的字母论著《字母的
科学与艺术》，代表着指导我们生活的道
德选择。恶行的道路宽阔而平坦，通往暴
力、惩罚（刑杖、刑枷）和地狱，而美德
的窄路带来的是荣誉和官职：桂冠、权杖、
王冠。它又与幼年赫拉克勒斯的传奇经历
联系在一起，讲的是未来的英雄要选择人
生的方向，在文艺复兴时期的文字和美术
作品中，这种分叉的道路是个流行的象征。

Y
小径分叉的花园

　　"你生来双腿就是分开的。他们会把你装进 Y 形的棺木，送入坟中。"这句滑稽的骂人话出自英国剧作家乔·奥顿（Joe Orton）一九六九年的颠覆性喜剧《管家所见》（*What the Butler Saw*），乃剧中傲慢、伪善的普伦蒂斯太太那同样欠骂的丈夫对她的申斥。

　　字母 Y 分叉的形体历来让思想家浮想联翩——不过往往不如乔·奥顿那样语出惊人。十六世纪的法国字体设计师和学者若弗鲁瓦·托里在 Y 中发现了对恶行和美德的两种象征性选择（见题图）。法国作家维克多·雨果（Victor Hugo）在其一八三九年的《旅行笔记》（*Travel Notebooks*）中有如下狂想："你有没有注意到，字母 Y 是个图画般的字母，可以有无数不同的阐释？树是 Y 的形状；路分两叉也是 Y；两条河汇聚一处成为 Y；驴头和牛头是 Y 形；杯脚是 Y 形；百合花枝是 Y；一个举起双臂、向天祷告的人，也是 Y 的形状。"

Y 是英语中可以同时用作元音和辅音的唯一一个字母。作为元音，它与字母 I 的作用重叠，发音往往同于短音或长音的 I（如"myth""fly"），不过有时更像长音 E（如"messy"），偶尔也用作非重读央元音（schwa，如"myrtle""satyr"）。在"say"和"boy"中，元音 Y 在有前置元音的情况下，形成了一个单独的发音，类似于"paid""void"[1] 等很多词汇中的双元音组合。

作为辅音，Y 在英语中只有一个发音：youth（青年）和 yearning（向往）中的"y"。专业上称之为舌前硬腭半元音或舌前硬腭浊擦音，发音时，需舌前部抬起至硬腭下，并使声带振动。在英语语音学中，"半元音"之名仅为 Y 和 W 共有，意指该字母的发音在喉咙和声带的使用方式上近于元音。

在代表发音"y"的符号中，Y 从未取得垄断地位。这一发音是包括古英语在内的印欧语系诸语言的原生音，但在很多地方，Y 字母都没有涉足。例如，现代德语和捷克语将"y"音写作字母 J：德语的"year"（年）为"Jahr"，发音为"yahr"。古拉丁语亦有常用发音"y"，但写成辅音化的 I（见 J 章，第 220 ~ 221 页）。

1　myth [miθ]，神话；fly [flai]，飞；messy ['mesi]，脏乱；myrtle ['mɚːtl]，桃金娘；satyr [seitə]，好色男；say [sei]，说；boy [bɔi]，少男；paid [peid]，支付；void [vɔid]，空旷。

即便是英语，也曾经没有辅音 Y。公元七世纪之前，在英语书写史最初的六百年间，表示发音"y"的是一个叫作 yogh 的符号，这是非罗马字母的四个古英语字母之一。只是到了公元一二〇〇年之后，字母 Y 才开始接替"y"音的工作。

因此，可以把 Y 视为两个不同的字母，一个是元音，另一个是辅音。它们外表相同，但个性迥异，元音的 Y 要年长两千多岁。

我们先来看元音 Y。如本书此前多次提到的，古希腊人有一个名叫 upsilon 的元音字母，代表窄的"u"音，形似我们的 Y。像早期希腊字母表的其他字母一样，upsilon 也被袭用进了埃特鲁斯坎字母表（公元前七〇〇年），继而传入罗马字母表（公元前六〇〇年），成为其字母 U。所以说，upsilon 就是我们 U 的祖母。

然而，与大多数字母不同，在拉丁语和英语家族中，upsilon 二度生养。公元一〇〇年左右，即罗马字母表诞生约七百年后，罗马人又新添了两个字母，即我们的 Y 和 Z。它俩直接袭用自当时雅典人所用的希腊字母表。Z 是希腊辅音 zeta；Y 则是元音 upsilon（又一次）。罗马人特地引进它们，是为应对将希腊词汇音译为拉丁语之需，此前数百年间，希腊的技术和文化词汇大量流入罗马，从而催生了这种需求。罗马人给自己的 Y 字母取了个类似 hu 的名称，有了它，便可更好地书写那些有用的希腊术语，如 symphonia、symmetria 和 stylus。

罗马人之所以要新创一个 Y，关键原因在于，希腊 upsilon 的发音与罗马的 U 不同，罗马人因此需要自己的希腊符号，以用于拉丁语的拼写。在罗马人听来，upsilon 的发音大概介于"u"和"i"之间。罗马的 Y 音或许也因此更像"i"。

有证据表明，到罗马帝国晚期（公元三〇〇年），罗马 Y 的发音已经与罗马的 I 相同了。这种重叠促成了罗马 Y 的新名称：i graeca（发音为"ee grye-ca"），意为"希腊的 I"。今天，这一名称仍然存在于 Y 的法语和西班牙语名称中：i grec 和 i griega。

古罗马的 Y 仅限于希腊语外借词，有鉴于此，直到中世纪早期，即公元五〇〇年到一〇〇〇年，Y 才开始蔓延到书面拉丁语、法语和英语的其他词汇中。抄写员们经常用 Y 来代替 I，以此让行间文字显得错落有致，否则可能不便阅读。例如，在中世纪的手抄本中，"无路可走"一词以拉丁语写成 inuium，只是一串短笔画；但作者把它写成 ynuyum 之后，便更加清晰易读了。

中世纪的 Y 往往加上一个点，表明这是 I 的变体。同样，Y 特殊的英语名称"wye"——始于中世纪，且从未有过确切解释——似乎也与字母 I 有关。

部分是为了清晰易读，部分是其秀丽形貌令人心动，故而大约从一二五〇年至一六〇〇年，Y 在英语拼写中乐享其盛名。现存文档显示，Y 对 I 已全方位取而代之，甚至有"hys"这样的用法，其实就是用 I（his），它也不会有什么难读之处。

　　印刷术十六世纪在英国的传播，解决了不够清晰易读的问题，并起到标准化的作用，让许多词汇的拼写逐渐复归于 I。今天，Y 与 I 由来已久的角逐，在某些并存的拼写中仍然可见一斑，如 flyer/flier（飞鸟），cypher/cipher（密码），以及 tyre/tire（轮胎）。

　　然而，Y 在中世纪的流行，还是留下了一个很大的遗产：英语中的 Y 可以胜任任一尾音"i"的美差。今天，我们的后缀"-y"有四种不同的功用：（一）古英语词汇的形容词形式（stony〔多石的〕、mighty〔有力的〕、my〔我的〕）；（二）源于希腊语、拉丁语或古法语，且本来以 -ia、-ium，或 -ie 等结尾的名词（empathy〔移情〕、remedy〔药物〕、tally〔符木〕）；（三）其他英国化了的词汇（如 Henry〔亨利〕，出自法语的 Henri）；以及（四）某些爱称（Jimmy〔吉米〕、Kitty〔姬蒂〕、dummy〔小傻瓜〕）。

　　而在别处，Y 仍然在做着罗马人派给它的活计——在无数希腊语借词中音译希腊的 upsilon，如"system"（系统）、"phylum"（用于动物分类的"门"）和"hypodermic"（表皮下层的）。而"sympathy"（同情心）这样的词，则显示出 Y 的用法中两个不同的阶段：先有古希腊－拉丁语 sympatheia 里的 upsilon，后有中世纪英语的简便的英国化后缀 -y。

　　今天，在北欧和东欧的很多语言，如德语、瑞典语、波兰语和捷克语中，Y 都被视作纯粹的元音。尽管这些语言也有一个常用的发音"y"，但如前所述，它们把它写成字母 J。（至

"...But too late, for the Frenchmen beynge gredye of spoyle and seyinge some advantage, entered and slew all wythyne, saving the capitayne, hys wife, and hys two daughters..." [1]（文字始自图片中段。）Y 出现之频密，犹如信中的刀光剑影，此信写于一五五二年，由年轻的英格兰贵族巴纳比·菲茨帕特里克（Barnaby Fitzpatrick）写给英王爱德华六世，讲述了菲茨帕特里克随法国国王亨利二世征战时的经历。在当时的英语书法中，元音 Y 为 I 提供了一个清晰而俊秀的替代品。

1　或可转写为 " But too late, for the Frenchmen being greedy of spoil and saying some advantage, entered and slew all within, saving the captain, his wyfe, and his two daughters." （但为时已晚，因为法国人贪恋战利品，说有利可图，他们进来杀光了里面所有的人，只剩下船长、他妻子和两个女儿。）

于发音"j"，则要么在口语中予以省略，要么用一个异音字母 G 来表示。）在德语中，Y 主要见于某些源自希腊语的词汇，如 Psychologie（心理学）和 symbolisch（符号的，象征的），代表的是原来希腊语中的 upsilon。事实上，Y 的德语名正是 üpsilon。

现在说说辅音 Y 吧。Y 的这一特点是英语拼写法则最鲜明的特色之一，它在英语中的用法与许多欧洲语言不同，而这要回溯到中世纪法语。法语脱胎于中世纪初始阶段的晚期拉丁语，继承了由二十三个字母组成的罗马字母表，包括一个元音 Y（如中世纪法语词 symphonie），以及一个既可作为元音，也可用作辅音的 I（如 iustice，发音同"joo-tee-seh"）。但是在书写时，法语开始比拉丁语更频繁地使用 Y，以代替作为元音或辅音的 I。逐渐地，Y 便开始代表法语中的辅音"y"，尤其是在音节开头时，如中世纪拼写 yeulx（眼睛）和 ioyeulx（快乐的）。西班牙语的 Y 也出现了类似用法，但意大利语没有。

像当时所有的法语拼写规则一样，随着公元一〇六六年诺曼人的征服，辅音化的 Y 也被强行输入了英格兰。在这儿，Y 寻得了丰饶的土壤。因为辅音的"y"在法语口语中所见不多，而在古英语的北欧语音中反倒更为常用。Y 一夜暴富，其原因与其同胞 W 如出一辙。

我们先来看一眼诺曼人到来之前的英格兰。本章一开始，已经提到过古英语字母 yogh，其形体曲里拐弯，很像现代的、草体的小写 Z。盎格鲁－撒克逊人用 yogh 代表其常用发音"y"——今天在"Yule""yoke"和"yeoman"[1] 这样的上古词汇中，仍可寻见此音。理论上，古英语本可选择罗马辅音 I 来表示此音，但时人显然认为 I 不够精确，问题在于它难称鲜明的外形，以及已有的元音工作。所以，公元一○○○年的某位英国女士，会将"Yule"一词写成"ʒeol"，打头的字母便是 yogh，表示"y"。（还有些别的用法，比如，yogh 也可表示近似英语"g"的某一发音。）

然而，诺曼人的征服给英格兰带来了一个讲法语的新统治阶层，yogh 此后便成了多余之物，而遭到整肃。诺曼法国人使用 Y，而不是 yogh。诺曼僧侣力图让英语书写向诺曼人看齐，在这种压力下，用 Y 来表示"y"便逐渐在英语中通行。到十五世纪晚期，至少在英格兰，曾经很有用的 yogh 已经成为历史。

不过，它背井离乡，在苏格兰文字中得以幸存。随着一五○八年印刷术传入苏格兰，yogh 甚至进入了印刷品。尽管它没有属于自己的铅字，但仍被指定给外形与之相近的罗马字母 Z。因此直到十八世纪，在苏格兰出版物中，字母 Z 既可以代表发音"z"，也可以表示"y"（有时还表示"g"）；"year"一词的发音虽然无异，却可以印成"zer"。

---

1 yule [juːl]，圣诞节；yoke [jəuk]，轭；yeoman ['jəumən]，自耕农。

> ## ʒ þ
>
> yogh 和 thorn，分别代表发音"y"和"th"，系以罗马字母书写古英语时用作补充的两个盎格鲁－撒克逊字母。（这样的字母共有四个，详见第 370 页。）及至现代英语出现，yogh 和 thorn 便双双遭到取代，越俎代庖的，间或是印刷体字母 Y。

今天，苏格兰的变体 Z 虽已废止，但遗迹尚存。有些苏格兰姓氏，如 MacKenzie 和 Menzies，其中的 Z 便曾用以表示盖尔语发音"g"——英格兰人对此茫然无知，在苏格兰，它也终被遗忘。

与 yogh 同病相怜的，还有另一个古英语字母：thorn，它用以表示英语中颇为常见的发音"th"。在诺曼人统治下

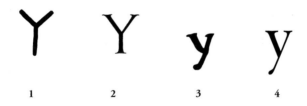

1　　　　2　　　　3　　　　4

（1）古希腊的元音 upsilon，是我们的 U 和千百年后 Y 的先祖。今日之 Y，仍旧忠实地保持着 upsilon 的形貌。（2）大约公元一〇〇年罗马铭文中的 Y。这一罗马字母自 upsilon 袭用而来，名叫 i graeca，所代表的元音介于 U 和 I 之间。（3）七世纪时以安色尔体写成的 Y，仍然保留着罗马大写字母的遗风，但已将所需笔画减为两笔。安色尔体的 Y 是现代小写字母 y 的先声。（4）"巴斯克维尔古旧体"的小写字母 y，由英国人约翰·巴斯克维尔设计于大约一七六八年，此例为其现代版本。

的苏格兰，thorn 同样被逼上了绝路，到十五世纪，在许多拼写中，它都让位于字母组合 TH。不过，thorn 的苟延残喘又持续了几百年——成了最长寿的古英语字母，在如"the""them""there"和"that"等单词中，出于方便，它用于缩写，多见于非正式文字。

到了十五世纪，手写的 thorn 越来越像罗马字母 Y 了。印刷术传到英国（一四七六年）之后，thorn 仍然非常流行，足以进入出版物。在印刷品上冒充 thorn 的工作交给了最像它的罗马字母 Y。因此"the"一词虽由 thorn 排印，看起来却是 ye，或标题中的 Ye。"That"一词也成了 yat。这些词的读音和我们现在的读法完全一样——"the""that"，只是所用的符号不尽相同。

形同 Y 的 thorn 在英语印刷品和提示牌中，一直存留到十八世纪，在个人书写中则坚持到十九世纪。今天，在一些古色古香，但往往令人费解的标牌上，依然可以见到它的芳踪，比如"Ye Olde English Pub"（老英酒馆）。

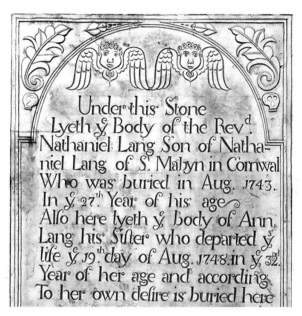

一条卷曲的尾巴，将 thorn 的形貌与 Y 区分开来，图为一块十八世纪中叶的墓碑，位于今日之德文郡，墓主为一对年纪轻轻便死掉的双胞胎。在"the"（第二、六、七、九行）和 this（第八行）这些节约空间、方便书写的缩略词中，thorn 仍有一席之地，在十八世纪的英国用于墓志铭和其他标牌，而作为个人书写之用，则一直延续到十九世纪。

字母 Z 的三种仿中世纪手写体，出自美国字体设计师弗雷德里克·古迪之手。

Z
怪怪的老外

字母表的旅程即将结束，我们稍事休息，向一个不可或缺的字母致敬，那便是 U（没错，就是 you）。非常感谢您在此次探索之旅中付出的时间，与我一路相随。对我而言，此书乃一良机，既可以分享个人爱好，也可以让世人对这些承载语言的奇妙微物怀有更多的敬意；一路走来，我学到了很多前所未知的东西。希望读者诸君同样能从中有所得，有所乐，亦有所知。如今到了旅程的终点，我感谢 U。

我们的罗马字母表上，最后一个字母是 Z，此乃辅音，看上去活泼好动，难以捉摸，也可能只是地位低下。做字母表的尾巴，这种潜在的屈辱，更因一种实实在在的缺陷而有增无减：平均算来，Z 是英语出版物中最不常用的字母。在二十六个字母的比赛中，Z 落在 Q 和 X 之后，排在最后一位。

E（我们最常用的字母）每出现一千次，Q 才会出现大约五十次，X 四十四次，而 Z 只有二十二次。

不足为奇，Z 总是被视作累赘和多余之物。在莎士比亚的《李尔王》（公元一六〇五年）中，坏脾气的肯特伯爵侮辱愚蠢的管家奥斯华德，用 Z 的英国名字称呼他："Thou whoreson zed! thou unnecessary letter!"（"你这婊子养的 Z！你这没用的字母！"）[1]

且慢，Venezuela（委内瑞拉），别为 Z 哭泣[2]。因为 Z 不仅受惠于稀有和难以捉摸造成的浪漫，而且过去十年间，它在出版物上也出现了爆炸式的增长：Z 如今已遍地开花，既有 Z-Com（通信公司）和 Capital Z（投资公司）这样的企业名称，Kidz Korner（儿童角）这样的标牌，也有 eXistenZ（通译《X 接触》或《感官游戏》）这样的电影片名。

首先还得说说拼写的老话。数百年来，字母 S 一指在抢夺 Z 的饭碗。从语音学上来说，Z 和 S 是表亲。两者均属涵盖咝咝和唏嘘之声的咝擦音，且舌位相近，都用舌尖。但 Z 使用声带，且振动显著，而 S 不用。

"z"音带着抚慰和迷惑，让人联想到睡眠、蜜蜂或高飞的螺旋桨飞机。它与"s"音不同。但是，在无数的英语词汇，

---

1 朱生豪译本作："你这婊子养的，不中用的废物！"
2 这一句戏仿了安德鲁·劳埃德·韦伯（Andrew Lloyd Webber）音乐剧《埃维塔》（*Evita*）里的唱段"阿根廷，别为我哭泣"（Don't cry for me, Argentina）。

如"rose""raise"和"ties"中,"z"音都被奖给了字母 S[1]。在我们用 Z 拼写的单词中,有相当一部分似乎只是因为用 S 拼写,将重复已有的词汇:比如用"doze"(瞌睡)而非"dose"(剂量),用"prize"(奖赏)而不是"prise"(意为"抓住",在"surprise"〔出其不意地抓住〕中又回到了 S)。依英国语法学家理查德·马卡斯特一五八二年之见:"Z 是在我们中间常常听到却难得一见的辅音。"

Z 为何遭到封杀?原因之一:在中世纪(五〇〇年到一五〇〇年)变动不居的拼写中,抄写员更青睐 S,因为它易写易读;相形之下,Z 便难以清晰书写,今天仍然是这样。随着印刷术的传播(十五世纪后期),这一问题本可以得到解决,但是在英格兰,仍然有一种更深的偏见:Z 看上去总是像个老外。由于 Z 在拉丁语和古英语中极少用到,故而在英国人的心目中,它总是与法语和古希腊语联系在一起,并主要为外借词而保留,如 Amazon(亚马逊)和 zodiac(黄道十二宫,源自希腊语)、azimuth(方位角)和 zenith(天顶,源自阿拉伯语)

小时候的 Z,可从来没有遇到过这样的人气问题。早在公元前一〇〇〇年,腓尼基字母表上的第七个字母便是 zayin,如其名称起首音所示,它发"z"音。这一名字大概意指"斧"。该字母形似我们大写的 I,如果有人把底下那道横杠去掉,它

1　rose [rouz],蔷薇;raise [reiz],举起;ties [taiz],系带鞋。

就很像一把斧子了。

公元前八〇〇年左右，它被希腊字母表袭用，并重新命名为 zeta——希腊人显然把它跟另一个腓尼基咝擦音，即名为 tsade 的字母弄混了。（见第 32、75 ~ 76 页。）Zeta——其名称在希腊语中专指该字母，再无他义——最初形似 I，但逐渐变为我们熟悉的 Z 形。它代表一个常用的希腊语发音"zd"。

然而，无论"zd"，还是"z"音，均不为意大利罗马人所讲的拉丁语所用。当埃特鲁斯坎人从希腊人处袭用了字母表，再将它传给罗马人（公元前六〇〇年）之后，zeta 便为罗马人所弃用。公元前二五〇年的罗马字母表只有二十一个字母，止于 X，没有 zeta。

此后，到公元一〇〇年左右，变化出现了：当时，希腊语外借词大量涌入罗马的科学和文化词汇表，为了应对这些单词的音译之需，罗马人挑选了两个希腊字母，将其加入自己字母表的末端，upsilon 和 zeta，即 Y 和 Z。这两位新丁从未用于拉丁语的书写，而只为外语借词所用，主要是希腊语。由于希腊的 zeta 此时已转而表示"z"音，这也便成了罗马新字母的发音。罗马人用希腊名"zeta"称呼 Z。

Z 在这里郁郁不得志——作为罗马字母表的尾巴根儿，它实在无用武之地，这种状况直到中世纪早期才得以改变，罗曼语言在此时出现，并引入 Z 来表示古法语和意大利语的常用发音"ts"或"tz"。Z 在中世纪法语拼写圈内稳步传播，兼及法国和诺曼人治下的英格兰：在这两个国家，Z 的发音日益含糊，最终成为我们的"z"。Z 在这一发音上的竞争对手是字母 S——在某些同音异体的拼写中，这种竞争至今可见，比如英国的"analyse"和美国的"analyze"（分析）。到一六〇〇年，S 取得了决定性的胜利，Z 在英语出版物中则变得颇为罕见。

数百年后，Z 仍然保留着一种异国情调或神秘气质：Zanzibar（桑给巴尔）、Zoroastrianism（琐罗亚斯德教，或拜火教）、Nebuchadnezzar（大酒瓶；〔巴比伦王〕尼布甲尼撒）。如果媒体创意人员选用了某个 Z 词，多半也是为了达到这种效果。在二十世纪二三十年代的银幕和五十年代的荧屏上，英雄佐罗（Zorro）的名字就像他鞭抽剑砍出来的 Z 字标记一样，充满了异国风味。休斯敦的摇滚乐队 ZZ Top（成立于一九七〇年，仍在走红）是革新者，备受欢迎的"Z"系列大众跑车（原系得胜〔Datsun〕品牌，现为日产〔Nissan〕）于一九七〇年上市，近来又重新推出，意在像其字母一样别具特色。同时，导演科斯塔－加夫拉斯（Costa-Gavras）一九六九年的政治电影《Z》——片名基于真实事件，取自当时独裁统治下希腊的一个左翼反抗标志[1]——讲的是政府的阴谋和自由的终结。Z 可不是你随随便便就能去的地方啊。

不过，这些都是旧事了。今天 Z 已随处可见，这与广告营销业近来的潮流有关，将某些字母用于生僻的表音拼写，

---

[1] 片名"Z"出自风行一时的政治标语"Zει",意思是"他活着"——其中的"他"，指死于政治暗杀的左翼议员格雷戈里斯·兰布拉基斯（Gregoris Lambrakis）。

以求惊艳。最受青睐者当属 X、Q、K 和 Z——通常都是些很不常用的字母，发音却颇为响亮。曾经那样陌生或极端的 Z，如今却用于无数的商标品名，暗指"新潮""科技乐趣"或"最佳服务"。

这些名称可分两类。在其中一类，Z 用于故弄玄虚的误拼，如电影名 *Antz*（《小蚁雄兵》，一九九八年），或福克斯电视台（Fox TV）的 Girlz Channel（少女频道）和 Boyz Channel（少年频道），此类产品通常是面向青少年的。孩子们认同这种 Z 的拼写，视之专为他们而设、以博他们信赖的标志。Racerz 薯片亦属此类，还有片名做作的系列电视动画片《龙珠 Z》（*Dragon Ball Z*），以及诸如"Whizz-Kidz"（网站）和"Kidz' Dentist"（儿童牙医）之类的大量标志。

Z 独自现身时，便更具成人色彩，如 Z-Tel（电信业）、Z-World（电脑硬件）、Z-Corp（打印机）、Z-Tech（电子产品）、Z-Team（影视制作）、Z-man（音响）、Z Systems（同上）、Z Spot（纹身店）、Z 杂志，以及 Rachel Z（爵士钢琴师），等等。多到如此的程度，事实上，如今的 Z 看来已经有泛滥成灾的危险了。

Z 风行一时的原因，多半出自一九九一年的卖座电影 *Boyz N the Hood*（通译《街区男孩》或《邻家少年杀人事件》），故事背景乃洛杉矶的沃茨区（Watts）。误拼是美国黑人嘻哈（hip-hop）文化长期以来的一大特征，因此片片名而得以普及。像反戴棒球帽和超肥大短裤一样，这一标志

剑锋在布料上划出的字母 Z，乃豪侠佐罗（Zorro）所留的标记，这一虚构的形象在流行小说和电影中长盛不衰，另有二十世纪五十年代沃特·迪士尼公司的一部电视系列剧。佐罗（西班牙语意为"狐狸"）最早出现于美国作家约翰斯顿·麦卡利（Johnston McCulley）一九一九年的一本小说，是个披斗蓬、戴面罩的神秘人物，一八二○年前后于洛杉矶附近的西班牙加利福尼亚定居地，反抗不公不义，并与腐败的西班牙总督作对。佐罗剑术出神入化，但不取手下败将的性命，而是在对手的衣服或身边的家具上，划出他的"Z"字标志。只有少数几个至交知道，佐罗实为当地一表面轻浮之绅士的另一重自我。佐罗首次登上银幕，乃一九二○年道格拉斯·范朋克（Douglas Fairbanks）主演的默片《佐罗的标记》（*The Mark of Zorro*），不过要说经典改编，大概还是一九三七年的十二集系列电影《佐罗再出击》（*Zorro Rides Again*）。

随即进入了北美青少年的主流文化。嘻哈传统在某些饶舌歌手的名字中依然可见，如 Ghetto Twiinz、Youngbloodz 和 Jay-Z。

围绕着 Z，没有哪一点能比它的名字更让人好奇的了：在英国、加拿大和其他英联邦国家，它叫"zed"，在美国则叫"zee"。美国人的叫法遵从了英语辅音的命名惯例：取字母本身的发音，再加上一个长元音，一般是 E，如我们的 B、T 或

（1）约公元前一〇〇〇年时的腓尼基字母 zayin，意为"斧"。Zayin 是腓尼基人的四个啮擦音字母之一，排在字母表的第七位，发音为"z"。（2）公元前八世纪的希腊字母 zeta。它照搬了 zayin 的字形和字母表排序，亦有相似的发音。（3）到大约公元前四〇〇年，希腊的 zeta 已经整了容，更为我们所熟悉了。（4）大约公元前一二〇年时的罗马字母 Z，是古代罗马的第二十三个，也是排在最后一位的字母。罗马人将希腊的 zeta 袭用进自己的字母表，以更好地音译希腊语借词。新字母置于字母序列的最后，这一位置我们一直保留到了今天。

V 的名称。但英国人的叫法更接近该字母在古代和中世纪的名称。

如前所述，罗马人把它叫作 zeta（音同"zayta"）。此名称传入了中世纪早期的罗曼诸语言，在现代意大利语中，它仍然叫作 zeta，在西班牙语中则叫 zeta 或 zeda。其古法语名称演变为 zède，另有简称 zé。它们正是现代英语两种名称的先祖。

我们的字母名称大多来自中世纪法语，随公元一〇六六年诺曼人的征服而传入英格兰。其进程并非一帆风顺：中世纪和文艺复兴时期的英语字母名称，基于各地方言和社会等级的不同，在大众传播实现之前的时代，曾经产生过数量惊人的变异。在英格兰，Z 的正式名称是"zed"，但其变体——zad、zard、izzard、izard、uzzard 和 ezod，还有 zee——却在现存十九世纪的英国文档中屡有出现。

izzard、ezod 等名称也许代表着另一道谜题。塞缪尔·约翰逊在其一七五五年的英语字典中，认为它们是由 Z 的早期名称"S hard"（意为"硬 S"，音同"ess hard"）衰变而来。其他学者则认为，它们出自法语词 et zède（意为"还有 Z"），这大概便是中世纪诺曼人统治下英格兰学童背诵字母表时的结束语。

但 zee 与 zed 之间的竞争又是怎么一回事呢？很显然，这两种名称均系十七世纪，随同以地域划分的英国移民团体抵达北美，他们在弗吉尼亚和马萨诸塞建立起最早的定居点。两种名称并存于年轻的美国。迟至一八八二年，才有一则新闻报道指出，Z 的名称"在新英格兰总是 zee；在南方则是 zed"。当时，有位名气很大的新英格兰人一直力挺"zee"。康涅狄格的词典编纂者诺厄·韦伯斯特多方努力，以图使美国英语与英国英语分离。在其终将确定美语标准用法的一八二八年《美国英语字典》中，韦伯斯特不容置疑地说到此字母的名称："它的正确读法是 zee。"

道一声 Z–ai 见

我们最后的话，是特地留给法国小说家、诗人和剧作家维克多·雨果的。他写有《巴黎圣母院》（一八三一年）和《悲惨世界》（一八六二年），是这二十五个字母——当时法语尚无 W——的热情讴歌者，他将字母视为语言、文明和更深奥原则的象征。在其回忆录《旅行笔记》（一八三九年）中，他对字母表作了一番神秘的解读，沉思于每个字母的意义。由对 Y 的品评（本书第 419～420 页已有引用）开始，他继续对所有字母展开分析，且并不总是依照正常的顺序。下文乃维克多·雨果所写，但我们要向遗漏的 W 致歉：

> 人类社会、大千世界和整个人类，均可从字母表中看出端倪。共济会、天文学、哲学、全部的科学都在这里找到自己真正的发端，纵然它难以察觉；必然如此。字母表就是源泉。
>
> A 是屋脊，是三角形的山墙，中贯横梁，是尖拱；或像两位老友拥抱握手，互致问候；D 是背；B 是 D 上加 D，背上加背，是驼峰；C 是新月，是月牙儿；E 是基础、柱梁、托臂和柱顶过梁，整个建筑都在这一个字母里了；F 是悬梁，是绞架，是干草叉（furca〔拉丁语〕）；G 是法国号；H 是双塔建筑的正面；I 是枪炮，正在发射弹丸；J 是犁头，是象征丰收的羊角；K 是与入射角相等的反射角，这是几何学的一大要义；L 是一腿一足；M 是山，或是搭有双连帐篷的营地；N 是一扇门，由对角的斜栓锁闭；O 是太阳；P 是脚夫，站立着，背着行李；Q 是屁股，长着尾巴；R 代表歇息，是脚夫撑着拐棍；S 是蛇；T 是榔头；U 是瓮，V 是瓶（所以两者经常混淆）；Y 我已经谈过了；X 是两剑相交，是战斗——谁是胜者？我们不知道——所以神秘主义者将 X 当作命运的标志，代数学者亦选它来表示未知之数；Z 是闪电，是上帝。

字母 aleph，见于闪米特单词 el，意为"神"。
此乃已知最古老的字母文字，出自大约公元
前一八〇〇年埃及中部的恐怖谷。

译者说明

  拙译《伟大的字母》最早出版于二〇〇八年，今次逐字逐句修订了译文，依照新版原作有所增删，同时尽力更正了十六年前的错漏和不够精确之处，人名、地名也根据标准译名作了全面核校。

  作为翻译工作者，再次埋首此书，我仍旧乐在其中。我愿意向新老读者朋友保证它的丰富、有趣和易读。这真的是一本好书。

康慨

二〇二四年十一月十八日

译名对照表

AAA 冷暖公司：AAA Heating & Cooling

baalat：娘娘

B 级片：B-movie

DB · 厄普代克：D. B. Updike

ell：厄尔

F-117 "隐形" 夜鹰：F-117 "stealth" Nighthawk

F-16 "战隼"：F-16 Fighting Falcon

F-18 "大黄蜂"：F-18 Hornet

F-22 "猛禽"：F-22 Raptor

《F 部队》：F-Troop

G-man：联邦警探

G-suit：抗压衣

G 带儿：G-string

G 点：G spot

《G 弦上的咏叹调》：Air on a G String

H 剂：Preparation H

J 型曲线：j-curve

J 型弯管：j-bend

《M 代表恶谋》：M Is for Malice

《N：浪漫迷案》：N: A Romantic Mystery

《O 的故事》：The Story of O

Trieste：的里雅斯特

《V 的胜利》：The Victory of V

《X 档案》：X-Files

《X 女士的离婚》：The Divorce of Lady X

《X——未知之物》：X – The Unknown

《X 行星奇境》：Strange World of Planet X

《X 一代：速成文化的故事》：Generation X: Tales for an Accelerated Culture

《X 战警》：X-Men

阿拜多斯：Abydos

阿多尼斯：Adonis

阿尔杜斯 · 马努提乌斯：Aldus Manutius

阿尔法胡萝卜素：alpha-carotene

阿尔冈昆圆桌会议：Algonquin

布赖顿：Brighton

布里斯托尔 F2 战斗机：Bristol F.2 Fighter

布鲁斯·罗杰斯：Bruce Rogers

布思罗伊德：Boothroyd

查尔斯·奥尔森：Charles Olson

查克·耶格尔：Chuck Yeager

查理曼：Charlemagne

《成语与寓言辞典》：Dictionary of Phrase and Fable

穿裘皮大衣的维纳斯：Venus in furs

唇齿摩擦清辅音：unvoiced labio-dental fricative

词符：logogram

词字符：word letter

达契亚：Dacia

达维德·迪林格：David Diringer

《大 O》：The Big O

大肠运动：bowel movement

大酒瓶；〔巴比伦王〕尼布甲尼撒：Nebuchadnezzar

道格拉斯·范朋克：Douglas Fairbanks

道格拉斯·库普兰：Douglas Coupland

得胜：Datsun

德博拉：Deborah

《灯火通明大城市》：Bright Lights, Big City

《灯与矛》：Lanterns and Lances

登泽尔·华盛顿：Denzel Washington

第三街高架铁道：Third Avenue EL

电子商务：e-business

东尼虎：Tony the Tiger

多萝西·帕克：Dorothy Parker

恩尼乌斯：Ennius

恩斯特·格拉芬贝格：Ernst Grafenberg

费利克斯·昂加尔：Felix Ungar

《疯茶会》：Mad Tea-Party

《疯狂猫》：Krazy Kat

疯帽匠：Mad Hatter

《蜂箱，又题包括四种语言：即英语、拉丁语、希腊语和法语，有大量词汇、短语、格言和各种便捷语法知识的全新扩充版之四重词典》：Alvearie, or Quadruple Dictionarie Containing Foure Sundrie Tungues: Namelie, English, Latine, Greeke, and French, Newlie Enriched with Varitie of Wordes, Phrases, Proverbs and Divers Lightsome Observations of Grammar

《夫妻生活的烦恼》：Petty Annoyances of Married Life

弗兰克·海根波塔姆：Frank Higenbottam

弗朗茨·卡夫卡：Franz Kafka

弗雷德里克·古迪：Frederic W. Goudy

弗雷斯特·马尔斯：Forrest Mars

佛瑞阿洛斯：phrearros

《符号与图案：字母表的心理学起源》：Sign and Design: The Psychogenetic Source of the Alphabet

福斯湾：Firth of Forth

覆盖力：spreadability

《干饭食谱》：Dyet's Dry Dinner

《格朗瓦尔圣经》: Grandval Bible

格雷戈里圣咏: Gregorian Chant

格雷戈里一世: St. Gregory the Great

工笔安色尔体: artificial uncial

《古代希腊世界百科全书》: Encyclopedia of the Ancient Greek World

《管家所见》: What the Butler Saw

哈德良: Hadrian

哈罗德·塔克·韦伯斯特: Harold Tucker Webster

《哈泼斯杂志》: Harper's Magazine

《好莱坞报道》: Hollywood Reporter

赫伯特·阿斯奎思: Herbert Asquith

赫拉克勒斯: Hercules

《黑夜守望者》: The Watchers of the Night

《红字》: The Scarlet Letter

喉吸气音: throat click

胡勒干谷/恐怖谷: Wadi el-Hol

《花田》: Champ Fleury

环球剧场: Globe Theatre

霍桑: Nathaniel Hawthorne

"机关枪"凯利: "Machine Gun" Kelly

基科·马克斯: Chico Marx

基里尔字母: Cyrillic

《几何学》: La Géométrie

加的尔: Gaddir

加的斯: Cadiz

加斯帕·米尔克托斯特: Gaspar Milquetoast

迦南: Canaan

迦太基: Carthage

家乐: Kellogg

《教授与疯子》: The Professor and the Madman

杰弗里·乔叟: Geoffrey Chaucer

杰伊·麦金纳尼: Jay McInerney

金德虎克: Kinderhook

剧场餐馆: Odeon

《喀巴拉》: Kabbalah/Qabbala

喀蒙: Kimon

卡德摩斯: Cadmus

卡尔·荣格: Carl Jung

卡普阿: Capua

卡斯蒂利亚: Castile

凯洛格: Kellogg

凯末尔·阿塔图尔克: Kemal Atatürk

凯撒里亚的优西比乌斯: Eusebius of Caesarea

科林斯: Corinth

《科普利素雅及花饰标准字母表》: Copley's Plain & Ornamental Standard Alphabet

科斯塔－加夫拉斯: Costa-Gavras

克丘亚语: Quechua

克珊提波斯: Xanthippos

肯陶洛斯: Centaur

《空宅历险》: The Adventure of the Empty House

库尔德语: Kurdish

库迈: Cumae

《来自外层空间的X》: The X from Outer Space

劳合社: Lloyd's

《劳拉快跑》: Run, Lola, Run

劳伦斯·奥利弗: Laurence Olivier

勒内·笛卡儿: René Descartes

雷提亚－罗曼语: Rhaeto-Romance

黎凡特：Levant

理查德·菲尔马奇：Richard Firmage

理查德·马卡斯特：Richard Mulcaster

利摩日：Limoges

利奇菲尔德：Litchfield

《两千岁之人》：The Two-Thousand-Year-Old Man

《林迪斯芳福音书》：Lindisfarne Gospels

刘易斯·卡罗尔：Lewis Carroll

《龙珠Z》：Dragon Ball Z

《楼上楼下》：Upstairs, Downstairs

卢克索：Luxor

卢·佩吉特：Lou Paget

鲁纳字母：rune

路易斯·爱德华兹：Louis Edwards

伦巴第：Lombardy

伦巴第人：Lombard

伦敦土话：Cockney

罗伯特·卡帕：Robert Capa

罗伯特·克莱本：Robert Claiborne

吕西马科斯：Lysimachos

《旅行笔记》：Travel Notebooks

马丁·范布伦：Martin van Buren

马尔科姆·利特尔：Malcolm Little

马赫数：Mach number

马克斯兄弟：Marx Brothers

马库斯·奥雷利乌斯：Marcus Aurelius

马库斯·赫尔科尼乌斯·普里斯库斯：Marcus Holconius Priscus

马来语：Malay

马歇尔·马瑟斯：Marshall Mathers

马修斯：Mathews

玛戈·阿斯奎思：Margot Asquith

迈克尔·法拉第：Michael Faraday

迈克尔·梅泰尔：Michael Maittaire

麦勒卡特：Melkart

麦钱特·泰勒斯学校：Merchant Taylors' School

漫威公司：Marvel

梅尔·布鲁克斯：Mel Brooks

美国国家航空航天局：NASA

美国农业部：USDA

美国汽车协会：American Automobile Association, AAA

《美国英语字典》：An American Dictionary of the English Language

《美因茨圣咏经》：Mainz Psalter

《美语拼字书》：American Spelling Book

弥尔提阿得斯：Miltiades

米纳：Al Mina

《名利场》：Vanity Fair

明星影响力调查：Star Power Survey

摩擦音：fricative

摩根：Morgan

莫里丢：Merridew

默尔·奥伯伦：Merle Oberon

《墓园挽歌》：Elegy Written in a Country Churchyard

穆迪：Moody's

纳巴泰（语）：Nabataean

纳瓦霍语：Navajo

内奥米·沃尔夫：Naomi Wolf

尼尔·西蒙：Neil Simon

尼古拉·让松：Nicolas Jenson

匿名戒酒会：Alcoholics Anonymous,

塔特苏斯人：Tartessus
《坦普尔巴杂志》：Temple Bar
　　Magazine
《唐尼·达科》：Donnie Darko
忒米斯托克勒斯：Themistokles
提尔：Tyre
天城字：Devanagari
《天生冤家》：The Odd Couple
《窈窕淑女》：My Fair Lady
图尔：Tours
图拉真柱：Trajan Column
图特：Toth
图西亚：Tuscia
兔八哥：Bugs Bunny
托尔金：J. R. R. Tolkien
托马斯·戴奇：Thomas Dyche
托马斯·格雷：Thomas Gray
托马斯·基德：Thomas Kyd
托马斯·莫利：Thomas Morley
托马斯·平琼：Thomas Pynchon
托斯卡纳：Tuscany
威尔弗雷德·欧文：Wilfred Owen
威廉·巴特勒：William Butler
威廉·亨利·哈里森：William Henry
　　Harrison
威廉·卡克斯顿：William Caxton
威廉·康拉德·伦琴：Wilhelm
　　Konrad Röntgen
威廉·迈纳：William Minor
威廉米：August Wilhelmj
威讯：Verizon
韦斯巴芗：Vespasian
维吉尔：Vergil
维克多·雨果：Victor Hugo
维拉诺瓦文化：Villanovan Culture

维泰博：Viterbo
维吾尔语：Uighur
维亚康姆：Viacom
魏斯堡：Weissburg
《文字与启发及字体》：Writing and
　　Illuminating, and Lettering
《我们的绝妙母语》：Our Marvelous
　　Native Tongue
《沃尔波内》：Volpone
沃尔特·司各特：Walter Scott
《渥太华公民报》：Ottawa Citizen
乌尔都语：Urdu
乌加里特：Ugarit
无线电通信字母表：radio-
　　communication alphabet
《吾等英语不合理书写之开端》：The
　　Opening of the Unreasonable
　　Writing of Our Inglish Toung
西顿：Sidon
西哈特福德：West Hartford
西蒙·温切斯特：Simon Winchester
希区柯克：Alfred Hitchcoc
昔兰尼的厄拉多塞：Eratosthenes of
　　Cyrene
锡拉岛：Thera
嘻哈：hip-hop
《先驱论坛报》：Herald Tribune
萧伯纳：George Bernard Shaw
《小蚁雄兵》：Antz
新奥尔良：New Orleans
信德语：Sindhi
《星际迷航》：Star Trek
《星球大战》：Star Wars
形符：pictograph
亚琛：Aachen

亚甲二氧甲基苯丙胺:
    methylenedioxymethamphetamine

摇头丸: ecstasy

《一L》: One L

伊莱扎·杜利特尔: Eliza Doolittle

音节文字: syllabary

音素: phoneme

《印刷字体》: Printing Types

《英语和威尔士语》: English and
    Welsh

《英语简明字典》: A Compendious
    Dictionary of the English
    Language

《英语指南》: A Guide to the English
    Tongue

《英语字典》: A Dictionary of the
    English Language

尤利乌斯·凯撒: Julius Caesar

《尤利西斯》: Ulysses

《语法基础》: Principles of Grammar

《约翰·Q》: John Q.

约翰·巴雷特: John Baret (Barrett)

约翰·巴斯克维尔: John Baskerville

约翰·富斯特: Johann Fust

约翰·根斯弗莱施: Johann
    Gensfleisch

约翰·古登堡: Johann Gutenberg

约翰·哈特: John Hart

约翰·科尔曼·达内尔: John
    Coleman Darnell

约翰·弥尔顿: John Milton

约翰斯顿·麦卡利: Johnston
    McCulley

约翰·坦尼尔: John Tenniel

约翰·沃克: John Walker

詹巴蒂斯塔·博多尼: Gianbattista
    Bodoni

詹姆斯·莫里亚蒂: James Moriarity

詹姆斯·乔伊斯: James Joyce

詹姆斯·瑟伯: James Thurber

詹姆斯·沙普尔斯: James Sharples

战时新闻局: OWI

《芝麻街》: Sesame Street

脂溶素A: fat-soluble A

《指环王》: Lord of the Rings

中古英语: Middle English

中王国: Middle Kingdom

朱特人: Jute

主教学校: episcopal school

《主论吾辈英语正确书写之入门
    首篇》: The First Part of the
    Elementarie which entreateth
    chefelie of right writing of our
    English tung

浊双唇塞音: the voiced bilabial stop

《字母表入门》: The Alphabet
    Abecedarium

祖鲁人: Zulu

《佐罗的标记》: The Mark of Zorro

《佐罗再出击》: Zorro Rides Again